国家社会科学基金项目
（项目编号：18BGL079）

内部控制提升国有企业全要素生产率的机制与路径研究

王加灿 ◎ 著

中国财经出版传媒集团
中国财政经济出版社
· 北京 ·

图书在版编目（CIP）数据

内部控制提升国有企业全要素生产率的机制与路径研究 / 王加灿著. -- 北京 : 中国财政经济出版社, 2025. 3. -- ISBN 978-7-5223-3704-3

Ⅰ. F279.241

中国国家版本馆CIP数据核字第2025GX6927号

责任编辑：温彦君　　责任校对：张　凡

封面设计：智点创意　　责任印制：史大鹏

内部控制提升国有企业全要素生产率的机制与路径研究

NEIBUKONGZHI TISHENG GUOYOUQIYE QUANYAOSU SHENGCHANLÜ DE JIZHI YU LUJING YANJIU

中国财政经济出版社 出版

URL：http：//www. cfeph. cn

E－mail：cfeph@ cfeph. cn

社址：北京市海淀区阜成路甲 28 号　邮政编码：100142

营销中心电话：010－88191522

天猫网店：中国财政经济出版社旗舰店

网址：https：//zgczjjcbs. tmall. com

涿州汇美亿浓印刷有限公司印刷　各地新华书店经销

成品尺寸：170mm×240mm　16 开　15. 25 印张　250 000 字

2025 年 3 月第 1 版　2025 年 3 月河北第 1 次印刷

定价：70. 00 元

ISBN 978－7－5223－3704－3

（图书出现印装问题，本社负责调换，电话：010－88190548）

本社质量投诉电话：010－88190744

打击盗版举报热线：010－88191661　QQ：2242791300

前言

2015 年 3 月在第十二届全国人民代表大会第三次会议上通过的《政府工作报告》中强调“我国发展面临‘三期叠加’矛盾，资源环境约束加大，劳动力等要素成本上升，高投入、高消耗、偏重数量扩张的发展方式已经难以为继，必须推动经济在稳定增长中优化结构”。并首次提出“提高全要素生产率”，推动中国经济由投入型增长转向效率型增长、形成内生增长动力。2017 年中国共产党第十九次全国代表大会上的报告（以下简称“党的十九大报告”）进一步指出“我国经济已由高速增长阶段转向高质量发展阶段”“推动高质量发展，关键在于提高全要素生产率”。2022 年中国共产党第二十次全国代表大会上的报告（以下简称“党的二十大报告”）指出“教育、科技、人才是全面建设社会主义现代化国家的基础性、战略性支撑。必须坚持科技是第一生产力、人才是第一资源、创新是第一动力。”表明“提高全要素生产率”是贯彻新发展理念、建设现代化经济体系的重要举措。2024 年 1 月，习近平总书记在主持中共中央政治局第十一次集体学习时系统阐述了新质生产力的理论内涵和主要特征，强调“新质生产力具有高科技、高效能、高质量特征，以全要素生产率大幅提升为核心标志。”

当前，全要素生产率（Total Factor Productivity，TFP）已从宏观层面进一步推进到微观层面。TFP 的非投入要素影响越来越重要，企业层面全要素生产率的变化可以分解为技术进步率、组织管理效率、规模效率和资源配置效率的变化，企业采用新技术、新工艺进行管理、组织与技术创新等可以提高全要素生产率。国有企业改革的核心是提高全要素生产率，提升国有企业全要素生产率需要一方面提高要素质量，另一方面提升要素组合效率。

美国金融学会主席詹森（1993）将全要素生产率低效归因于内部控制系

统失效。内部控制实质上是一种目标管理，其目的在于运用一定的手段在企业内部设立各方面制约、监督和调节的组织、体系、程序与方法来提高企业运营效率及有效获取并使用各类资源。因此，内部控制对于优化资源配置、提高经营效率、增强风险管理能力具有重要意义。由此提出本书核心主题：内部控制提升国有企业 TFP 机制与路径研究。

本书的主要贡献在于揭示了企业内部控制与全要素生产率之间的关系，并深入研究了内部控制提升国有企业全要素生产率的机制与路径。通过理论与实证研究，提出了一系列具体的策略和建议，有助于国有企业强化内部控制进而提升全要素生产率。

本书结构安排上遵循提出问题、分析问题、解决问题的研究思路。效应分析主要是解决内部控制能否提升国有企业全要素生产率的问题，机制分析主要是解决内部控制为什么能够提升国有企业全要素生产率的问题，路径分析主要是解决内部控制怎样提升国有企业全要素生产率的问题，机制创新与路径保障主要是解决怎样让内部控制更好地提升国有企业全要素生产率的问题。

首先，效应分析。通过国有企业 TFP 的测度以及现状与问题分析，结合企业 TFP 影响因素分析，在 TFP 低效与内控关联性分析基础上，引出内控可否提升国有企业 TFP？研究表明：从总体上来看，内部控制对国有企业的全要素生产率有显著的促进作用，而各分项指数的作用不完全一致。国有企业级别不同，内部控制对全要素生产率的促进作用也不相同。

其次，机制分析。从激励机制、约束机制与保险机制等三个方面，对内部控制提升国有企业全要素生产率的影响机制展开深入分析。高管激励对国有企业全要素生产率能够起到有效的提升作用。约束机制研究表明，内部控制可以通过缓解预算软约束来促进企业全要素生产率的提升，内部控制也可以通过缓解产能过剩提高产能利用率进而促进企业全要素生产率的提升，内部控制还可以减少企业违规从而提升企业全要素生产率。保险机制研究表明，企业购买董责险可以促进企业的全要素生产率水平。对于提升企业全要素生产率来说，内部控制与董责险理论上存在促进效应和替代效应，实证结果支持了替代效应。

再次，路径分析。从创新效率、资本配置效率以及劳动力配置效率等三个方面分别构建内部控制提升国有企业 TFP 的作用路径，并进行细致的理论分析与实证检验，为内部控制促进国有企业全要素生产率的提升提供对策。技术创新和管理创新在内部控制促进国有企业全要素生产率过程中均发挥着中介作用。内部控制可以通过提升国有企业的融资效率和投资效率来促进国有企业全要素生产率的提升。劳动力配置效率可以从员工人力资本水平、高管人力资本水平和研发团队人力资本水平三个方面分别进行研究。中介效应回归分析表明，内部控制可以通过提高员工、高管、研发团队人力资本水平来提升国有企业全要素生产率。

最后，创新与保障。分别对内部控制提升国有企业 TFP 的机制创新与路径保障进行了研讨。一方面，国有企业内部控制提升 TFP 的机制创新，包括基于 TFP 的国有企业预算系统设计、绩效评价系统设计和风险控制系统设计。另一方面，内部控制提升国有企业 TFP 的路径保障，主要包括组织保障、人才保障和资金保障。

总体上来讲，本书将内部控制与全要素生产率结合起来研究，为内部控制提升全要素生产率的有效性提供了理论与经验证据，既丰富了内部控制经济后果研究成果，又拓展了提升全要素生产率的新视角。从内部控制新视角来研究提升国有企业 TFP，为提升国有企业 TFP 提出了一条新思路。通过对 TFP 预算、评价以及风控系统设计，为国有企业通过优化创新内部控制提升 TFP 提供了一套新方案。

作者

2024 年 11 月

目录

第一章

绪　论

第一节　研究背景与研究价值

一、研究背景

经济学中全要素生产率也称为多因素生产率，又称为索罗剩余（Solow，1957），包括人力、财力和物力等资源开发利用效率，其来源包括效率改善、技术进步、规模效应等。中国经济转型阶段，亟须通过政策调整获得资源重新配置效率，从技术进步和体制改善中获得更高效率，实现中国经济增长向全要素生产率支撑型模式转变（蔡昉，2013）。全要素生产率（Total Factor Productivity，TFP）被新古典增长理论视为经济长期增长的唯一源泉，在经济增长以及增长方式转变中具有重要意义（罗建钢，2016）。

2015 年 3 月在第十二届全国人民代表大会第三次会议上通过的《政府工作报告》中强调“我国发展面临‘三期叠加’矛盾，资源环境约束加大，劳动力等要素成本上升，高投入、高消耗、偏重数量扩张的发展方式已经难以为继，必须推动经济在稳定增长中优化结构”。并首次提出“提高全要素生产率”，推动中国经济由投入型增长转向效率型增长、形成内生增长动力。2017 年中国共产党第十九次全国代表大会上的报告（以下简称“党的十九大报告”）进一步指出“我国经济已由高速增长阶段转向高质量发展阶段”“推动高质量发展，关键在于提高全要素生产率”。2022 年中国共产党第二十次全国代表大会上的报告（以下简称“党的二十大报告”）指出“教育、科技、人才是全面建设社会主义现代化国家的基础性、战略性支撑。必须坚持科技是第一生产力、人才是第一资源、创新是第一动力。”表明“提高全要素生产率”是贯彻新发展理念、建设现代化经济体系的重要举措。2024 年 1 月，习近平总书记在主持中共中央政治局第十一次集体学习时系统阐述了新质生产力的理论内涵和主要特征，强调“新质生产力具有高科技、高效能、高质量特征，以全要素生产率大幅提升为核心标志。”总体上来讲，要实现国有企业的行稳致远，必须以实现高质量发展为引领，通过质量变革、效率变革和动力变革三个方面的共同发力，创新驱动保持国有企业全要素生产率的增长，全面激发国有企业内生动力，不断增强国有企业的竞争力、创新力、控制力、影响力和抗风险能力（王世权，2020）。当前国有企业全要素生产率仍然比较低效，提升全要素生产率被认为是国有企业改革的核心与动力（蔡昉，2018）。

当前，全要素生产率已从宏观层面进一步推进到微观层面，越来越多的学者对微观企业层面的全要素生产率进行了研讨。TFP 的非投入要素影响越来越重要（Del Gatto et al. , 2011）。企业层面全要素生产率的变化可以分解为技术进步率、组织管理效率、规模效率和资源配置效率的变化，企业采用新技术、新工艺进行管理、组织与技术创新等可以提高全要素生产率（Del Gatto et al. , 2011；鲁晓东和连玉君，2012）。公司全要素生产率的提高会提升股票市场对公司的回报率，企业价值随之增加（Palia D and Lichtenberg F, 1999）。国企改革的核心是提高全要素生产率，提升国企全要素生产率需要一方面提高要素质量，另一方面提升要素组合效率（罗建钢，2016）。

2008 年和 2010 年，财政部等五部委联合发布了企业内部控制基本规范与配套指引，企业强化内部控制建设由自愿走向强制，内部控制规范实施的效果如何也需要从多方面进行检验，相关学者从财务报告、信息质量、审计质量、合规合法、投资效率、资本成本、投资者保护等多角度进行研究并验证了内部控制的这些效果（Doyle et al. , 2007；Ashbaugh - Skaife et al. , 2009；董望和陈汉文，2011；李万福等，2011）。美国金融学会主席詹森（1993）将全要素生产率低效归因于内部控制系统失效。那么，企业内部控制系统的质量是否会影响微观层面全要素生产率呢？其影响机制与作用路径怎样？这些问题值得深入研究。但是截至目前，据笔者查阅将企业内部控制与全要素生产率这两个重要问题联系起来进行研究的还不多见。由此，将企业内部控制与全要素生产率这两个重要问题联系起来进行研究，理论上具有创新性，可以从内部控制视角拓展公司治理机制对全要素生产率影响的研究，同时也力图提出基于微观层面，通过企业内部管控提升企业全要素生产率的新路径，为我国提升全要素生产率提供新的视角。

二、研究价值

1. 理论价值

（1）本书将内部控制与全要素生产率结合起来进行研究，为内部控制提升全要素生产率的有效性提供了理论与经验证据，既丰富了内部控制经济后果研究成果，又拓展了提升全要素生产率的新视角。

（2）现有的内部控制系统偏重于财务报告内部控制，要持续有效提升全要素生产率，必须进行优化创新，本书研究创新驱动与高质量发展视角下TFP内部控制优化创新问题，有利于推动内部控制理论的新发展。

2. 应用价值

（1）本书契合高质量发展、着力提升TFP以及深化国企改革等国家战略，探索如何提升国有企业TFP重要且急迫，本书从内部控制新视角来研究提升国有企业TFP，为提升国企TFP提出了一条新思路。

（2）通过对TFP预算与评价系统设计、TFP薪酬激励与约束系统设计、TFP风控与治理系统设计，为国有企业通过优化创新内部控制提升TFP提供了一套新方案。

第二节 研究对象与研究框架

一、研究对象

本书研究对象为国有企业，在实证研究时选定国有上市公司共900家，其中中央国企150家、地方国企750家，将针对企业级别、所处地区与所处行业等进行比较分析。选定该研究对象的原因包括：（1）作为我国经济的主体，国有企业要当好三个排头兵，即“国有企业要做落实新发展理念的排头兵、做创新驱动发展的排头兵、做实施国家重大战略的排头兵”（习近平，2017）；（2）国企改革的核心就是提升 TFP；（3）我国国有企业的最大问题就是市场机制不足，相比非国有企业来说，更加依靠内部控制机制，国企内部控制建设更重要；（4）需要考察国企 TFP 的结构效应与市场反应，且考虑到研究数据的可获得性，实证样本选定为上市公司。总体上，选择国有企业作为研究对象既具重要性，又具迫切性。

二、总体框架

为探清上述对象，构建由以下五部分构成的研究框架。

（一）国企 TFP 测度与影响因素分析

（1）国企 TFP 测度、现状与问题。系统梳理全要素生产率测度方法，运用 OP 法、LP 法以及 DEA - Malmquist 指数法对国有上市公司近 10 年 TFP 进行总体测度与因素分解，分析特征，归纳问题。

（2）国企 TFP 的主要影响因素。系统梳理 TFP 相关理论及历史演变，结合国企 TFP 的测度与现状分析，从制度环境、政府监管、行业特征与企业特征等方面分析国企 TFP 的主要影响因素。

（3）TFP 与内部控制的关联性。运用管制经济学理论与内部控制理论，分析内部控制、市场调节与政府监管关联性，重点分析“詹森内控失效论”，初步推断内控有效是 TFP 提升的前提与保障，引出研究问题。

（二）内部控制提升国企 TFP 的效应分析

（1）结构效应。考虑内部控制提升 TFP 中间变量会计信息等，构建中介效应检验模型，结合个案分析，综合考察结构效应与市场效应；另外，分析内控五要素与 TFP 的相关性。

（2）市场效应。通过引入反映长期绩效的股票年收益率，分析并检验企业内部控制、企业全要素生产率、内部控制提升 TFP 的资本市场反应。

（三）内部控制提升国企 TFP 的机制分析

（1）激励机制。一方面，将高管激励分为股权激励、薪酬激励，探讨高管激励能否提升内部控制有效性；另一方面，通过中介效应检验激励机制能否提升内部控制进而提升国企全要素生产率。

（2）约束机制。可分为预算约束、产能约束与合规约束，一是内部控制能否通过缓解预算软约束来促进企业全要素生产率的提升；二是内部控制能否通过缓解产能过剩提高产能利用率进而促进企业全要素生产率的提升；三是内部控制能否通过提高企业合规性进而促进企业全要素生产率的提升。

（3）保险机制。一是企业购买董责险是否可以促进企业的全要素生产率水平提升；二是对于提升企业全要素生产率来说，内部控制与董责险的关系是促进效应还是替代效应。

（四）内部控制提升国企 TFP 的路径分析

（1）创新效率。此路径可表示为“内部控制—创新—TFP”，将创新分为技术创新和管理创新，一方面，分析内部控制能否通过提升技术创新效率进而促进国企 TFP 的提升；另一方面，分析内部控制能否通过提升管理创新效率进而促进国企 TFP 的提升。

（2）资本配置。此路径可表示为“内部控制—资本配置—TFP”，将资本配置分为投资效率和融资效率，一方面，分析内部控制能否通过提升投资效率进而促进国企 TFP 的提升；另一方面，分析内部控制能否通过提升融资效率进而促进国企 TFP 的提升。

（3）劳动力配置。此路径可表示为“内部控制—劳动力配置—TFP”，将劳动力配置分为一般员工、企业高管与研发技术人员。一是分析内部控制能否通过提升一般员工劳动效率进而促进国企 TFP 的提升；二是分析内部控制能否通过提升高管劳动效率进而促进国企 TFP 的提升；三是分析内部控制能否通过提升研发效率进而促进国企 TFP 的提升。

（五）内部控制提升国企 TFP 的机制创新与路径保障

（1）机制创新。包括 TFP 绩效系统、TFP 预算系统以及 TFP 风控系统三个方面。在机理分析和效应研究基础上，为切实解决国企 TFP 提升动力问题，考量创新驱动与高质量发展，利用 DEA - Malmquist 指数法对总目标进行分解，测定各投入要素和产出标准，进而有针对性地对 TFP 绩效系统、TFP 预算系统以及 TFP 的风控系统进行创新设计。

（2）路径保障。包括最优路径选择与路径有效性保障。内部控制提升 TFP 的路径有多条，每个企业可根据自身的要素与资源禀赋条件，构建最优路径选择模型，制定 TFP 预算系统，选择相应路径实现目标 TFP；路径有效性保障中最重要的是内部控制的有效性，只有企业内部控制系统是有效的，路径才能发挥最大作用，国企要实现创新驱动发展，必须构建有利于创新的、人本权变的内部控制，增加内部控制系统柔性。

值得注意的是，内部控制提升国有企业 TFP 的机制与路径有着较强的逻辑性，具体理由如下：

（1）因果链条角度。机制是指内部控制如何通过激励、约束和保险等方式直接影响国有企业的全要素生产率（TFP）。机制可以理解为影响的"原理"或"内在逻辑"。路径则是指在这些机制影响下，具体通过哪些途径（如创新效率、资本配置效率和劳动力配置效率）来实现 TFP 的提升。路径是影响的"实现方式"或"表现形式"。

（2）层次关系角度。机制是更高层次的理论框架，它解释了内部控制为什么以及如何能够提升 TFP，是理论上的根本原因。路径则是在实践中如何具体操作，是机制在不同领域的具体运用。机制决定了路径的方向和效用，而路径是机制具体化的表现。

（3）机制对路径的影响。

激励机制方面。通过激励员工和管理层，推动创新活动，提高创新效率，同时激励机制还能促使员工和管理者更加合理地使用资本资源和劳动力资源，从而提升资本配置效率和劳动力配置效率。

约束机制方面。通过制定和执行规章制度，约束机制能够确保资本和劳动力的合理使用，减少资源浪费，进而提高资本配置效率和劳动力配置效率。此外，约束机制也能为创新活动提供规范和方向，避免盲目创新，提高创新效率。

保险机制方面。通过提供风险保障，保险机制可以减少市场波动和突发事件对创新活动的冲击，保障创新效率的稳定。同时，它也能够确保企业在资金使用和劳动力管理上的连续性，从而提升资本配置效率和劳动力配置效率。例如，当企业面临市场不确定性时，保险机制能提供支持，使企业能够继续投资创新项目，并保持资本和劳动力的稳定配置。

本书所说的机制（激励、约束、保险）是内部控制的核心功能，它们通过不同的方式同时影响创新效率、资本配置效率和劳动力配置效率这三个路径。这些机制通过相互作用，综合提升了企业各方面的运营效率，从而最终提高了企业的全要素生产率。

第三节 研究思路与方法

一、研究思路

本研究按照“背景分析—提出问题—分析问题—解决问题”的基本思路，如图1－1所示：

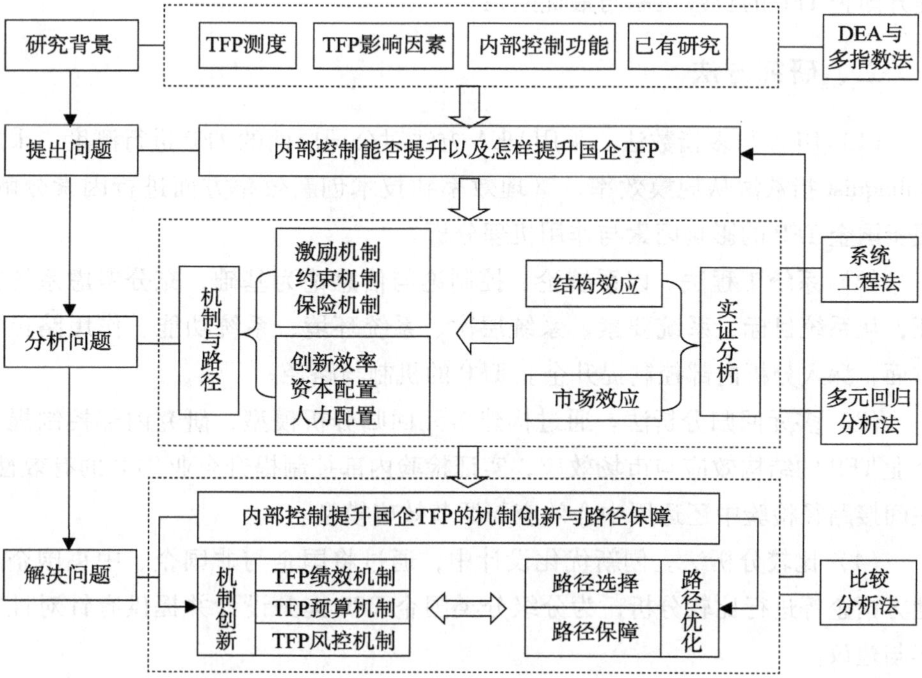

资料来源：作者自行制作。

图1－1 研究思路图

第一，背景分析。经济高质量发展要求、创新驱动发展导向、全要素生产率的本质与国有企业改革动力以及国企转型升级，在此背景下，研究国企TFP提升问题具有很强的现实意义。

第二，提出问题。通过国企 TFP 的测度以及现状与问题分析，结合企业 TFP 影响因素分析，引出内控可否提升国有企业 TFP 的研究问题，通过结构效应与市场效应进行相应分析与检验。

第三，机制分析。通过内控对国企 TFP 的作用机理分析，分别从激励、约束与保险等作用机制方面，理论与实证相结合论证内部控制提升 TFP 的可行性与有效性。

第四，路径分析。通过内控对国企 TFP 的作用路径分析，理论与实证相结合从创新、资本配置、劳动力配置等方面检验提升路径的有效性。

第五，方案设计。在理论分析与实证检验基础上，有针对性地创新内控提升国企 TFP 的机制优化与选择路径以及持续改进内部控制系统，形成内控提升国企 TFP 的长效机制与最优路径。

二、研究方法

（1）DEA 与多指数法。采用 DEA 方法对公司层面的 TFP 进行测度，采用 Malmquist 指数法从规模效率、管理效率和技术创新效率方面进行因素分解，便于国企 TFP 的影响因素与作用机理分析。

（2）系统工程法。以系统论、控制论与信息论为基础，充分考虑系统特征，从系统目标、系统要素、系统层次、系统环境、系统功能、作用路径等方面，深入分析内部控制提升企业 TFP 的机制与路径。

（3）多元回归分析法。通过构建多元回归分析模型，研究内部控制提升企业 TFP 的结构效应与市场效应，实证检验内部控制提升企业 TFP 的有效性，在间接路径检验中还运用中介效应与调节效应模型。

（4）比较分析法。创新优化设计中，通过将国企与非国企、中央国企与地方国企等进行比较分析，为分级分类国企 TFP 提升设计并提供有针对性方案与建议。

第四节 重难点与创新之处

一、重点难点

（一）研究重点

（1）机制有效性研究。内部控制能否提升国有企业 TFP 是本书要解决的首要问题，然后是如何影响问题，因此，本书重点考察内部控制提升国企 TFP 的激励机制、约束机制与保险机制，从理论上论证内部控制提升 TFP 的有效性。

（2）路径有效性检验。路径分析为通过何种路径作用 TFP，本书重点考察 TFP 的投入要素资本与劳动力以及创新效率，为本书核心问题提供经验证据。

（3）机制创新问题。如何促进内部控制提升国企 TFP 是本书要解决的第三个重要问题，通过机制优化创新设计 TFP 激励机制等以及最优路径选择和基于内控持续改进视角的路径保障成为第三个重点。

（二）研究难点

（1）国企 TFP 测评分解与预算标准制定。TFP 测度时数据获取、测度方法与指标复杂多样，增加了 TFP 测度分解难度，同时，借鉴测度分解模型与工具来制定国企 TFP 的预算标准也具有一定挑战性。

（2）人本柔性的内部控制系统设计。机械僵化的内部控制不利于创新，松散的人性的内部控制可能执行力较差，如何准确把握好内控柔性，需要考虑很多因素，也一直是内部控制理论研究难题之一。

二、创新之处

（一）研究视角创新

本书从内部控制与全要素生产率（TFP）的关系这一独特视角出发，将国有企业内部控制与全要素生产率两个重要议题结合起来进行研究。这一视角不仅丰富了内部控制的经济后果研究，还拓展了公司治理机制对全要素生产率影响的研究。通过从微观层面探讨企业内部控制对提升企业 TFP 的影响路径，研究提出了通过企业内部控制提升 TFP 的新方法，为国家与企业提升 TFP 提供了新的理论依据和实践思路。

（二）研究内容创新

本书内容包括内部控制对国有企业 TFP 的提升效应、机制、路径，以及机制创新与路径保障四个方面。研究设计了详细的分析框架，包括效应分析、机制分析、路径研究和政策建议，确保了研究的系统性与深度。在效应分析中，研究验证了内部控制对国有企业 TFP 的显著促进作用，并进一步揭示了不同内部控制分项质量对 TFP 的不同影响。在机制分析中，研究从激励机制、约束机制和保险机制三个维度，深入探讨了内部控制如何提升国有企业 TFP 的具体机制，并提出了基于机制创新的建议。在路径研究中，研究构建了内部控制通过创新效率、资本配置效率和劳动力配置效率提升国企 TFP 的作用路径，为内部控制优化提供了实证支持。

（三）研究观点创新

本书提出了多个具有创新性的观点：在激励机制创新方面，研究发现股权激励相较于薪酬激励更能提升内部控制质量，从而促进全要素生产率的提升，提出国企应更多地运用股权激励机制，优化其内部控制。在约束机制创新方面，通过缓解预算软约束、提高产能利用率和减少违规行为，内部控制能够有效提升企业 TFP，研究提出了基于 TFP 的预算系统设计建议，并强调了保险机制在内部控制中的重要性，特别是在内控质量较差的企业中，应重视董责险的作用。在路径创新方面，将创新效率、资本配置效率和劳动力配置效率作为内部控制提升 TFP 的关键路径进行详细分析，并提出了针对不同企业类型的差异化策略。这些新的见解，为进一步推动内部控制与 TFP 研究及实践提供了重要参考。

第五节 国内外研究现状

一、企业内部控制研究现状

（一）内部控制质量及其影响因素研究

内部控制有效性是指企业建立与实施内部控制对实现控制目标提供合理保证的程度，包括设计有效性、执行有效性以及适应性（刘明辉和张宜霞，2002；张先治和戴文涛，2014）。国内外学者对财务报告内部控制有效性评价、影响因素、经济后果方面开展了大量研究（Doyle et al.，2005；陈汉文，2013）。内部控制质量评价方面，于增彪等（2007）、汤云为（2009）和陈关亭等（2013）构建了内部控制评价模型。陈汉文等（2013）、林斌等（2017）以及深圳迪博公司（2010）分别构建了内部控制指数，采用不同方法评价了上市公司内部控制质量。

公司治理特征（李维安和戴文涛，2013；方红星和金玉娜，2013；Krishnan，2005；Abbott et al.，2007；Li C. et al.，2010）和企业经营特征（Doyle et al.，2007）以及外部环境（Zhang，2007；缪艳娟，2008）等会影响内部控制有效性。具体来说，在孙玥璠等（2022）的研究中，探讨了高管团队结构特征如何影响企业内部控制的品质。该研究揭示，高管团队中的断裂带对企业内部控制质量产生了显著的负面影响。同时，研究也指出，高管持股、分析师及媒体的关注度等治理要素能够在一定程度上缓和这种负面效应。余怒涛等（2023）的研究成果表明，国有资本的参与能够通过提升民营企业的治理水平、增强媒体关注度以及减轻融资约束，从而显著提高民营企业的内部控制质量。毛聚等（2023）则认为，总法律顾问制度作为深化国有企业法治建设的关键制度安排，旨在通过强化合规管理来有效预防和控制企业所面临的各种内外部风险，研究发现，该制度有助于提升企业的内部控制质量，这一结果暗示了微观主体法律制度建设的完善对内部控制质量的提高具有积极作用。

曹越等（2022）从“国企混改”的视角出发，选取国有控股上市公司作为样本，对员工持股计划与企业内部控制质量之间的关系进行了实证检验。

研究显示，员工持股计划对提升国有控股上市公司内部控制质量具有显著效果，并指出该计划通过减轻委托代理冲突，进而改善内部控制质量。Krishnan J（2005）提出，审计委员会的质量对公司内部控制质量有着重要影响，并从审计委员会的规模、独立性和专业知识三个维度进行衡量。研究表明，独立性更强且具有财务专业知识的审计委员会与较高的内部控制质量呈正相关，这与美国近期政策强调审计委员会独立性和专业知识的重要性相吻合。周冬华等（2022）在中国上市公司的研究中指出，审计委员会的信息技术专长有助于提高内部控制质量。胡国柳和常启国（2022）的研究聚焦于董事高管责任保险对企业内部控制缺陷的影响及其作用机制，发现董责险的存在加剧了内部控制缺陷的产生，导致内控缺陷发生率上升约26.91%。

徐玉德等（2021）的研究发现，管理层过度自信与内部控制有效性之间存在显著的负相关性，而良好的正式和非正式制度对此具有正向调节作用，特别是在国有企业中，管理层的过度自信对内部控制有效性的负面影响更为显著。聂萍等（2020）的研究表明，与内部控制相关的年报问询函监管对于公司未来内部控制质量的改善具有明显的促进作用。

Shapiro B 和 Matson D（2008）指出，美国的内部控制监管策略经历了从消极回避到积极审查，从自愿性评价与审计到强制性评价与审计的转变。张国清和马威伟（2020）的研究发现，强制性财务报告内部控制审计制度显著提高了上市公司的内部控制质量。

（二）内部控制经济后果研究

相关学者从财务报告（Doyle et al.，2007）、公司治理（李维安和戴文涛；2013；方红星和金玉娜，2013；陈汉文和王韦程，2014；Abbott L. J. et al.，2007）、管理层特征（李端生和周虹，2017）、信息质量（Ashbaugh et al.，2009）、审计质量、合规合法、投资效率（李万福等，2011）、资本成本（Ashbaugh et al.，2009；林钟高和丁茂桓，2017；张然等，2012）、投资者保护（董望和陈汉文，2011）与企业价值（林钟高等，2007；肖华和张国清，2013）等多角度研究了内部控制经济后果并证实了内部控制正向效果。许瑜和冯均科（2017）检验了高管激励对企业创新绩效的影响以及内部控制对该影响的调节作用，研究发现，内部控制促进了高管激励对创新绩效的影响。李志斌等（2020）研究了企业社会责任是否具有公司价值创造效应，研究发现，内部控制在社会责任与公司价值之间存在显著的正向调节效应，表明企业内部控制能够强化社会责任的价值创造效应。相应地，良好的内部控制通过促进研发强度和提升劳动产出效率，对企业高质量发展也会产生积极影响（张广胜，2020）。陈智等（2023）研究发现，高质量的内部控制通过改善公司的信息环境、降低代理成本等机制，显著减少了债券契约条款的设置。姚立杰等（2023）以高新技术企业为样本研讨了内部控制与企业创新的关系，研究发现，企业内部控制与企业创新呈倒“U”形关系，内部控制在一定程度上会促进企业创新，但超过一定程度可能会抑制企业创新。

（三）国有企业的内部控制研究

相关学者也对国有企业内部控制问题进行了研究，刘运国等（2016）以混合所有制改革为制度背景，从内部控制视角考察了非国有股东参与水平对国有企业内部控制质量的影响，研究发现，非国有股东在高层治理维度的参与有利于改善国有企业内部控制质量。赵慧芳等（2017）基于国企分类改革视角研究发现，内部控制质量提升了国企竞争性企业的高管薪酬敏感性。池国华等（2016）研究发现，内部控制与EVA考核对国企非效率投资、过度投资具有显著的综合治理效应。内部控制经济后果研究被进一步拓展到创新绩效方面。

二、企业全要素生产率研究现状

全要素生产率（Total Factor Productivity，TFP）也称为多因素生产率，又称为索罗剩余（Solow，1957），中国经济转型阶段，亟须从技术进步和体制改善中获得更高效率，实现中国经济增长向TFP支撑型模式转变（蔡昉，2013；吴敬琏，2015）。当前，TFP研究已从宏观层面推进到微观层面，越来越多的学者对微观企业层面的TFP进行了研讨。

（一）全要素生产率测度与效果研究

要提升全要素生产率必须对其进行科学测量，国内外众多学者对此进行了研究。全要素生产率的测度可分为两类：宏观层面TFP测度方法与微观层面TFP测度方法（鲁晓东和连玉君，2012）。宏观层面TFP是国家、地区或者行业合计的生产率，其测度方法主要有非前沿的确定性方法的增长计量法和计量经济法之参数法的增长回归法；微观层面TFP是企业个体生产率，其测度方法主要有SFA法（随机前沿分析法，Stochastic Frontier Analysis）和非前沿半参数的 PV 法（代理变量法，Proxy Variable）；既适合宏观 TFP 也适合微观 TFP 测度的方法主要有前沿模型方法的 DEA 方法（数据包络分析，Data Envelopment Analysis）与 FDH 方法（无界分析法，Free Disposal Hull）以及非前沿模型方法的 IN 方法（多指数法，Index Numbers）（Del Gatto et al. ，2011）。适合微观 TFP 测量的半参数 OP 法（Olley and Pakes，1996）与半参数 LP 法（Levinsohn and Petrin，2003）因专门编写了适用于 stata 的命令程序而得到较广泛的运用。TFP 也越来越被市场投资者所认可，企业 TFP 的提高会提升股票市场对公司的回报率，企业价值也会随之增加（Palia and Lichtenberg，1999）。另外，刘晔等（2016）尝试运用 TFP 来评价国有企业混合所有制改革的效果，发现国企改革显著提高了 TFP，特别是竞争性行业混合所有制改革对 TFP 提升效果明显。TFP 的正确测度为开展其他定量研究提供了条件。

（二）全要素生产率的影响因素与作用路径研究

TFP 是衡量创新绩效的综合指标，受到很多因素影响。企业层面 TFP 的变化可以分解为技术进步率、组织管理效率、规模效率和资源配置效率的变化，企业采用新技术、新工艺进行管理、组织与技术创新等可以提高全要素生产率（Del Gatto et al. ，2011；鲁晓东和连玉君，2012）。TFP 的非投入要素影响越来越重要（Del Gatto et al. ，2011）。对于国企改革来说，其核心就是提高 TFP，提升国企 TFP 需要一方面提高要素质量，另一方面提升要素组合效率（罗建钢，2016）。公司治理从多方面会影响企业 TFP。所有权结构既直接影响生产率，也间接地通过多元化战略、研发支出、资本密集度等调节变量影响生产率（Tian and Twite，2011），董事的国外经历（Giannetti et al. ，2015）、产品市场竞争（牛建波和李维安，2007）对 TFP 有显著的正向影响。创新是提升 TFP 最重要的途径，企业创新与环境被认为能够显著提升企业 TFP，金融对创新与企业 TFP 的关系具有调节效应，在金融环境好的情况下创新显著提升公司 TFP（Verdier et al. ，2010）。考虑到现有 TFP 测定中包含了已有技术利用效率和新技术引入两种效应，在对两种效应分离后，发现无形资产对已有技术利用效率和新技术引入两种效应均具有显著促进作用（Battisti et al. ，2015）。盛明泉和蒋世战（2019）基于制造业的企业样本数据，检验高管股权激励与企业全要素生产率之间的关系，经过论证发现，高管股权激励正向影响企业全要素生产率。郭毓东和洪扬（2023）发现高管的薪酬激励可以促进相关企业的绿色创新，企业的有效率投资与企业的绿色创新在一定程度上能反映出企业的全要素生产率。

上述研究为提升企业 TFP 指明了方向与实施路径。

三、企业内部控制与企业全要素生产率的相关性研究

关于企业内部控制对 TFP 影响方面的直接研究极少，美国金融学会会长 Jensen（1993）针对当时美国出现的“高成本、低劳动生产率、产能过剩、裁员与退出等种种压力”，将 TFP 低下的原因归结为企业内部控制系统失效，同时，Jensen 和 Mechling（1976）也指出了解决企业代理问题的两种有效机制：激励机制与约束机制。郭道扬教授（2003）从“战争与和平”高度指出会计控制工作对促进人类和平与发展起巨大作用。间接研究相对丰富一些，主要包括内部控制与资源配置效率、研发与创新等。内部控制与资源配置效率方面，现有研究存在两种对立观点：“内部控制促进论”与“内部控制悖论”。

许立志（2017）研究发现，内部控制可以抑制非效率投资从而提升资本配置效率；但于忠泊和田高良（2009）研究却发现内部控制报告信息并不能促进企业资源配置效率提升。内部控制与创新方面也有两种竞争性观点：“内部控制促进论”认为，良好的内部控制通过组织规划、分工、授权审批使技术创新投入规范化和制度化，内部控制越好，投资效率和技术创新产出率就越高（Simons，1995；Verona，1999）；但是，“内部控制悖论”却认为，制度化的内部控制必然带来一定程度的管理僵化问题，而这种管理僵化与技术创新所需运营的灵活性之间将存在难以调和的冲突，僵化的内部控制系统限制了公司持续转型和创新能力（Jensen，1993；Kaplan and Norton，1996）。不过，国内学者张娟和黄志忠（2016）以及刘桂春和叶陈刚（2017）运用中国公司数据进行了实证研究，研究结果支持“内部控制促进论”，认为内部控制促进了创新绩效提升。李闯和白俊（2021）通过对企业内部组织结构的分析，发现好的内部控制对分散的组织结构具有良好的促进作用，从而可以有效地提高企业的全要素生产率。另外，企业层面 TFP 可以分解为技术进步率、组织管理效率、规模效率和资源配置效率的变化，企业管理、组织与技术创新等可以提高全要素生产率（Del Gatto et al.，2011；鲁晓东和连玉君，2012）。盛明泉和蒋世战（2019）研究表明，内部控制治理效应的有效发挥既有利于国有企业和非国有企业制定合理的薪酬激励计划，也可以降低股东与管理层之间的代理成本，进而优化两类企业的资源配置效率和管理水平，从而影响

全要素生产率。这些研究为内部控制与企业 TFP 相关性研究、内控提升企业 TFP 的影响机制以及内控提升企业 TFP 的作用路径奠定了理论基础，同时也表明内部控制提升企业 TFP 的有效性仍需论证，机制与路径仍需优化创新。

在内部控制方面存在重大缺陷的公司中，与没有此类缺陷的公司相比，其运营效率明显较低，内部控制重大缺陷的修复可以提高运营效率（Cheng et al.，2018）。即使在控制了潜在的内部控制强度之后，进行财务内部控制报告审计的小公司的整体运营效率也显著高于未进行财务内部控制报告审计的小公司，这种效应主要是通过库存周转率和创新的改善以及相对产品市场份额的增加来体现的（Imdieke et al.，2023）。提高全要素生产率对促进各国经济发展起着至关重要的作用。因此，如何有效地提高企业的全要素生产率，在现实中值得行业和学术界进行深入探讨。Fang B 等（2022）考察了内部控制对企业全要素生产率的影响，并探讨了经济政策不确定性对内部控制与企业全要素生产率的调节作用，结果表明，有效的内部控制能够显著提高企业的全要素生产率，经济政策不确定性会削弱内部控制对 TFP 的正向影响。

四、国内外相关研究简评

一方面，宏观层面 TFP 研究解析了 TFP 的创新本质要求，微观层面 TFP 的测度研究为企业 TFP 展开研究提供了很好的应用工具，企业 TFP 的因素分解为 TFP 提升提供了路径启示；另一方面，企业内部控制质量评价研究与经济后果研究为本书的机制与路径研究提供了基本理论支撑，企业内部控制影响因素研究为本书开展优化研究提供了思路借鉴。

具体来说：（1）已有研究将全要素生产率过低与产能过剩的原因归因于内部控制系统失效，对全要素生产率与内部控制的直接关联性研究较少，对于内控提升全要素生产率的效果以及如何解决全要素生产率的内控失效问题较少涉及；（2）已有研究为内部控制提升 TFP 建构了比较清晰的间接作用路径，但研究结论与实证效应并不一致甚至相互对立，使本书进一步深入细化研究具有必要性；（3）已有研究虽然针对内部控制与企业 TFP 进行了间接研究，但公司治理不是企业内部控制机制的全部，技术创新也不是 TFP 提升路径的全部，如果直接把间接研究结论推至本书，可能会以偏概全，导致错误结论。由此，本书拟系统深入开展内部控制提升国企 TFP 的机制与路径研究，优化创新 TFP 的内控系统，这一研究既有可行性又有必要性。

第二章

理论基础

第一节　内部控制相关理论

一、委托代理理论

委托代理理论（Principal - agent Theory）是过去 30 多年里契约理论最重要的发展之一。它是 20 世纪 60 年代末 70 年代初一些经济学家，如威尔森（1969）、斯宾塞（1971）、诺斯（1973）等，深入研究企业内部信息不对称和激励问题发展起来的。不对称信息指的是某些参与人拥有一些其他参与人没有拥有的信息，从而在信息拥有上占优。信息的不对称性包含两层含义：不对称发生的时间和不对称信息的内容。根据信息不对称发生的时间不同，分别称为事前不对称和事后不对称。研究模型有逆向选择模型和道德风险模型。根据信息不对称的内容不同，可分为隐藏行为模型和隐藏知识模型。

委托代理理论是现代企业理论中的一个重要分支，主要探讨的是公司内部所有权与经营权分离后产生的代理问题。在这种分离下，公司的所有者（委托人）和经营管理者（代理人）之间存在利益冲突，因为代理人的行为可能不完全符合委托人的最佳利益。委托代理理论的核心观点是，由于信息不对称和激励机制的缺失，代理人可能追求个人利益而非最大化委托人的利益。这种代理问题可能导致代理人的自利行为，如过度投资、决策失误、道德风险等，从而损害委托人的权益。

委托代理理论的主要研究重点在于，如何在利益冲突和信息不对称的情况下，由委托人构建最优合约和高效激励监控系统，以控制代理人行为，确保其行为符合逻辑和自我约束。会计信息透明化有助于缓解委托代理问题，使委托人能够监督代理人，并要求代理人报告其工作。信息公开和透明是解决这些问题的关键方法，委托代理理论为信息披露制度提供了理论支持（平新桥，2001）。

二、系统论

一般系统论创始人为美籍奥地利人、理论生物学家 L. V. 贝塔朗菲[①]，他把广义系统论研究的领域划分为系统科学、系统技术和系统哲学三个方面。系统论是一门研究各种系统共通特征、结构和规律的科学。它使用数学方法来定量描述系统功能，旨在确立普遍适用的系统原理、原则和数学模型。系统论的核心观点包括：系统由相互依赖、互动的元素组成；系统具有整体性，其功能和特性超越单个元素；系统呈现分层特性，即每个系统既是更大系统的一部分，又包含多个子系统。这一理论强调了系统中元素的相互联系和整体大于部分之和的特性。系统的功能不仅体现在内部结构上，还包括与外部环境的互动。[②]

企业内部控制系统包括多个相互关联的子系统，构成了企业管理和控制的重要部分。COSO 内部控制综合框架体现了系统思想，内部控制系统可分为经营控制、财务控制和遵从控制三个子系统，分别涉及企业层面和业务层面的控制。每个系统包含监督、信息与沟通、风险评估、控制活动和控制环境五个元素，这些元素相互作用，体现了系统的整体性、层次性和动态性（王加灿，2016）。其中，控制环境是内部控制的基础；风险评估是为了有效地控制风险；控制活动是为管理和减少风险而制定的政策制度和程序；信息与沟通是和控制相关联的信息生成、传递与沟通渠道；监督是确定控制结构是否有效及最大可能减少意外不测的关键。

---

① 路·冯·贝塔朗菲，王兴成．普通系统论的历史和现状［J］．国外社会科学，1978（02）：69－77.

② 参考 MBA 智库百科，https：//wiki. mbalib. com/wiki/系统理论。

在我国《企业内部控制基本规范》（2008）五个目标和五个要素的基础上构建价值创造型内部控制系统框架，将内部控制系统划分为：战略控制系统、经营控制系统、财务报告控制系统、合规控制系统和资产安全控制系统等五个子系统。各子系统又分别由控制环境等五个要素构成，各系统各要素均以增加企业价值为总目标。

对于企业内部控制的研究，系统论的启示在于强调整体性和层次性的重要性。企业内部控制应当被视作一个多元素、多层级的系统，其中每个元素和层级都相互依赖并对整体功能产生影响。有效的内部控制不仅涉及单个流程或部门，而且需要整个组织协同工作，确保控制措施在各个层级上有效实施。此外，企业内部控制系统还应考虑与外部环境的互动，如市场变化、法规要求等，以确保系统的适应性和有效性。

三、权变理论

美国学者卢桑斯（F. Luthans）在1976年出版的《管理导论：一种权变学说》[①] 一书中系统地概括了权变管理理论。组织及其管理的权变观点认为，组织是一个由分系统所组成，并由可识别的界线与其环境超系统划分开来的系统。组织权变理论认为不仅要探索组织与组织环境之间的相互关系，而且要探索分系统内部和分系统之间的相互关系，并力图研究组织在变化的条件下和在特殊的情况中如何进行经营管理。其最终目标是提出最适用于具体情况的组织设计和管理活动。[②]

从企业组织结构的角度来说，企业的组织结构为实现企业目标的活动进行规划、执行、控制和监督。这些活动既包括价值链活动：如进货（接收）活动、运营或生产、出货（发运）、营销、销售和服务，也包括与行政管理、人力资源或技术开发等有关的辅助职能。企业应该根据自己的需要来确定组织结构，有些是集中型的、有些是分权的、有些是垂直型的、有些是矩阵型的。有些按行业或产品分部或地区分部来进行组织、有些根据职能进行组织。企业组织的适当性很大程度上取决于它的规模和活动的性质。一个结构十分健全的组织，包括正式的报告途径和职责，可能适合于拥有众多分部甚至跨

---

① Luthans, Fred. Introduction to Management: A Contingency Approach (B). Amerian: McGraw - Hill, 1976.

② 参考 MBA 智库百科，https://wiki.mbalib.com/wiki/权变理论。

国经营的大型企业。而在小型企业中，这种组织结构则会妨碍必要的信息流动。因此，无论采取何种组织结构，都应该把企业的活动进行高效组织，以便执行为实现特定目标而设计的战略。

从企业控制活动特征与性质的角度来说，每个企业都有自己的一系列目标和实施战略，因此在目标结构和相关的控制活动上会存在差异。即使是两个目标和结构完全相同的企业，它们的控制活动也会有所不同。每个企业都是由不同的人来管理，他们在实施内部控制时要运用个人判断。此外，控制还反映了主体经营所处的环境和行业以及主体组织的复杂性、历史和企业文化。主体经营所处的环境影响主体所承受的风险，它可能会体现为对外报告要求或者特殊的法律或监管要求。主体的复杂性及其活动的性质和范围影响它的控制活动。有着多种不同活动的复杂组织可能会比活动差异不大的简单组织面临更艰难的控制问题。一家分散式经营、强调在当地自主经营和创新的主体，会呈现与一家高度集中的主体不同的控制情形。影响主体复杂性进而影响其控制性质的其他因素包括：所处的位置和地理分布、经营的广泛性和复杂性，以及信息处理方法。所有这些因素都会影响主体的控制活动，因此，需要对控制活动进行相应的设计，以实现主体的目标。

不同企业，其内部控制的特征不同，没有适合所有企业的统一固定模式的内部控制。权变理论为企业内部控制质量的影响因素研究提供了研究框架，为企业应该从哪些方面以及怎样提升内部控制质量提供了科学路径，为政府实施内部控制规范，优化企业经营环境提供了思路，对下文的内部控制质量影响因素的研究和政策建议的研究具有重要的指导作用。

四、企业内部控制框架

（一）控制杠杆理论

罗伯特·西蒙斯在1995年出版的《控制》一书中引入了“控制杠杆”这个概念，“控制杠杆”旨在帮助组织更有效地运用控制系统以提高绩效和效率。该理论将控制系统分为四个主要部分，称为“控制杠杆”，每个杠杆都有其独特的作用和目的。

（1）诊断性控制系统。这是最传统的控制形式，涉及对关键绩效指标和业绩结果的测量和监控。其目的是确保组织的日常运作符合预定的目标和标准。诊断性控制系统类似于汽车的仪表盘，提供关键信息，以便管理层可以及时调整策略和运营。

（2）相互作用控制系统。这种控制侧重于组织的战略问题和机会。它鼓励管理层与员工进行交流和互动，以便更好地了解前线运作情况。通过这种控制，组织可以灵活地对市场变化作出反应，并鼓励创新和战略调整。

（3）信念控制系统。这涉及组织的核心价值观和使命。信念控制系统通过强化组织文化和价值观来激励员工朝着共同的目标努力。这种控制方式有助于确保所有员工都理解组织的长期愿景和目标。

（4）边界控制系统。这种控制定义了员工行为的界限。它通过制定规则和标准来指导员工的行为，旨在防止不当行为和风险。边界控制同时提供了必要的自由度，使员工能够在既定的框架内创新和实验。

在企业全要素生产率的研究方面，西蒙斯的“控制杠杆”理论提供了重要的启示。一是通过有效的诊断性控制，企业可以监控关键绩效指标，及时识别并改正偏离目标的情况，从而提升运营效率。二是相互作用控制系统鼓励管理层与员工的沟通，增加对市场和运营的理解，有助于企业及时调整战略，应对外部环境的变化。三是信念控制系统强化企业文化，有助于员工内化企业的核心价值和愿景，这对提高员工的工作动力和生产效率至关重要。四是边界控制系统在确保合规性和风险控制的同时，也为员工提供了一定的自由度，促进创新和自主决策，这对提升全要素生产率非常重要。

总体来讲，西蒙斯的“控制杠杆”理论为理解和提高企业全要素生产率提供了全面的框架，强调了不同类型的控制系统在促进效率、适应性、文化凝聚力和创新方面的重要作用。

（二）COSO 框架理论

1992 年，美国 COSO 委员会提出《内部控制整合框架》，也称 COSO 报告。COSO 报告认为内部控制整体架构主要由控制环境、风险评估、控制活动、信息与沟通、监督五项要素构成。后来又发布了《企业风险管理整合框架（2004）》，将企业风险管理分为内部环境、目标制定、事项识别、风险评估、风险反应、控制活动、信息和沟通、监控等八个相互关联的要素，各要素贯穿于企业的管理过程之中。

（三）加拿大 CoCo 委员会对内部控制的定义

加拿大特许会计师协会（CICA）下属的控制基准委员会（The Canadian

Criteria of Control Board，简称 CoCo 委员会）1995 年发布的《控制指南》（Guidance on Control，简称《CoCo 指南》），将“内部控制”的定义扩展到“控制”，其定义为：控制是将一个企业中包括资源、系统、过程、文化、结构和任务等在内的要素结合在一起，支持并实现企业的目标的过程。

（四）我国《企业内部控制基本规范》

我国财政部联合其他四部委于 2008 年 6 月发布的《企业内部控制基本规范》指出，“内部控制是由企业董事会、监事会、经理层和全体员工实施的、旨在实现控制目标的过程”。按照我国《企业内部控制基本规范》的规定，企业内部控制的目标包括合理保证企业经营管理合法合规、资产安全、财务报告及相关信息真实完整、提高经营效率和效果、促进企业实现发展战略等五项目标，其关系如图 2-1 所示。企业为了生存与发展必须制定战略目标，战略目标可以分解为经营目标、报告目标、资产目标以及合规目标。报告目标是经营目标的成果反映，资产目标是物质前提，合规目标是保证。

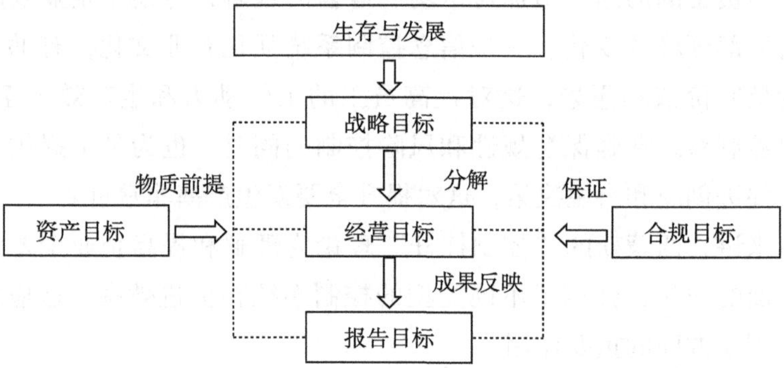

资料来源：作者自行编制。

图 2-1　内部控制目标关系图

第二节　企业全要素生产率理论

一、经济增长理论

为了提高全要素生产率，理解经济增长理论的演变至关重要。这一演变经历了三个主要阶段：从古典经济增长理论到新古典经济增长理论，再到新经济增长理论。

首先，古典经济增长理论，如亚当·斯密在其著作《国富论》中所述，强调了知识技术对经济增长的重要性。其次，新古典经济增长理论，代表人物如索洛（Robert Merton Solow）和斯旺（Trevor Swan），发展了新古典生产函数。这一理论认为，尽管技术进步是经济持续增长的关键，但技术进步被视作外生的，即不由经济模型内部因素所决定。

然而，新经济增长理论打破了这一观点，认为知识和技术进步是内生的，即它们是经济增长模型的一部分，并且重点强调技术进步和人力资本在经济增长中的作用。如 Romer（1986）所提出的内生经济增长模型，就将技术进步作为内生因素，认为知识是促进经济长期增长的关键生产要素。

此外，熊彼特在《经济发展理论》中首次提出创新理论，突出创新或生产要素的新组合作为经济发展的驱动力。在他的后续作品《经济周期》和《资本主义、社会主义和民主主义》中，进一步发展了这一理论，强调企业家和创新技术对经济发展和社会进步的重要性。创新理论主要分为技术推动论、需求拉动论和政府政策驱动论。特别是政府政策驱动论，它强调了政府在制定和监督经济活动法规方面的作用，政府政策对资源配置和市场具有显著的指导影响。

总体来讲，经济增长理论的演变揭示了技术进步在推动经济增长方面的重要作用，而技术创新理论则强调创新作为经济增长的驱动力。这为全要素生产率的研究提供了重要的启示：为了提高生产率，必须重视技术进步和创新，并考虑如何将这些因素内生化到经济模型中，同时认识到政府政策在促进技术进步和创新方面的关键作用。这两个理论相辅相成，为研究企业全要素生产率影响因素提供了理论基础，同时也为内部控制系统对企业全要素生产率的作用路径提供了理论支持。

二、资源配置理论

Samuelson（1948）结合国家干预的理论以及自由市场机制，发展了一种结合国家干预与市场调节的资源配置的双重方法①。Penrose（1959）认为企

① Paul A. Samuelson. Economics: An Introductory Analysis [M]. McGraw – Hill Education, 1948.

业本质上是一个生产资源的集合，这些资源能赋予企业竞争上的优势，体现了微观企业的资源配置问题①。资源配置理论主要关注如何有效地分配和利用有限资源以优化组织的性能和效率。该理论的核心观点是，通过高效地配置资源，包括资金、人力、技术和其他资产，企业可以提高生产率、创造更大的价值并增强竞争优势。资源配置理论包括：首先识别出组织内部和外部可用的关键资源。根据组织的战略目标和市场需求，优先分配资源到最能产生价值的领域。随着市场和组织需求的变化，资源配置应当灵活调整以适应这些变化。不仅是资源的分配，还包括对资源的管理和监控，以确保其效果最大化。通过跨部门或跨项目的资源配置，寻求不同资源组合产生的协同效应。

对于企业全要素生产率的研究，资源配置理论提供了以下启示：一是要提高资源利用效率，通过有效地分配和管理资源，企业可以减少浪费，确保每一项资源都在其最佳用途上发挥作用，从而提高生产率；二是增强组织的适应能力，动态和灵活的资源配置允许企业快速适应市场和技术的变化，从而在竞争中保持领先；三是促进创新和增长，将资源分配到创新和增长潜力较大的领域，可以激励员工创新，促进企业的长期发展；四是实现协同效应，通过跨部门和跨项目的资源整合，企业可以实现更大的协同效应，提高整体运营效率；五是支持战略实施，资源配置应与企业战略紧密结合，确保资源分配支持长期战略目标的实现。资源配置理论为企业提供了一个框架，以确保资源得到最有效的利用，从而提高全要素生产率。这要求企业不仅要关注资源的数量，更要关注其质量和配置方式，以确保资源投入能够产生最高回报。

三、生产率理论

“生产率”一词已被广泛地应用于我们的经济和社会生活中，在学术文献、政府文件，甚至法律法规中均能看到它的存在，这说明生产率这一概念已经被社会各界广泛地接受与认可。生产率描述的是要素投入与产出数量之间的相对关系，是用来表示产出与投入比率的经济指标。生产率从要素的构成上可以简单地分为单要素生产率、多要素生产率和全要素生产率。单要素

① Penrose E T. The Theory of the Growth of the Firm [M]. Oxford University Press, 2009.

生产率为产出与某一要素投入的比值，比如，劳动生产率等于总产量与劳动人数之比，资本生产率等于总产量与资本总额之比，能源生产率等于总产量与能源使用量之比。多要素生产率为产出与多种要素组合投入的比值。全要素生产率的概念最早由 Solow（1957）提出，指总产出增长中不能被劳动和资本等要素投入增长所解释的“剩余”（又称为索罗剩余），其提高意味着同样的劳动和资本等要素投入可以得到更多的产出（罗建钢，2016）。

TFP 的计算是基于生产函数的，通常使用的是 Cobb – Douglas 生产函数。全要素生产率可以简单定义为总产出与总投入的比值，可以用公式表示为：

$$TFP_t = 总投入_t / 总产出_t$$

相应地，全要素生产率的变化可以表示为：

$$TFP_{s,t} = \frac{总产出_t}{总产出_s} \bigg/ \frac{总投入_t}{总投入_s}$$

TFP 是衡量单位总投入和总产量的经济指标，即总产量与总投入的比值。TFP 的变动可分解为技术进步率、组织管理效率、规模效率和资源配置效率的改变。对于欧美发达国家的经济发展而言，TFP 对经济增长的贡献可高达 60%。相较之下，当前中国的 TFP 在经济增长中仅占 37%，仍存在显著提升的空间（罗建钢，2016）。企业 TFP 被视为衡量企业、行业或国家经济效率和创新能力的关键指标。当一个国家或企业的 TFP 增长时，表明其能够更有效地运用资源来生产更多的商品和服务。这通常是由于技术进步、更优越的管理实践、创新以及其他非物质投资的推动。与仅仅依赖于投资或增加劳动力相比，TFP 的增长被认为是更可持续的经济增长方式，因为它不仅仅依赖于更多的资源投入，更取决于更高效地利用这些资源。

企业的 TFP 是一个复杂而至关重要的经济指标，它有助于我们深入了解生产效率和经济增长的内在推动因素。通过关注 TFP 的提升，企业能够更好地应对挑战，实现经济增长的可持续性，并在竞争激烈的市场中保持竞争力。

第三节 国有企业公司治理理论

一、国有企业公司治理结构

（一）国有企业公司治理进展①

中国国有企业（State - Owned Enterprises，SOEs）治理理论与实践呈现出独特的演进轨迹，在过去几十年中经历了多次重要的改革，旨在提升企业效率、引入现代企业制度，并促使其更加市场化。其核心在于实现由企业形态下行政型治理模式向公司形态下经济型治理模式的转型（李维安与李元祯，2018）。以下是中国国有企业治理的不同阶段：

（1）1978—1991 年：初步探索，行政型治理有所松动。在这一时期，开始进行扩大企业自主权、利润分成、放权让利、利改税、利税分流等改革；实施厂长（经理）负责制，推进政企分开；尝试企业承包责任制，政府让渡经营企业的权力给经营者。这些举措使原有国有企业的行政型治理模式有所松动，但存在一些问题，如信息不对称、监督机制设计等。

（2）1992—2002 年：现代企业制度。这一时期，现代企业制度得到推广。1993 年《公司法》明确"法人治理结构"。中央提出建立现代企业制度的明确目标，包括产权明晰、有效的公司治理结构以及法人治理的实施。国有企业开始实行法人治理，明确定义了股东、董事会、经理层的权责关系。一些企业进行了股份制改革，引入多元化投资者，为建立现代公司治理结构奠定了基础。

（3）2003—2017 年：公司治理规范化与深化，开启国资监管。党的十六大报告和十六届三中全会提出深化国有资产管理体制改革；成立国有资产监督管理委员会；推进国有资本投资公司试点、混合所有制经济试点、董事会授权试点等治理改革；进行分类改革、战略重组、处理"僵尸企业"，贯彻供

---

① 李维安，李元祯．国企治理改革：从企业治理到公司治理［N］．2018 - 12 - 10. http：//dz. jjckb. cn/www/pages/webpage2009/html/2018 - 12/10/content_49091. htm.

给侧结构性改革；推动中央企业完成公司制改制；在国际会计准则和相关监管要求的推动下，企业开始强化内部控制和风险管理。

（4）2018 年至今：公司治理时代。在最新的指导思想中，强调了共产党在国有企业，特别是中央企业中的领导地位，党的组织和活动与企业的治理结构和决策进一步融合。这使国有企业治理在混合所有制和全面治理的框架下持续演变，以适应不断变化的经济环境。国企公司制改制任务完成后，国企治理改革大步推进由企业治理向公司治理的转变，开启全面由企业治理下行政型治理向公司治理下经济型治理转型的新历程。

（二）国有企业公司治理主要内容[①]

（1）所有权与控制权分离：这是中国国有企业改革的一个核心理念。国家或地方政府作为所有者，但通过各种管理层和机构进行实际的企业管理。这种结构使企业的日常运营与国家的宏观控制相分离。

（2）双层公司系统：这种系统下，国有企业被分为“控股公司”和“运营公司”。控股公司负责投资决策和资本管理，而运营公司负责日常业务。

（3）专业经理人：为了提高企业的经营效率，国有企业开始聘用市场化的、拥有专业知识和经验的经理人来管理企业。

（4）绩效考核与激励：引入绩效管理体系，对企业和管理者进行考核，并与他们的收入和激励挂钩。

（5）股份制改革：这是国有企业市场化改革的一个重要方向，目的是引入多元化的投资者，降低国家的直接控股比例，并提高公司的治理结构和经营效率。

（6）对外投资与国际化战略：为了获取先进的技术和管理经验，以及开拓新的市场，许多国有企业开始进行对外投资和并购。

（7）党组织在国有企业中的角色：在国有企业中，党组织扮演着关键的角色，不仅在企业决策中发挥作用，还确保企业的行为与国家的宏观政策和目标保持一致。

（8）风险管理与内部控制：随着国有企业规模的扩大和业务的复杂性增加，如何建立有效的风险管理和内部控制体系成为企业治理的一个重要议题。

---

① 李维安，李元祯．国企治理改革：从企业治理到公司治理［N］．2018－12－10. http：//dz. jjckb. cn/www/pages/webpage2009/html/2018－12/10/content_49091. htm.

（9）社会责任与绿色发展：在全球可持续发展的背景下，国有企业也开始重视环境保护和社会责任。

国有企业治理理论和实践旨在通过结构调整、市场化改革和现代企业制度的引入，提高企业的经营效率和竞争力。但同时，作为国家的资产，国有企业也需要保证其行为与国家的宏观政策和长期目标保持一致。

（三）中国国有企业公司治理的基本特征与特殊性①

尽管中国国有企业在公司治理方面取得了显著的进展，然而，仍面临着重大的挑战。如何在效率与控制之间取得平衡，如何应对全球化所带来的挑战，以及如何确保公司治理高效公正，都是亟须进一步研究和实践的问题。

1. 公司治理的核心和关键特性

公司治理的核心在于通过制度化的安排来调和内外部各利益相关方的关系，目的是使决策过程更为精确、合理、科学和有效，尽可能达到多方共赢的局面。公司治理的主要特性体现在两个方面：首先是建立有效的激励和约束机制，以应对公司所有者和管理者之间的信息不对称和目标不一致的问题；其次，公司治理需要健全的市场和法律体系的支持，以保证治理的有序性、有效性以及合法性。

2. 国有企业公司治理的独特性

（1）治理主体的独特性：中国国有企业的公司治理主体与普通企业相比有所不同，除了涉及《公司法》中规定的“三会一层”，还包括党委会、职工代表大会和工会。

（2）治理目标的独特性：国有企业的治理目标因其双重职能而显得特殊。这些目标不仅涵盖了国有资产的保值增值、提升公司运营效率和经济效益，还包括维护国企的市场主体地位、增强国有企业的经济活力和承担社会责任等政府治理目标。

（3）治理维度的独特性：一般公司治理需遵循公司管理制度的内部规定和外部的法律制度。而国有企业的公司治理除了需要遵守法律制度和公司管理制度，还必须符合党的政策文件以及国家和地方国资监管系统的相关规定。

在面对这些独特挑战时，中国国有企业需要通过深入研究和不断实践，

---

① 王宏淼．中国特色国有公司治理结构的典型化特征［J］．中国发展观察．2022.1.6．https：//cdo.develpress.com/？p＝12582.

不断完善公司治理机制，以适应不断变化的经济环境和全球化的复杂挑战。

二、国务院国资委和地方国资委对国有企业内部控制的规范

我国已相继出台了一系列与内部控制相关的政策法规，如国资委 2006 年发布的《中央企业全面风险管理指引》、财政部等五部委 2008 年和 2010 年相继发布的《企业内部控制基本规范》及配套指引，以及国资委和发改委 2018 年分别发布的《中央企业合规管理指引（试行）》《企业境外经营合规管理指引》等，为中央企业开展风险管理、内部控制、合规管理提供了理论基础和建设指引。

1.《中央企业全面风险管理指引》（2006 年）

该文件为中央企业提供了风险管理的理论框架，强调了全面风险管理的重要性。通过引导企业从战略高度重视风险管理，该文件促使中央企业建立和完善全面风险管理体系，从而更好地防范和应对各种潜在风险。这种全面风险管理体系的建立，增强了企业的内控力度，有助于提高资本和资源的配置效率，最终可能对提升企业的总要素生产率（TFP）产生积极影响。

2.《企业内部控制基本规范》及配套指引（2008 年和 2010 年）

这是财政部等五部委联合发布的，旨在为企业（包括中央企业）提供内部控制和合规管理的标准和操作指南。该文件为中央企业内控体系的标准化提供了指导，促使企业在内部控制、风险管理和合规方面进行系统化建设。标准化的内控机制可以帮助企业在创新、资本和劳动配置等方面提升效率，从而有助于增强整体生产效率和经济效益。

3.《中央企业合规管理指引（试行）》和《企业境外经营合规管理指引》（2018 年）

这两份文件旨在规范中央企业的合规管理，特别是在国际业务中的合规操作。合规管理的加强能够降低企业在境内外市场的运营风险，减少法律和政策的不确定性带来的损失。这种规范化的合规操作既保障了企业的持续经营能力，也有助于在国际化经营中增强竞争力，进而对企业的整体生产率和创新能力产生积极影响。

4.《关于加强中央企业内部控制体系建设与监督工作的实施意见》（2019 年）

该文件强调了构建以风险管理为导向、以合规监督为重点的内部控制体系的重要性。文件中的要求促使中央企业进一步优化内控体系，加强集团管

控，并完善监督机制。这些举措有助于提升企业的管理效率和资源配置效率，从而促进企业整体生产力的提升。特别是强化集团管控和监督评价体系，可以减少资源浪费和运营失误，增强企业的创新和适应市场变化的能力。

5.《关于加强中央企业资金内部控制管理有关事项的通知》（2021 年）

该文件重点关注中央企业的资金管理，要求建立健全资金内控管理机制。强化资金内控管理能够减少资金流失和金融风险，确保企业资金的安全和高效使用。这对企业的财务健康和资本配置效率有直接的正面影响，也间接促进了企业创新和整体生产率的提升。

6.《关于做好 2023 年中央企业内部控制体系建设与监督工作有关事项的通知》（2023 年）

该文件提出了新阶段的内控管理要求，标志着中央企业内控管理工作进入新阶段。文件中提到的加强组织领导、强化内控制度建设、深入开展内控专项整治等措施，进一步推动了企业内控体系的完善。通过这些措施，企业能够更有效地防范重大风险，确保其经营的稳定性和可持续性，从而有助于提高整体生产效率和市场竞争力。

国资委发布的这些文件从不同角度和层面规范和引导了中央企业的内部控制和风险管理工作。通过建立健全内控体系、加强风险管理、提高合规管理水平，中央企业能够更好地应对市场挑战，优化资源配置，提升创新能力，最终在一定程度上促进企业的总要素生产率提升。这种系统化的内控管理还有效减少了运营中的不确定性和风险，保障了企业的长期健康发展。

三、国有企业绩效评价理论

（一）国有企业绩效评价主要历程①

1999 年，财政部、国家经济贸易委员会、人事部和国家发展计划委员会联合发布了《国有资本金效绩评价规则》和《国有资本金效绩评价操作细则》，其中包括基本指标、修正指标和评议指标，共计 32 项指标，这是我国国有企业效绩评价指标体系发展的新阶段。2002 年，财政部、国家经济贸易委员会和中央企业工作委员会等部委联合发布了《企业效绩评价操作细则（修订）》，对企业绩效评价指标进行了修改，从 32 项减少到了 28 项。2006

① 作者根据国资委关于国有企业或者资本金效绩评价相关规范进行分析总结。

年，国资委印发《中央企业综合绩效评价实施细则》，企业综合绩效评价指标包含 22 个财务绩效定量评价指标和 8 个管理绩效定性评价指标。2010 年，国资委开始对中央企业全面推行经济增加值作为业绩考核标准，让企业能够真正评价经济利润。2019 年，国资委修订印发了《中央企业负责人经营业绩考核办法》，该办法强调高质量发展考核，涵盖了效益效率、科技创新、国际化经营、节能环保等方面的指标。从过去的利润导向向价值导向的转变，这是引导中央企业管理层的经营理念的转变，有利于提高企业的整体绩效和社会价值。我国企业绩效评价工作的标志性发展阶段如图 2－2 所示。

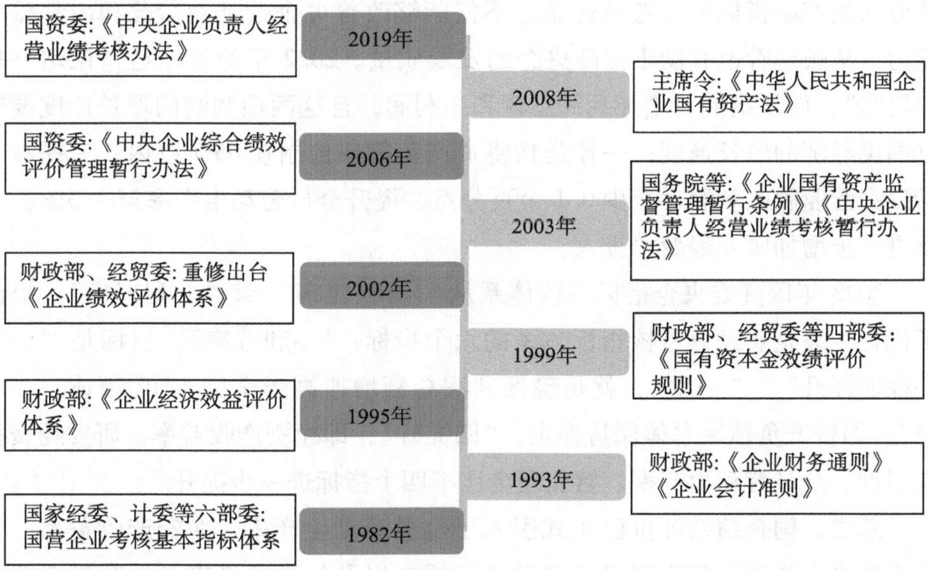

资料来源：根据财政部以及国资委等政府部门发布的规范进行整理。

图 2－2　我国企业绩效评价工作的标志性发展阶段

为切实履行企业国有资产出资人职责，维护所有者权益，落实国有资产保值增值责任，建立健全有效的激励约束机制，引导中央企业实现高质量发展，加快成为具有全球竞争力的世界一流企业，国有企业绩效考核导向上特别强调：（1）突出效益效率，引导企业加快转变发展方式，优化资源配置，不断提高经济效益、资本回报水平、劳动产出效率和价值创造能力，实现质量更高、效益更好、结构更优的发展。（2）突出创新驱动，引导企业坚持自主创新，加大研发投入，加快关键核心技术攻关，强化行业技术引领，不断增强核心竞争能力。

（二）国有企业绩效评价最新进展：生产率指标引入

2021 年，国资委加入了全员劳动生产率指标，与净利润、利润总额、营业收入利润率、资产负债率和研发投入强度等指标一起，组成了一个以“两利四率”为核心的考核体系。这个体系旨在引导企业更加注重提升运营效率和发展质量，助力企业实现高质量发展。中国企业联合会研究部的研究员刘兴国在接受《每日经济新闻》记者采访时分析指出，虽然国内的央企在劳动生产率方面表现不俗，但与世界顶尖企业相比，仍有显著的提升空间①。将全员劳动生产率指标纳入考核体系，不仅能够改善央企的利润情况和内部盈利能力，从长远看也有助于提高央企的发展质量。2022 年的目标是“两增一控三提高”：两增指的是增加利润总额和净利润，且这两项利润的增长速度要超过国民经济的增长速度；一控是指将资产负债率控制在 65% 以内；三提高包括提高营业收入利润率至少 0. 1 个百分点、提升全员劳动生产率至少 5%，以及进一步增加研发经费的投入。

2023 年国资委央企指标考核体系从“两利四率”到“一利五率”。提出了优化中央企业经营考核指标体系的六个指标：“一利五率”，目标是“一增一稳四提升”。“一增”，就是确保利润总额增速高于全国 GDP 增速。“一稳”，即资产负债率总体保持稳定。“四提升”，即净资产收益率、研发经费投入强度、全员劳动生产率、营业现金比率四个指标进一步提升。

总之，国企绩效评价已正式引入了全员劳动生产率、净资产收益率、研发经费投入强度，其实就是从劳动力、资本以及技术角度来全面衡量企业绩效，也是企业全要素生产率在国企绩效评价中的具体体现。

四、国有企业激励理论

（一）激励理论

激励理论在管理和心理学领域中旨在解释和预测人们的行为动机和动力。其通常关注于如何激发员工的积极性、提高工作满意度和效率。主要代表理

---

① 刘丽靓．中国企业联合会研究部研究员刘兴国：混改和调结构成为今年国企改革关键抓手［EB/OL］．中国证券报·中证网，https：//www. cs. com. cn/zt/2021lh/zztg/202103/t20210305_6144250. html.

论包括马斯洛需求理论、赫茨伯格双因素理论、弗洛姆期望理论与亚当斯公平理论。

（1）马斯洛于1943年提出的需求层次理论将人的需求分为五个层次，包括生理需求、安全需求、社交需求、尊重需求和自我实现需求。这些需求呈阶梯状排列，只有上一层次的需求得到满足后，才会追求下一层次的需求，从而产生激励作用。马斯洛认为，低级需求可以通过外部激励满足，而高级需求则需要内部激励。

（2）奥尔德弗于1969年提出的ERG理论对马斯洛需求理论进行了修正与改进，将人的需求划分为生存、交往与成长三种。麦克利兰进一步将需求划分为成就需求、权力需求和归属需求，这些需求是后天产生的。然而，仅满足需求并不能产生激励作用。双因素理论由赫茨伯格提出，将影响工作满意度的因素分为保健因素和激励因素，强调只有激励因素才能对员工产生激励作用。

（3）在激励理论的发展中，过程型激励作为相对内容型激励的一部分，更加关注人们对某项活动动机形成的心理过程。期望理论由弗洛姆于1964年提出，强调个体的效用与期望强度决定了激励的大小，解释了努力、绩效和奖励之间的关系。

（二）公平理论

公平理论是美国行为科学家斯塔西·亚当斯在《工人关于工资不公平的内心冲突同其生产率的关系》（1962，与罗森合写），《工资不公平对工作质量的影响》（1964，与雅各布森合写）、《社会交换中的不公平》（1965）等著作中提出来的一种激励理论。该理论侧重于研究工资报酬分配的合理性、公平性及其对职工生产积极性的影响①。该理论认为公平是一种通过比较得出的概念，具有较强的主观性。员工通常通过横向对比（企业内部和同行业其他员工）以及纵向对比（与过去比较）来评估自己的投入与产出比，形成公平感。当投入产出比与参照对象相等时，员工会产生公平感，激发积极工作态度，提高企业绩效。反之，不公平感会削弱员工积极性，损害企业绩效。斯塔西·亚当斯的公平理论指出，薪酬的相对值同样具有激励作用。在企业薪酬分配方面，薪酬差距的适度设置对于提高企业的竞争力至关重要。由此薪酬差距也有反向激励问题，我国政府采取了一系列措施抑制薪酬差距的过度

① ［美］曼昆（Mankiw N. Gregory）著，梁小民 译．经济学原理［M］．机械工业出版社，2003.

扩大，如对金融行业高管薪酬进行限制、推出《关于进一步规范中央企业负责人薪酬管理的指导意见（2009)》《中央管理企业负责人薪酬制度改革方案（2015)》等政策。

激励理论对内部控制与企业全要素生产率的研究有很强的启示作用。通过满足员工的基本和高级需求，企业可以提高员工的工作动机和参与度，从而提高工作效率和生产力。适当的激励措施和良好的工作条件可以创造一个积极的工作环境，提高员工的满意度和忠诚度。通过确保工作中的公平性和透明度，可以减少员工的不满和抵触情绪，从而提高内部控制的有效性。激励措施应与组织目标相一致，以确保员工的个人目标与组织目标相协调，从而实现更高的全要素生产率。通过激励措施，如赋予员工更多自主权和创新的机会，可以激发员工的创造力和改进意识，帮助企业通过理解和满足员工的需求和期望来提高其内部控制的效果和全要素生产率。

（三）人力资本理论

美国经济学家舒尔（Schultz）于20世纪60年代首次系统阐释了人力资本理论，从宏观角度探讨了人力资本投资、人力资本与经济增长的关系以及人力资本投资收益三个方面。他认为，在经济生产过程中存在物质资本和人力资本两种形式的资本。物质资本体现在土地、机器等实物产品上，而人力资本则表现为劳动者的知识、经验、技能和健康等，通过教育、健康和培训等投资来提升。舒尔的分析显示，教育对经济增长的贡献率超过1/3，人力资本相较于物质资本更能推动经济增长。人力资本是一种投资而非消费，其投资收益率高于物质资本投资收益率。由于在人力资本理论方面的巨大贡献，舒尔也被誉为“人力资本之父”。

贝克尔（Becker）从微观视角将该理论发展为一般劳动收入分配的理论，并提出了人力资本—收益均衡模型，分析了个人、家庭等微观主体在教育、健康、生育等方面的投资。贝克尔强调教育尤其是职业培训对提高员工的人力资本和增加企业绩效的重要性。

人力资本理论在经济学和管理学中扮演着关键角色，这一理论认为，个人的技能、知识和健康状况是其生产力的重要组成部分，因此对这些方面的投资被视为促进劳动力生产率和经济增长的关键。随着市场和技术的不断变化，该理论也强调了技能的适应性和终身学习的重要性，以确保劳动力能够应对新的挑战和工作要求。

在内部控制和企业全要素生产率的研究中，人力资本理论提供了一系列重要的启示。首先，企业应重视员工的教育和培训，通过提供学习和发展机会，帮助员工提升技能和专业知识，从而提高整体的工作效率和创新能力。其次，企业的健康和福利政策也对员工的生产力有显著影响。通过确保员工的健康和幸福，企业不仅能提高员工的工作满意度和忠诚度，还能减少因健康问题导致的缺勤，进一步提高生产效率。此外，鼓励员工分享工作经验和持续学习，能够使企业更好地适应市场变化，促进组织内部的知识转移和协同作用，从而在更广泛的层面上提升企业的全要素生产率。

（四）中央企业负责人的薪酬激励

根据《中央企业负责人经营业绩考核办法》，把年度经营业绩考核和任期经营业绩考核等级分为 A、B、C、D 四个级别。国资委依据年度和任期经营业绩考核结果对企业负责人实施奖惩。经营业绩考核结果作为企业负责人薪酬分配的主要依据和职务任免的重要依据。企业负责人的薪酬由基本年薪、绩效年薪、任期激励收入三部分构成。对企业负责人实行物质激励与精神激励。物质激励主要包括与经营业绩考核结果挂钩的绩效年薪和任期激励收入。精神激励主要包括给予任期通报表扬等方式。企业负责人的绩效年薪以基本年薪为基数，根据年度经营业绩考核结果并结合绩效年薪调节系数确定。绩效年薪按照一定比例实施按月预发放。国资委依据年度经营业绩半年预评估结果对企业负责人预发绩效年薪予以调整。任期激励收入根据任期经营业绩考核结果，在不超过企业负责人任期内年薪总水平的 30% 以内确定。对科技创新取得重大成果、承担重大专项任务和社会参与作出突出贡献的企业，在年度经营业绩考核中给予加分奖励。对经营业绩优秀以及在科技创新、国际化经营、节能环保、品牌建设等方面取得突出成绩的，经国资委评定后对企业予以任期激励。连续两年年度经营业绩考核结果为 D 级或任期经营业绩考核结果为 D 级，且无重大客观原因的，对企业负责人予以调整。鼓励探索创新，激发和保护企业家精神。企业实施重大科技创新、发展前瞻性战略性产业等，对经营业绩产生重大影响的，按照“三个区分开来”原则和有关规定，可在考核上不做负向评价。

2016 年，财政部、科技部、国资委联合印发了《国有科技型企业股权和分红激励暂行办法》（财资〔2016〕4 号），规定符合条件的国有科技型企业，可采取股权出售、股权奖励、股权期权等股权激励方式，或项目收益分红、岗位分红等分红激励方式，对企业重要技术人员和经营管理人员实施激励。

同时，企业实施股权和分红激励，应当遵循“依法依规，公正透明；因企制宜，多措并举；利益共享，风险共担；落实责任，强化监督”的总体原则。按照《国务院关于改革国有企业工资决定机制的意见》（国发〔2018〕16号）精神“建立健全与劳动力市场基本适应、与企业经济效益和劳动生产率挂钩的工资决定和正常增长机制”，明确规定中央企业工资总额预算主要按照效益决定、效率调整、水平调控三个环节决定。中央企业工资总额预算与利润总额等经济效益指标的业绩考核目标值挂钩，并且根据目标值的先进程度确定不同的预算水平，引导中央企业通过完成高质量发展目标，带动职工工资总额合理有序增长；另外，工资增长还应当通过人工成本投入产出效率、劳动生产率等指标对标进行调整，进一步协调不同效率的企业之间工资分配关系，提高企业工资总额决定机制的科学性与有效性。2020年，国资委在总结中央企业控股上市公司股权激励工作的基础上，制定了《中央企业控股上市公司实施股权激励工作指引》，进一步明确了股权激励，是指上市公司以本公司股票或者其衍生权益为标的，对其董事、高级管理人员及管理技术和业务骨干实施的长期激励。由此，我国国有企业薪酬激励呈现出考核与激励相结合、短期激励与长期激励相结合、现金激励与股权激励相结合、物质激励与精神激励相结合的比较合理完整的激励模式。

以中国华能集团为例，薪酬激励由短期薪酬与长期薪酬相结合。表2－1和表2－2分别列示了企业负责人2021年度薪酬情况以及2019—2021年任期激励收入情况，其中，年度薪酬人均在110万元左右，任期激励收入人均在25万元，总计在135万元左右，总体上不算高，负责人之间的薪酬差距也不大。可能也表明国企负责人的激励制度还存在一定的缺陷，还需要进一步优化改进。

表2－1　中国华能集团有限公司企业负责人2021年度薪酬情况①

姓名	职务	任职起止时间	2021年度从本公司获得的税前报酬情况			(4)
			(1)	(2)	(3)	
舒某彪	原党组书记，董事长	2018.11—2022.9	87.62	23.30	无	否
邓某玲	董事、总经理、党组副书记	2019.10至今	87.62	22.92	无	否
王　某	董事、党组副书记	2020.3至今	78.86	22.22	无	否

① 资料来源：国有资产监督管理委员会 http：//www.sasac.gov.cn/。

续表

姓名	职务	任职起止时间	2021 年度从本公司获得的税前报酬情况			(4)
			(1)	(2)	(3)	
樊某祥	党组成员、副总经理	2018.1 至今	78.22	22.22	无	否
王某华	党组成员、总会计师	2018.7 至今	78.22	22.20	无	否
王某宗	党组成员、副总经理	2016.11 至今	78.86	22.14	无	否
王某民	党组成员、纪检监察组组长	2018.7 至今	78.62	22.17	无	否
李某民	副党组成员、副总经理	2020.5—2022.5	78.62	23.53	无	否
李某良	党组成员、副总经理	2021.4 至今	51.99	15.16	无	否

注：表中披露信息为我公司企业负责人 2021 年度全部应发税前薪酬（不含 2021 年发放的以往年度薪酬），单位为人民币万元。数字代码表示：（1）应付年薪；（2）社会保险、企业年金、补充医疗保险及住房公积金的单位缴存部分；（3）其他货币性收入；（4）是否在股东单位或其他关联方领取薪酬。

表 2－2　中国华能集团有限公司企业负责人 2019—2021 年任期激励收入情况①

姓名	职务	任职起止时间	2019—2021 年任期激励收入
舒某彪	原党组书记，董事长	2018.11—2022.9	74.79
邓某玲	董事、总经理、党组副书记	2019.10 至今	54.02
邓某玲	党组副书记、副总经理	2017.5—2019.10	18.70
王　某	董事、党组副书记	2020.3 至今	39.26
樊某祥	党组成员、副总经理	2018.1 至今	66.81
王某华	党组成员、总会计师	2018.7 至今	66.81
王某宗	党组成员、副总经理	2016.11 至今	67.06
王某民	党组成员、纪检监察组组长	2018.7 至今	67.19
李某民	副党组成员、副总经理	2020.5—2022.5	35.33
李某良	党组成员、副总经理	2021.4 至今	14.79
王　某	原党组成员、副总经理	2018.5—2020.11	42.77
叶某东	原党组成员、副总经理	2014.9—2020.1	24.17

注：表中披露信息为我公司企业负责人 2019—2021 年任期激励收入（税前），单位为人民币万元。

① 资料来源：国有资产监督管理委员会 http：//www.sasac.gov.cn/。

第三章

内部控制提升国企 TFP 的效应分析

前面的章节已经详细地阐述了本书的研究背景以及内部控制质量与企业全要素生产率的相关理论。那么，国企的内部控制质量与其全要素生产率两者关系究竟如何？内部控制系统是否会影响以及如何影响国企全要素生产率？内部控制质量与企业全要素生产率，特别是内部控制提升全要素生产率是否具有资本市场效应呢？基于此，本章首先对国企的内部控制质量进行分析，然后对国企全要素生产率进行分析，在此基础上，将对内部控制系统提升国企全要素生产率的结构效应与市场效应进行理论分析和实证检验。

第一节　国企内部控制质量测度

一、企业内部控制质量测评架构①

依据 COSO 内部控制综合框架，对内部控制的理解包括内部控制目标维度、内部控制要素维度、内部控制层次维度、内部控制制度设计与运行等四个维度。由此，企业内部控制质量从内涵上理解也应该涵盖这四个维度。另外，根据内部控制评审实务，企业常常从内部控制制度层面来评估内部控制，

① 王加灿．企业内部控制质量研究［M］．中国财政经济出版社，2015.

因此，内部控制制度设计与运行等特征也应该属于企业内部控制质量的内涵之一。

1. 企业内部控制目标维度

COSO 内部控制框架规定其目标为经营的效率与效果、财务报告的可靠性以及法律法规的合规性等三个目标，我国《企业内部控制基本规范》（2008）规定内部控制的目标是合理保证企业经营管理合法合规、资产安全、财务报告及相关信息真实完整、提高经营效率和效果、促进企业实现发展战略等五项目标。因此内部控制质量的好坏可以从这几个方面来评定。本书偏向于从内部控制目标的维度来界定企业内部控制质量的内涵，并将在后文中作进一步的研究与分析。

2. 企业内部控制要素维度

内部控制是由控制环境、风险评估、控制活动、信息与沟通和监督五大要素组成的。从内部控制要素维度来理解内部控制质量，包括：第一，控制环境质量。控制环境是组织的基调，对组织企业活动、确立目标、评估风险、控制活动、信息与沟通和监控活动都有着广泛的影响；不仅影响内部控制设计，也会影响内部控制运行。控制环境主要包括诚信和道德价值观、员工胜任力、董事会与审计委员会、管理层理念与经营风格、组织结构等。那么，控制环境质量即是指控制环境要素的好坏与优劣，主要包括：企业文化质量、公司治理质量、管理层素质、员工素质等。第二，风险评估质量。风险评估是指识别和分析那些可能影响到控制目标实现的相关风险，并考虑应该如何应对这些风险。“风险评估的本质就是一个识别变化的环境并采取必要行动的过程”。风险评估包括：目标设定、风险分析、管理应对。风险评估质量即企业目标设定是否合理、风险分析是否全面恰当、应对措施是否有效等。第三，控制活动质量。控制活动是针对评估确认的风险，确保管理层的指令得以贯彻执行的政策和程序。主要包括：批准授权、经营业绩评价、信息处理控制、资产保管以及职务分离等。控制活动质量是指相关政策与程序是否得到较好执行。第四，信息与沟通质量。信息与沟通是指企业经营、财务、合规等相关的信息识别、获取和传递、报告。信息与沟通质量包括信息的质量和信息沟通的有效性两个方面。第五，监督质量。监督质量是指对内部控制设置、运行及改进活动的评价恰当性与监督有效性。

3. 企业内部控制层次维度

根据内部控制具体实施的机制，内部控制通常又可以分为管理控制、会计控制以及业务控制等三个层面，从企业内部控制层次维度来理解内部控制质量，包括：第一，管理控制质量。企业的管理控制是建立在公司治理基础上的，通过设定标准，检查和改进有关管理政策和程序，纠正偏差，有效控制企业运行，不断提高企业的经营效率和效益，实现企业价值创造和增值。第二，会计控制质量。企业会计控制是通过适当的批准与授权，准确的会计记录和实物盘点，对企业会计准则和制度的遵循，保证企业经营和财务状况信息的可靠性。第三，业务控制质量。企业的业务控制是指综合运用各种控制手段和方法，针对具体业务和事项实施的控制，如采购业务、销售业务、生产业务、投融资业务等。这一层次内部控制制度可以认为是最具体的控制。

4. 企业内部控制制度设计与运行维度

企业内部控制制度设计与运行维度主要包括控制环境、风险评估、控制活动、信息与沟通以及监督。控制环境为企业内部控制提供基础和环境，包括治理结构、管理层风格、企业文化、员工素质和道德标准等。风险评估涉及识别可能影响企业目标实现的风险，评估风险的概率和影响程度，确定风险的优先级。控制活动则涉及制定和实施一系列控制措施，以降低风险，包括政策制定、流程设计、职责分工、信息系统的使用等。信息与沟通确保信息的准确、及时和有效传递，包括内部报告系统、信息系统和沟通渠道的设计。监督则涉及监督内部控制的设计和运行，包括内部审计、管理层的监督、员工的自我监督等，确保内部控制的有效性。这些维度相互关联，共同构成了一个完整的内部控制体系，企业应根据自身的业务特点、风险状况和目标，合理设计并运行内部控制制度，以保障企业的稳健运营和可持续发展。由此，内部控制质量包括：内部控制制度设计质量、企业内部控制制度运行质量以及企业内部控制的经济性质量。

值得注意的是，以上提出的内部控制质量测评架构的不同维度，主要是为了进一步厘清内部控制质量的特征与实质，为单个企业进行内部控制质量评价提供参考，也为企业提升自身的内部控制质量提供参考与借鉴。

二、国企内部控制质量特征

（一）样本选择与数据来源

选取2013年至2021年上市公司，删除内部控制指数缺失的公司，最终获得27388个样本，其中：国有企业样本为9612个，非国有企业样本为17776个。上市公司内部控制及其分项指数来自深圳迪博公司内部控制数据库。上市公司内部控制缺陷、内部控制评价、内部控制审计等来自CSMAR国泰安金融数据库。公司基本信息等指标数据也来自CSMAR国泰安金融数据库。

选择迪博、CSMAR等数据库中的内部控制质量指标进行研究，主要基于下面这些考虑。

（1）行业标准和权威数据源。迪博和CSMAR等数据库作为知名的金融数据提供商，提供的内部控制质量指标通常基于行业标准和最佳实践。这些数据源在金融研究领域具有较高的权威性和可信度。

（2）全面性和代表性。这些数据库中的内部控制质量指标通常涵盖了多个维度，如控制环境、风险评估、控制活动、信息与沟通以及监督等。这些维度有助于全面评估企业的内部控制质量。

（3）实证研究的普遍使用。许多实证研究都采用了迪博、CSMAR等数据库中的内部控制质量指标，这使得本研究能够与其他相关研究进行比较和验证。

（4）数据的可获得性和稳定性。这些数据库提供的数据相对稳定，且易于获取，这有助于确保研究的可重复性和结果的可靠性。

（5）专业性和标准化。内部控制质量指标的专业性和标准化程度较高，有助于提高研究的科学性和严谨性。

（二）国企内部控制质量现状与问题

1. 国企与非国企内部控制质量比较分析

可以按照国有企业所处行业、规模、层次（央企、地方国企）等，从经营管理合法合规、资产安全、财务报告及相关信息真实完整、提高经营效率和效果、促进企业实现发展战略等五项目标层面以及内部控制评价与审计等方面进行全面细致分析。

如表 3－1 所示，内部控制整体指数（icindex）包含战略层级指数（ZLicindex）、经营层级指数（JYicindex）、报告可靠指数（BGicindex）、合法合规指数（HGicindex）、资产安全指数（ZCicindex）五个方面，每个满分都是1000分。内控重大缺陷方面，国企上市公司为1%，非国企上市公司为2%，国企上市公司显著低于非国企上市公司。总体上来讲，国有企业比非国有企业在内部控制整体及其五个目标部分得分在统计上都显著要高，说明国有企业的内部控制水平要普遍高于非国有企业。

表 3－1　　国企与非国企上市公司内部控制均值检验

Variables	非国有企业	Mean1	国有企业	Mean2	MeanDiff
内部控制整体指数	17776	603.9	9612	619.0	-15.07***
战略层级指数	17776	460.1	9612	488.7	-28.64***
经营层级指数	17776	435.4	9612	464.2	-28.75***
报告可靠指数	17776	798.1	9612	806.0	-7.97***
合法合规指数	17776	853.0	9612	872.1	-19.18***
资产安全指数	17776	481.6	9612	485.9	-4.27**
是否披露内控审计报告	19475	0.690	9784	0.920	-0.24***
是否为内控重大缺陷	29659	0.0200	20477	0.0100	0.01***
内控审计意见	13301	1	9020	1	0
是否国际四大审计	13346	0.0400	9022	0.120	-0.08***
是否披露内控评价报告	19482	0.980	9785	0.960	0.02***
内部控制是否有效	19032	0.980	9401	0.990	-0.01***
内部控制是否存在缺陷	19034	0.260	9400	0.480	-0.22***
是否采取整改措施	4936	0.990	4521	0.980	0.01***

注：MeanDiff 为分组均值差异 T 检验结果，其中，*** 为1%显著，** 为5%显著，* 为10%显著。

对于国有企业来讲，虽然内部控制整体上超过了600分（及格），但是有三个部分得分低于500分，分别为战略层级指数（ZLicindex）、经营层级指数（JYicindex）和资产安全指数（ZCicindex），特别是经营层级指数（JYicindex）最低，平均只有464.2分，内部控制执行效果有待提升。合法合规指数（HGicindex）与报告可靠指数（BGicindex）得分相对较好，都超过了800分。因此，国有企业内部控制建设的薄弱之处还是在战略层面、经营层面以及资产安全层面。

在内部控制评价与审计方面，国企内部控制审计的比例为92%，非国企内部控制审计的比例为69%，在内部控制是否由国际四大审计方面，国企比非国企比例显著更高。但在是否披露内控评价报告方面，非国企比国企比例显著更高。

2. 国企上市公司分行业内部控制质量比较分析

按照证监会2012版上市公司行业分类，将制造业按照两位代码进行了细分，对各行业国企上市公司内部控制质量进行了比较，如表3－2所示。

表3－2　国有企业上市公司分行业内部控制质量

所处行业	内控重大缺陷	内控整体指数	战略层级指数	经营层级指数	报告可靠指数	合法合规指数	资产安全指数	公司数量
A农、林、牧、渔业	0.039	546	433	397	731	746	446	154
B采矿业	0.025	597	482	507	771	815	444	400
C1制造业	0.021	609	490	454	789	873	477	533
C2制造业	0.021	581	459	426	764	826	462	1433
C3制造业	0.013	609	474	455	796	868	476	3107
C4制造业	0.000	645	560	501	812	874	489	65
D电力、热力、燃气及水生产和供应业	0.003	636	507	459	818	905	509	728
E建筑业	0.006	658	525	552	833	886	505	339
F批发和零售业	0.015	627	462	510	822	879	479	687
G交通运输、仓储和邮政业	0.012	643	514	463	831	919	505	642
H住宿和餐饮业	0.000	652	554	438	841	917	510	62
I信息传输、软件和信息技术服务业	0.022	622	459	445	820	890	494	445
J金融业	0.011	634	535	489	856	828	482	537
K房地产业	0.005	638	479	478	839	895	510	569
L租赁和商务服务业	0.015	644	539	490	834	853	503	136
M科学研究和技术服务业	0.000	632	557	447	812	906	488	89
N水利、环境和公共设施管理业	0.000	630	502	441	807	886	512	148
P教育	0.050	517	460	342	683	705	395	20
R文化、体育和娱乐业	0.009	640	555	451	822	896	490	213

从表3－2可以看出，各行业的内控重大缺陷和指数存在较大差异，说明我国国有企业内部控制质量存在较大行业差异性。A农、林、牧、渔业和B采矿业以及P教育，这三个行业内控重大缺陷比例最高，分别为0.039、0.025、0.050，三个行业的内控整体指数也相对最低，分别为546、597、517，都低于600，其他内控分项指数也较低。这说明A农、林、牧、渔业和B采矿业以及P教育这三个行业内控质量是最差的。C4制造业、E建筑业以及H住宿和餐饮业这三个行业的内控重大缺陷比例较低、内控整体指数较高，这说明这些行业的内部控制质量较好。A农、林、牧、渔业和B采矿业以及P教育这三个行业的企业内部控制需大力建设与改进。

3. 国企上市公司不同年份内部控制质量比较分析

国企上市公司2013—2021年内部控制质量情况如表3－3所示。

表3－3　国有企业上市公司不同年份内部控制质量情况

年份	内控重大缺陷	内控整体指数	战略层级指数	经营层级指数	报告可靠指数	合法合规指数	资产安全指数	公司数量（家）
2013	0.014	647	539	503	841	944	504	1036
2014	0.016	624	466	467	850	840	494	1032
2015	0.009	613	464	460	778	880	486	1053
2016	0.011	612	481	450	792	868	472	1079
2017	0.016	613	518	443	792	836	474	1107
2018	0.016	592	450	468	772	883	492	1153
2019	0.017	625	494	453	819	866	492	1233
2020	0.014	610	467	458	797	855	475	1317
2021	0.013	611	500	459	796	838	459	1404

总体上，2013年内部控制指数较高，可能是由于内控建设早期，内控评价与内控审计都相对宽松一些，所以指数得分较高；后面年份则呈现的是相对波动。这说明，一方面，企业内部控制建设没有终点，只要环境发生变化，企业内控就可能出现缺陷，内控质量就会降低；另一方面，内部控制系统有效性是相对的，企业需要持续评价、审计与改进，企业内部控制建设永远在路上。

4. 国企上市公司不同级别内部控制质量比较分析

根据同花顺数据库的分类，将国有企业按级别划分为中央国企、省属国企、市级及其他国企，其内部控制质量相关指标情况如表3－4所示。

表 3－4　　国有企业上市公司不同级别内部控制质量情况

国企级别	内控重大缺陷	内控整体指数	战略层级指数	经营层级指数	报告可靠指数	合法合规指数	资产安全指数	公司数量（家）
中央国企	0.0045	632	509	482	818	895	481	3127
省属国企①	0.0142	612	487	461	795	863	485	3267
其他国企	0.0114	624	477	454	816	885	494	2560

对于中央国有企业来说，内部控制重大缺陷的均值为 0.0045，明显低于省属国企及其他国企，内部控制整体指数为 632，高于省属国企及其他国企；在分项指数方面，除了资产安全指数（ZCicindex）略低，战略层级指数（ZLicindex）、经营层级指数（JYicindex）、合法合规指数（HGicindex）与报告可靠指数（BGicindex）均高于省属国企及其他国企。由此可见，中央国有企业内部控制质量相对于省属国企及其他国企来说是最好的。对于省属国有企业来说，内部控制重大缺陷的均值为 0.0142，明显高于中央国企及其他国企，内部控制整体指数为 612，低于中央国企及其他国企；在分项指数方面，合法合规指数（HGicindex）、报告可靠指数（BGicindex）和资产安全指数（ZCicindex）都比较低。由此可见，省属国有企业内部控制质量相对于中央国企及其他国企来说是最差的。其原因可能是省属国企通常位于省级政府与市属国企之间的管理层次，这可能导致决策链条较长，决策效率相对较低，而市属及其他国企由于管理层级较少，决策可能更加迅速和灵活，有助于提高内部控制质量。

第二节　国企 TFP 测度及分解

一、企业 TFP 测度

本节系统梳理全要素生产率测度方法，运用 OP 法、LP 法以及 DEA－Malmquist

① 省属国企与其他国企的内控重大缺陷均值分别为 0.0142 与 0.0114，对其进行了分组 T 检验，t 值为 0.9374，不显著，说明两者之间无统计性差异。

指数法对国有上市公司近10年TFP进行总体测度与因素分解，分析特征，归纳问题。

全要素生产率（TFP）的计算衡量方法有多种，鲁晓东等（2012）认为适用于微观数据的方法主要包括最小二乘法、固定效应法、半参数OP法（Olley and Pakes，1996）与半参数LP法（Levinsohn and Petrin，2003）等。本节采用以下五种方法计算衡量TFP。

（一）普通最小二乘法（OLS法）

按照Schoar（2002）和Giannetti等（2015）计算公司层面的全要素生产率，对式（3-1）进行回归，将残差项ε_{ijt}作为公司全要素生产率（TFP_liao）。

$$Y_{ijt}=\beta_{0jt}+\beta_{1jt}L_{ijt}+\beta_{2jt}K_{ijt}+\beta_{3jt}M_{ijt}+\varepsilon_{ijt} \quad 式（3-1）$$

其中，Y_{ijt}是j行业t年i公司销售收入的自然对数，L_{ijt}是j行业t年i公司员工人数的自然对数，K_{ijt}是j行业t年i公司总资产的自然对数，M_{ijt}是j行业t年i公司购买材料费用和其他投入的自然对数。对式（3-1）分行业、分年度、分省份回归，ε_{ijt}是j行业t年i公司全要素生产率（TFP）的估计值。但是，通过OLS回归对式（3-1）进行简单的线性估计来估算企业TFP的做法存在两个无法避免的计量技术问题，即同时性偏差所引起的内生性问题和样本选择偏差问题（鲁晓东和连玉君，2012；霍伟东和谢彬，2015）。

（二）固定效应估计法（FE法）

为了缓解同时性偏差带来的内生性问题，固定效应估计方法通过在OLS回归方程中引入企业个体的虚拟变量获得对生产函数的无偏估计。但是，该方法通过假定影响企业决策的那部分可观测的因素在每个企业中都不一样，而在每个时期却没有改变。这导致估计的结果仅体现个体异质性而无法体现由于时间变动带来的信息（霍伟东和王明彬，2015）。

（三）OP法

根据Olley和Pakes（1996）并参照Yasar等（2008）与鲁晓东和连玉君等（2012）运用stata统计软件中已有的opreg命令来估算OP法下我国上市公司全要素生产率（即TFP_op）。OP法使用投资作为企业受到生产率冲击时的调整变量，数据计算较为精准，但OP法需要满足投资与生产率之间单调递增，这就意味着那些投资额为零的样本并不能被估计。事实上，并非每一个企业每一年都有正的投资，因此样本被丢弃掉了。另外，需要企业是否退出市场数据（鲁晓东和连玉君，2012），我国上市公司退出市场数据很少，常采用上市公司是否 ST 作为是否退出市场的替代性指标。

（四）LP 法

根据 Levinsohn 和 Petrin（2003）并参照 Petrin 等（2004）与鲁晓东和连玉君等（2012）运用 stata 统计软件中已有的 levpet 命令来估算 LP 法下我国上市公司全要素生产率（即 TFP_lp）。LP 估计法采用企业的中间品投入作为受到生产率冲击时的调整变量，所需数据较为完备（鲁晓东和连玉君，2012），LP 法使研究者可以根据可获得的数据灵活选择代理变量。

（五）GMM 法

Wooldridge（2009）对 OP 法和 LP 法进行了改进，提出了基于 GMM 的一步估计法，该方法具有两个优点：（1）克服了 ACF 提出的在第一步估计中潜在的识别问题；（2）在考虑序列相关和异方差的情况下，能够得到稳健标准误。

二、企业 TFP 指数及其分解

（一）企业 TFP 指数的基本理论

1. TFP 与 Malmquist 指数

经济发展是国家的头等大事，改革开放以来，我国经济高速增长，在经济飞速发展的同时，对经济发展质量全要素生产率（TFP）的关注也越来越多，2015 年第十二届全国人民代表大会第三次会议上通过的《政府工作报告》中首次提出了“提高全要素生产率”，这推动了中国经济由投入型增长转向效率性增长。从经济学角度看，全要素生产率是包括人力、物力、财力在内的资源开发利用效率，其来源包括效率改善、技术进步、规模效应。

目前主要有四种方法进行 TFP 变动的测度：增长核算法、生产函数法、随机前沿分析法以及数据包络分析法（Malmquist 指数法）。由于 DEA 方法的独特优势：不需要对生产函数结构做先验假定、不需要对参数进行估计、允许无效率行为存在、能对 TFP 变动进行分解等，该方法在 TFP 变动的研究中运用广泛。

Malmquist 指数由瑞典经济学家 Sten Malmquist 于 1953 年首次提出，最初的 Malmquist 指数借助缩放因子之比来构造，缩放因子表示给定消费组合为了达到某一无差异曲面所需要的缩放倍数。1982 年，Caves 等将 Malmquist 指数引入到生产领域，使用距离函数之比来构造 Malmquist 指数，并将生产分析中的 Malmquist 指数命名为 Malmquist 生产率指数。

2. Malmquist 生产率指数测算思想

Fare 等 1994 年首先将 DEA 方法引入 Malmquist－TFP 测算中，测算 OECD 主要国家 TFP 变化规律。Ray 和 Desli（1997）引入固定基期，利用生产前沿规模报酬可变的假定，重新分解 Malmquist 生产率指数。Fare 等（1994）用两期指数的几何平均来定义 Malmquist 生产率指数（张宁，2018），其表达式为：

$$M(x^{t+1},y^{t+1},x^t,y^t)=\left[\frac{D_c^{t+1}(x^{t+1},y^{t+1})}{D_c^{t+1}(x^t,y^t)}\times\frac{D_c^t(x^{t+1},y^{t+1})}{D_c^t(x^t,y^t)}\right]^{0.5}$$

该指数可以进行两因素分解：

$$M(x^{t+1},y^{t+1},x^t,y^t)=\frac{D^{t+1}(x^{t+1},y^{t+1})}{D^t(x^t,y^t)}\times\left[\left(\frac{D^t(x^{t+1},y^{t+1})}{D^{t+1}(x^{t+1},y^{t+1})}\right)\left(\frac{D^t(x^t,y^t)}{D^{t+1}(x^t,y^t)}\right)\right]^{0.5}$$

其中，效率变化 $=\dfrac{D^{t+1}(x^{t+1},y^{t+1})}{D^t(x^t,y^t)}$

技术进步 $=\left[\left(\dfrac{D^t(x^{t+1},y^{t+1})}{D^{t+1}(x^{t+1},y^{t+1})}\right)\left(\dfrac{D^t(x^t,y^t)}{D^{t+1}(x^t,y^t)}\right)\right]^{0.5}$

两因素分解中的效率变化又可以分解为纯效率变化和规模效率变化，该指数的三因素分解如下：

$$\begin{aligned}TFP&=M(x^{t+1},y^{t+1},x^t,y^t)\\&=\left[\frac{D_c^{t+1}(x^{t+1},y^{t+1})}{D_c^{t+1}(x^t,y^t)}\times\frac{D_c^t(x^{t+1},y^{t+1})}{D_c^t(x^t,y^t)}\right]^{0.5}\\&=\frac{D_v^{t+1}(x^{t+1},y^{t+1})}{D_v^t(x^t,y^t)}\times\left[\frac{D_c^t(x^{t+1},y^{t+1})}{D_c^{t+1}(x^{t+1},y^{t+1})}\frac{D_c^t(x^t,y^t)}{D_c^{t+1}(x^t,y^t)}\right]^{0.5}\\&\quad\times\frac{D_c^{t+1}(x^{t+1},y^{t+1})/D_v^{t+1}(x^{t+1},y^{t+1})}{D_c^t(x^t,y^t)/D_v^t(x^t,y^t)}\\&=TE\,\Delta_{FGNZ}\cdot T\,\Delta_{FGNZ}\cdot S\,\Delta_{FGNZ}\end{aligned}$$

下标 c 表示规模报酬不变，v 表示规模报酬可变，x 和 y 分别表示投入和产出，该式表示以时期 t 为基期的 $t+1$ 期全要素生产率的变化。式中，$TE\Delta_{FGNZ}$、$T\Delta_{FGNZ}$ 和 $S\Delta_{FGNZ}$ 分别表示技术效率变动、技术进步和规模报酬变动。

为更清晰展示，令 *EFFCH* 为技术效率变化指数，*TECHCH* 为技术进步指数，*PECH* 为纯技术效率变化指数，*SECH* 为规模效率变化指数，*TFPCH* 为全要素生产率指数。全要素生产率变化率及其分解指标等式为①：

$$TFPCH = TECHCH \times EFFCH$$

$$EFFCH = PECH \times SECH$$

$$TFPCH = TECHCH \times PECH \times SECH$$

（二）Malmquist 指数测算及其分解

数据包络分析（Data Envelopment Analysis，DEA）是一种利用非参数法估计生产前沿面的技术进步率测算方法。本节采用基于 DEA 的非参数 Malmquist 指数法，测算国有上市公司全要素生产率变化率及其分解指标。将企业年均固定资产余额和年均从业人数作为投入指标，将企业净利润和主营业务收入作为产出指标。关于投入与产出指标的选取依据（任优生和邱晓东，2017），第一，除考虑指标本身的可获取性、数据口径一致性和重要性外，还需满足评价要求和目的。第二，投入指标，借鉴原毅军等（2009）的方法，年均固定资产余额体现企业规模，反映企业的资本要素投入状况，是企业维持生产经营和推动技术进步的重要物质基础；劳动投入量包括就业人数、劳动时间、劳动强度和劳动质量等方面的内容。因此本节采用上市公司年均从业人数作为劳动力投入的衡量指标。年均从业人数体现企业的劳动要素年投入状况。第三，产出指标，借鉴 Liu 和 Wang（2008）的方法。净利润体现企业生产经营活动的最终成果，是衡量企业经营绩效的关键指标；主营业务收入反映企业的经济效益状况，是衡量企业生产经营效益的重要依据（任优生和邱晓东，2017）。

---

① 任优生，邱晓东．政府补贴和企业 R&D 投入会促进战略性新兴产业生产率提升吗？［J］．山西财经大学学报，2017，39（01）：55－69.

其中，TFPCH 反映企业整体的生产率变化程度，表现为技术进步程度和要素效率提升。TECHCH 反映企业的技术创新能力，体现为企业在工艺改进、产品研发和高科技含量生产装备中的技术水平。EFFCH 反映技术水平既定条件下，要素投入实际产出能力与最大前沿技术产出能力间的差距，表现为生产装备、劳动和厂房等要素的利用水平。PECH 反映技术水平和要素资源投入既定条件下的企业产出能力，体现企业的闲置生产要素利用程度和资源配置效率。SECH 反映技术水平既定条件下，要素资源投入增加引发的企业规模效益变化。其中，TECHCH >1，表示技术进步，反之为技术退步；EFFCH >1，表示技术效率提高，反之为技术效率降低。技术效率（EFFCH）可分解为规模效率（SECH）和纯技术效率（PECH）：SECH >1，表示规模效率上升，反之为规模效率下降；PECH >1，表示纯技术效率提升，反之为纯技术效率下降。

（1）数据来源。Malmquist 指数需要的财务数据以及投入和产出指标数据均来自国泰安 CSMAR 数据库。

（2）投入指标。

①年均固定资产余额，计算如下：

固定资产余额 = 固定资产净额 + 固定资产折旧额

年均固定资产余额 =（固定资产余额 + 上一期固定资产余额）÷2

②年均从业人数，计算如下：

年均从业人数 =（员工人数 + 上一期员工人数）÷2

（3）产出指标。①净利润；②营业总收入。

（4）计算方法。通过 stata17 计量分析软件和 DEAP2.1 软件对国有上市公司 2012—2022 年的 Malmquist 指数进行计算与分解，其中：EFFCH 表示技术效率变化指数，TECHCH 表示技术进步指数，PECH 表示纯技术效率变化指数，SECH 表示规模效率变化指数，TFPCH 表示全要素生产率指数，并且按央企与非央企进行分组列示，如表 3－5 所示。

表 3－5　　国有上市公司的 TFP 变化率及其分解指标

Year	EFFCH			TECHCH			PECH		
	全部	央企	非央企	全部	央企	非央企	全部	央企	非央企
2012	1.103	1.098	1.105	0.873	0.874	0.872	1.029	1.029	1.029
2013	0.974	0.977	0.972	1.055	1.048	1.059	1.091	1.107	1.083
2014	1.087	1.131	1.066	0.935	0.942	0.932	1.054	1.112	1.028
2015	**1.395**	**1.433**	**1.378**	**0.709**	**0.703**	**0.712**	**1.029**	**1.027**	**1.030**
2016	0.802	0.790	0.808	1.416	1.429	1.410	1.138	1.167	1.124
2017	0.997	1.005	0.994	1.166	1.155	1.172	1.172	1.176	1.170
2018	1.014	1.038	1.002	1.09	1.094	1.089	1.095	1.097	1.094
2019	1.251	1.264	1.245	0.846	0.843	0.848	1.067	1.077	1.062
2020	0.926	0.897	0.941	1.209	1.218	1.204	1.096	1.100	1.095
2021	1.239	1.232	1.243	0.962	0.948	0.969	1.176	1.160	1.184
2022	**1.259**	**1.399**	**1.193**	**1.15**	**1.155**	**1.148**	**1.041**	**1.080**	**1.023**
平均值	1.095	1.115	1.086	1.037	1.037	1.038	1.090	1.103	1.084

续表

Year	SECH			TFPCH		
	全部	央企	非央企	全部	央企	非央企
2012	1.084	1.079	1.087	0.958	0.955	0.959
2013	0.901	0.896	0.904	1.023	1.020	1.025
2014	1.04	1.022	1.048	1.008	1.059	0.985
2015	**1.381**	**1.422**	**1.362**	**0.971**	**0.988**	**0.963**
2016	0.723	0.704	0.732	1.118	1.115	1.119
2017	0.873	0.869	0.876	1.144	1.146	1.144
2018	0.935	0.953	0.927	1.086	1.114	1.071
2019	1.188	1.195	1.185	1.044	1.053	1.040
2020	0.845	0.827	0.854	1.103	1.075	1.117
2021	1.058	1.072	1.051	1.18	1.158	1.190
2022	**1.22**	**1.281**	**1.190**	**1.423**	**1.585**	**1.346**
平均值	1.023	1.029	1.020	1.096	1.115	1.087

从表3-5可以看出，2015年技术效率指数（EFFCH，为1.395）很高，主要是由于规模效率指数（SECH，为1.381）和纯技术效率指数（PECH，为1.029）都上升较快；技术进步率指数（TECHCH，为0.709）较低，导致企业全要素生产率指数（TFPCH，为0.971）较低。表明企业总体上技术创新还不足，导致TFP指数总体较低。

2015年之后，TFP指数及其分解指数均呈现上升态势，并且在2022年达到最高，TFPCH为1.423。技术效率指数（EFFCH）为1.259，规模效率指数（SECH）为1.22，纯技术效率指数（PECH）为1.041，技术进步指数（TECHCH）为1.15。各项指标均高于平均值。表明这些年企业总体上技术创新在不断进步，企业资源配置能力也在不断提高。

通过分组来看，央企与非央企公司的TFP指数及其分解指数均存在较大差异，央企TFP指数及其分解指数均明显高于非央企公司，表明央企公司的创新能力与资源管理配置能力明显高于非央企公司。

（三）行业上市公司TFP指数及其分解指数分析：以江铃汽车为例

以证监会2012版行业分类中行业代码为C36汽车制造业A股主板上市公司为总体样本，以江西省江铃汽车股份有限公司为重点考察对象，分析我国汽车制造行业公司 TFP 指数及其分解指数情况，特别是江铃汽车公司与行业公司相比其 TFP 绩效情况。为计算 2013—2022 年 TFP 指数，需要平衡面板数据，由此得到 42 家上市公司 10 年计算数据，具体如表 3 - 6 所示。

表 3 - 6　汽车制造业公司及江铃汽车公司 TFP 指数及其分解指数

年份	VarName	Obs	Mean	SD	Min	Median	Max	江铃汽车
2013	TFPCH	42	0.997	0.193	0.372	1.016	1.447	0.776
	TECCH	40	1.201	0.181	0.368	1.245	1.376	0.618
	TECH	42	0.852	0.165	0.534	0.824	1.158	1.246
	SECH	40	1.005	0.017	0.938	1.005	1.061	1.007
2014	TFPCH	42	1.016	0.178	0.611	1.009	1.330	0.949
	TECCH	41	0.887	0.087	0.733	0.889	1.063	1.138
	TECH	42	1.149	0.243	0.493	1.140	1.550	0.829
	SECH	41	1.022	0.075	0.923	1.005	1.460	1.005
2015	TFPCH	42	0.944	0.216	0.529	0.936	1.725	0.995
	TECCH	41	0.940	0.040	0.877	0.925	1.033	1.102
	TECH	42	1.007	0.238	0.603	1.000	1.902	0.902
	SECH	41	1.001	0.026	0.908	1.002	1.062	1.001
2016	TFPCH	42	1.053	0.267	0.545	1.025	1.884	0.670
	TECCH	41	0.917	0.057	0.713	0.928	1.008	0.710
	TECH	42	1.147	0.276	0.672	1.085	1.981	0.943
	SECH	41	1.000	0.026	0.886	1.002	1.062	1.002
2017	TFPCH	42	1.136	0.366	0.537	1.090	2.054	1.108
	TECCH	41	1.002	0.196	0.768	0.961	1.564	1.085
	TECH	42	1.164	0.411	0.357	1.066	1.998	1.020
	SECH	41	1.004	0.022	0.955	1.001	1.077	1.001
2018	TFPCH	42	0.950	0.301	0.387	0.921	2.063	0.910
	TECCH	41	1.011	0.074	0.880	1.025	1.197	0.914
	TECH	42	0.960	0.338	0.396	0.967	2.301	0.995
	SECH	41	0.995	0.022	0.901	1.000	1.042	1.001
2019	TFPCH	42	0.977	0.265	0.278	0.968	1.560	1.117
	TECCH	41	0.988	0.111	0.757	1.000	1.325	1.207
	TECH	42	0.984	0.266	0.251	0.995	1.553	0.916
	SECH	41	1.001	0.013	0.976	1.000	1.048	1.011

续表

年份	VarName	Obs	Mean	SD	Min	Median	Max	江铃汽车
2020	TFPCH	42	1. 128	0. 491	0. 439	1. 028	3. 108	1. 259
	TECCH	41	1. 462	0. 215	0. 832	1. 561	1. 730	0. 758
	TECH	42	0. 760	0. 270	0. 278	0. 706	1. 332	1. 583
	SECH	41	0. 999	0. 050	0. 818	0. 999	1. 179	1. 049
2021	TFPCH	42	1. 107	0. 485	0. 315	1. 057	3. 257	1. 139
	TECCH	41	0. 821	0. 153	0. 393	0. 809	1. 120	1. 416
	TECH	42	1. 390	0. 715	0. 360	1. 202	3. 929	0. 760
	SECH	41	0. 995	0. 043	0. 860	1. 001	1. 083	1. 059
2022	TFPCH	42	1. 022	0. 455	0. 283	0. 933	2. 178	0. 877
	TECCH	41	0. 644	0. 178	0. 393	0. 602	1. 063	1. 237
	TECH	42	1. 709	0. 963	0. 429	1. 429	4. 709	0. 690
	SECH	41	0. 995	0. 069	0. 786	0. 998	1. 173	1. 027
所有年份	TFPCH	420	1. 033	0. 344	0. 278	1. 003	3. 257	0. 980
	TECCH	409	0. 987	0. 252	0. 368	0. 957	1. 730	1. 018
	TECH	420	1. 112	0. 522	0. 251	1. 000	4. 709	0. 988
	SECH	409	1. 002	0. 042	0. 786	1. 001	1. 460	1. 016

从表 3 -6 可以看出，汽车制造业上市公司各年的 TFP 指数在 2013—2022 年 10 年中有 5 年大于 1，特别是近 3 年都大于 1，其余 5 年也都非常接近 1，表明我国汽车制造业上市公司的创新效率总体上还是较高的，而且最近几年创新效率持续提升。但最大值与最小值还存在较大差异，说明我国汽车制造业上市公司的创新效率总体上存在较大差距。

从江铃汽车公司来看，TFPCH 指数在 2013—2018 年（除 2015 年外）均低于行业平均值，从 2019 年开始，TFPCH 指数开始高于行业平均值，说明江铃汽车的创新效率最近几年提升较快。但在 2022 年又低于行业均值。主要是由于 TECH 技术效率低导致的。行业公司平均 TFP 指数为 1. 033，江铃汽车的平均 TFP 指数为 0. 980，江铃汽车的平均 TFP 指数低于行业公司平均值，表明总体上与同行业公司相比，江铃汽车的全要素生产率是较低的。其技术进步率和技术运用效率都需提升。江铃汽车的规模效率（SECH）各年均大于 1，说明该公司产能利用率较高，这也是该公司的优势之一。

三、国企 TFP 的现状与问题

(一) 国企 TFP 现状

1. 国企与非国企 TFP 的比较

参考前文对企业 TFP 的测度，我们根据企业性质分组为国企与非国企进行比较，结果如表 3－7 所示。

表 3－7　　国企与非国企 TFP 的不同测度结果比较

TFP 变量	非国企公司数量	非国企 TFP 均值	国企公司数量	国企 TFP 均值	均值差异检验
TFP_ols	21657	10.55	15639	11.14	－0.58***
TFP_Fe	21657	11.09	15639	11.72	－0.63***
TFP_GMM	21648	3.330	15616	3.320	0.0100
TFP_lp	21657	8.780	15639	9.210	－0.43***
TFP_op	20527	6.460	12872	6.840	－0.38***

注：MeanDiff 为分组均值差异 T 检验结果，其中，*** 为 1% 显著，** 为 5% 显著，* 为 10% 显著。

从表 3－7 可以看出，五种测量方法下，除了 TFP_GMM 法下企业全要素生产率国企与非国企没有显著差异，另外四种即 TFP_ols、TFP_Fe、TFP_lp、TFP_op 测量的企业全要素生产率，非国企上市公司都显著低于国企上市公司。由此总体上来讲，国企全要素生产率比非国企全要素生产率更高。

2. 国企上市公司 TFP 分行业比较

为了更好地了解国有企业各行业的全要素生产率情况，我们专门针对国有上市公司进行了全要素生产率的测算，并分行业进行比较，如表 3－8 所示。

表 3－8　　国有企业上市公司分行业 TFP

所处行业	TFP_ols	TFP_Fe	TFP_GMM	TFP_lp	TFP_op	公司数量
A 农、林、牧、渔业	10.40	10.95	3.06	8.59	6.24	154
B 采矿业	12.39	13.08	3.17	10.13	7.10	400
C1 制造业	11.24	11.84	3.24	9.28	6.66	533
C2 制造业	11.18	11.77	3.18	9.19	6.69	1433
C3 制造业	11.59	12.19	3.44	9.59	6.93	3107
C4 制造业	10.28	10.82	3.04	8.52	6.08	65

续表

所处行业	TFP_ols	TFP_Fe	TFP_GMM	TFP_lp	TFP_op	公司数量
D 电力、热力、燃气及水生产和供应业	11.45	12.08	2.81	9.24	6.88	728
E 建筑业	12.72	13.34	4.44	10.72	7.88	339
F 批发和零售业	12.13	12.69	4.50	10.26	7.75	687
G 交通运输、仓储和邮政业	11.58	12.21	2.98	9.41	6.88	642
H 住宿和餐饮业	10.27	10.86	2.40	8.36	5.70	62
I 信息传输、软件和信息技术服务业	10.90	11.45	3.63	9.16	6.61	445
J 金融业	12.10	12.75	3.20	9.80	7.46	537
K 房地产业	11.65	12.16	4.82	9.98	7.72	569
L 租赁和商务服务业	11.52	12.07	4.05	9.70	7.20	136
M 科学研究和技术服务业	10.80	11.34	3.58	9.04	6.64	89
N 水利、环境和公共设施管理业	10.31	10.88	2.63	8.40	5.99	148
P 教育	9.97	10.50	3.05	8.33	5.78	20
R 文化、体育和娱乐业	11.16	11.72	3.72	9.36	6.82	213

从表3－8可以发现，建筑业、采矿业、金融业的TFP都比较高，而教育、住宿和餐饮业、C4制造业的TFP都比较低。由此可以看出，我国不同行业的公司全要素生产率还是存在较大差异的，提升全要素生产率的空间还比较大。

3. 国企上市公司TFP年度比较

为了更好地了解国有企业各年份的全要素生产率情况，我们专门针对国有上市公司2013—2021年各年度进行了全要素生产率的测算，并分年度进行列示比较，如表3－9所示。

表3－9　　国企上市公司不同年份TFP情况

年份	TFP_ols	TFP_Fe	TFP_GMM	TFP_lp	TFP_op	公司数量
2013	11.29	11.88	3.40	9.35	6.80	1036
2014	11.31	11.90	3.36	9.35	6.79	1032
2015	11.32	11.91	3.32	9.35	6.78	1053

续表

年份	TFP_ols	TFP_Fe	TFP_GMM	TFP_lp	TFP_op	公司数量
2016	11.38	11.98	3.38	9.41	6.83	1079
2017	11.52	12.12	3.49	9.54	6.96	1107
2018	11.58	12.18	3.55	9.61	7.03	1153
2019	11.62	12.22	3.59	9.64	7.06	1233
2020	11.60	12.19	3.57	9.62	7.05	1317
2021	11.67	12.27	3.69	9.70	7.16	1404

从表3-9可以看出，2013—2021年，从TFP_ols模型测评的TFP结果来看，我国国有企业全要素生产率是连年递增的，其他四种方法测评的TFP也符合这种趋势，也就是说，我国国有企业全要素生产率每年都在提高，效率在增长。2020年有小幅回落，可能是大多数企业生产经营受到新冠疫情的影响所导致。

（二）国企TFP问题

结合前文分析，我们发现国企上市公司的TFP还存在以下一些问题或者不足。

1. 产权性质方面的TFP不均衡问题。我国央企生产率普遍较高，但非央企生产率则较低。非央企公司占有很大的比例，因此，总体上来讲，国企公司面临着较大的生产率提升压力。

2. 行业方面的TFP不均衡问题。我国国企生产率不同的行业存在较大差异，根据前文分析，教育、住宿和餐饮业、C4制造业的TFP都比较低，这些行业提升压力较大。

3. 企业间的TFP不均衡问题。我们通过江铃汽车公司与同行业公司相比，发现不同企业间的TFP存在很大差异。比如TFP指数最大值为3.257，最小值仅为0.278；技术效率指标最大值高达4.709，低的只有0.251，存在较大的差异。

4. 企业TFP内部构成不均衡问题。从江铃汽车公司TFP指数及分解指数可以发现，该公司的规模效率较高，但技术创新效率比较低。

第三节　内部控制系统提升国企 TFP 的结构效应

一、结构效应的理论分析与研究假设

（一）内部控制系统与企业全要素生产率

内部控制实质上是一种目标管理（林钟高与唐亮，2008）。其目的在于运用一定的手段在企业内部设立各方面制约、监督和调节的组织、体系、程序和方法来提高企业运营效率和有效获取并使用各类资源（Healy and Palep，2001；胡元木与谭有超，2013；吴迪与赵奇锋，2023），此外，内部控制的重要作用还体现在其作为一种调节机制，内部控制可以利用其风险评估和监督机制做到预估风险、监督企业活动，并利用控制活动减少甚至消除风险，保证企业健康运行。

全要素生产率（TFP）指对投入资源利用的效率。在追求高质量发展的时代背景下，越来越多的企业将提高全要素生产率作为企业实现长远发展的目标。在大多数学者的研究中，将全要素生产率定义为企业总产量增长率中除劳动要素和资本要素之外，依靠技术进步和资源的优化配置等因素所产生的"余值"。企业全要素生产率主要来源于技术进步率、组织管理效率和资源配置效率，而资源错配是抑制其增长的重要因素（郭檬楠等，2019）。而完善的内部控制制度能够有效地提升公司治理水平、缓解信息不对称，从而减少委托代理问题和道德风险问题（胡海波等，2023），减少资源错配，促进企业全要素生产率的提升。李闯和白俊（2021）通过对企业内部组织结构的分析，发现好的内部控制对分散的组织结构具有良好的促进作用，从而可以有效地提高企业的全要素生产率；钱佳亮等（2022）在考虑到企业内部的风险管理与经理人的机会主义倾向的背景下，提出了内部控制可以提高企业全要素生产率的假设，并在后续的分析中得到了验证。吴传荣和夏冰（2023）以成本黏性为切入点，并运用中介回归模型等方法，检验了内部控制能够显著提升企业全要素生产率，并且有效的内部控制可以通过抑制成本黏性进而提升企业全要素生产率。Fang B 等（2022）考察了内部控制对企业全要素生产率的影响，并探讨了经济政策不确定性对内部控制与企业全要素生产率的调节作用，结果表明，有效的内部控制能够显著提高企业的全要素生产率，经济政策不确定性会削弱内部控制对TFP的正向影响。

内部控制各要素在全要素生产率的提高上都发挥了重要作用（郭檬楠与李校红，2020；Li X et al.，2024），每一个要素都在这一过程中起到关键作用。

（1）控制环境。控制环境是企业内部控制的基础，一个良好的控制环境可以提高员工的工作积极性和效率，进而提高企业的全要素生产率（盛明泉与吴少敏，2020）。控制环境的影响主要体现在以下几个方面：①文化氛围。企业的文化氛围对员工的工作态度和行为有着重要的影响，良好的文化氛围可以激发员工的工作热情和创造力，提高生产效率和质量。②管理层态度。管理层对内部控制的态度和重视程度也直接影响员工的工作热情和效率，管理层重视内部控制可以提高员工的责任心和工作积极性，从而提高企业的全要素生产率。③人员素质。员工素质对企业的生产效率和质量有着决定性的影响，高素质的员工能够更好地完成工作任务，减少生产过程中的失误和风险，从而提高企业的全要素生产率。

（2）风险评估。风险评估是企业内部控制的重要环节，通过识别和评估各种风险，企业可以采取相应的控制措施以减少损失。风险评估对企业的全要素生产率影响主要体现在以下几个方面：①减少资源浪费。通过风险评估，企业可以及时发现和解决生产过程中存在的问题和隐患，减少不必要的资源浪费和成本支出，提高全要素生产率。②提高生产质量。风险评估能够帮助企业发现和解决生产过程中存在的问题和风险，减少生产过程中的失误和质量问题，提高生产质量和全要素生产率。③降低企业风险。风险评估能够帮助企业及时发现和解决存在的风险问题，降低企业的经营风险，提高企业的全要素生产率。

（3）控制活动。控制活动是企业内部控制的核心环节，通过采取各种控制措施保障生产和管理的有效性和高效性。①控制优化流程。通过控制活动，企业可以优化生产和管理流程，提高效率，减少浪费，降低成本，进而提高企业的全要素生产率。②提高管理效能。控制活动能够帮助企业建立健全管理机制和流程，提高管理效能，从而提高企业的全要素生产率。③降低生产风险。通过控制活动，企业可以加强对生产过程的控制和监督，及时发现和处理生产过程中存在的问题和风险，降低生产风险，提高企业的全要素生产率。

（4）信息与沟通。信息与沟通是企业内部控制的重要环节，良好的信息与沟通机制能够保证企业的各个部门之间协调配合，有效地完成工作任务，从而提高企业的全要素生产率。信息与沟通对企业的全要素生产率影响主要体现在以下几个方面：①加强协调配合。通过信息与沟通机制，企业各个部门之间可以加强协调配合，避免重复工作和资源浪费，提高生产效率和质量，进而提高企业的全要素生产率。②及时反馈问题。信息与沟通机制能够帮助企业及时发现和解决生产过程中存在的问题和风险，减少生产过程中的失误和质量问题，提高生产质量和全要素生产率。③提高员工满意度。良好的信息与沟通机制能够增强员工的工作满意度和归属感，提高员工的工作积极性和效率，从而提高企业的全要素生产率。

（5）监督。监督是企业内部控制的最后一道防线，通过对企业内部控制系统的监督和检查，可及时发现和纠正问题，提高企业的全要素生产率。监督对企业的全要素生产率影响主要体现在以下几个方面：①及时发现问题。监督能够帮助企业及时发现和纠正存在的问题和风险，减少生产过程中的失误和质量问题，提高生产质量和全要素生产率。②加强风险防范。监督能够帮助企业加强对风险的防范和控制，降低企业的运营风险，提高企业的全要素生产率。③建立信任机制。监督能够加强企业内部的信任机制，减少内部舞弊和违规行为，提高企业的透明度和规范性，进而提高企业的全要素生产率。

综上所述，企业内部控制五要素对企业的全要素生产率有着重要的影响，通过加强企业内部控制，提高企业的资源配置效率、优化生产和管理流程、加强对风险的防范和控制、加强协调配合、提高员工满意度等，都能够有效地提高企业的全要素生产率。同时，企业内部控制的实施还能够加强企业内部的信任机制，降低内部舞弊和违规行为，提高企业的透明度和规范性，进一步提高企业的全要素生产率。

总之，内部控制与企业全要素生产率之间的关系极为密切。一方面，企业内部控制对企业全要素生产率有直接的促进作用；另一方面，内部控制也有可能通过其他因素，体现出间接促进作用。通过前文对企业战略控制质量与企业全要素生产率、企业经营控制质量与企业全要素生产率、企业报告控制质量与企业全要素生产率、企业合规控制质量与企业全要素生产率、企业资产安全控制质量与企业全要素生产率的理论分析，结合第二章内部控制质量与企业全要素生产率的理论分析，本节认为企业内部控制质量与企业全要素生产率存在正相关关系。根据以上分析，提出如下研究假设。

假设1：在其他条件不变的情况下，企业内部控制质量越好，企业全要素生产率越高。

（二）战略控制与企业全要素生产率

战略形成的本质就是成功地应对竞争。迈克尔·波特（Michael E. Porter）认为买方、供方、潜在进入者及替代产品都是竞争者，并由此构建了“五力竞争”模型，即产业中现有竞争者之间的竞争、买方的议价能力、供方的议价能力、替代产品或服务的威胁和新进入者的威胁。企业应全面准确评估影响竞争的各种力量和原因，识别企业的优势和劣势，制定相应的战略，如低成本竞争战略、差异化战略和集中化战略等（张刚，2008）。

战略经济学认为，当商品沿着原料被制成半成品、半成品被组装成成品、成品又移送到最终消费者手中，价值就被创造出来。为获得竞争优势，企业不仅要创造正的价值，而且还要创造比竞争对手更多的价值（戴维·贝赞可等，2003）。波特还论证了公司不能把自己当作一个孤立的组织，而应该当作一系列离散活动（设计、生产、营销等）形成的价值链。

汉默（Hammer）和钱皮（Champy）宣扬的业务流程重组（BPR）强调信息流，并适用于所有流程（计划、采购、制造、搬迁、销售、服务、更换和回收）的价值再造。通过业务流程功能的设计，能够识别和剔除低价值功能，从而减少成本，最终研发出一种取代现行流程的同时又具有低成本和高功能的新流程。

战略控制在企业内部控制系统中处于最高级次，统领其他各项控制。战略控制能够确保企业的战略规划与执行之间的一致性，当企业的日常运营与长期战略目标保持一致时，资源的使用更加高效，从而提高全要素生产率。企业的战略控制包括对资源的有效配置，正确的资源配置不仅可以提高资源的使用效率，还可以确保资源被用于最有可能产生最佳回报的领域，从而直接提高 TFP。战略控制不仅有助于识别和管理潜在的业务风险，包括市场风险、操作风险等，通过预防风险和减少浪费，企业能够更加专注于其核心业务，提高生产效率和生产率，而且有助于确保员工的个人目标与企业的战略目标保持一致，通过有效的内部沟通和激励机制，员工的工作效率和积极性可以得到提高，从而进一步增强全要素生产率。另外，良好的战略控制还包括对市场趋势和变化的持续监控。这使企业能够快速适应市场变化，促进创新，从而提高生产效率和竞争力。

总之，通过确保战略的有效制定和执行，以及通过优化资源配置、风险管理、市场适应性和员工激励，企业战略控制对提高全要素生产率起着至关重要的作用。

根据以上分析，提出如下研究假设。

假设2：在其他条件不变的情况下，企业战略控制质量越好，企业全要素生产率越高。

（三）经营控制与企业全要素生产率

企业经营控制是指对企业日常运营的管理和监督，以确保业务活动有效、高效地进行。企业内部控制中的经营控制主要是对企业经营目标的实现提供合理的保证。一方面是对企业经营效率与效果的控制，另一方面是对企业经营风险的识别、评估、规避与应对，进而合理保证经营目标的实现。企业通过购货业务控制、生产业务控制、销售业务控制，使企业降低生产成本、扩大市场占有率，提高企业的竞争能力，降低企业风险，无疑促进了企业全要素生产率（TFP）的提升。

首先，经营控制使企业能够迅速响应市场变化，如需求波动、竞争对手行动等，灵活调整生产和营销策略，有助于维持和提高市场份额，进一步促进全要素生产率的提升。

其次，经营控制旨在提高工作流程的效率，减少不必要的步骤和时间浪费，通过优化流程和程序，企业可以更快地完成任务；有效的经营控制还有助于识别和减少不必要的成本，包括原材料、人力和运营成本。通过精细的成本管理，企业能够更有效地利用其资源，提高成本效益，从而提高生产效率，进而提升 TFP。

再次，经营控制还包括对产品和服务质量的持续监控。高质量的产品和服务不仅能提高客户满意度和忠诚度，还能减少返工和废品，从而提高全要素生产率。有效的经营控制还包括优化供应链管理和库存控制。这有助于确保原材料和产品的及时供应，减少库存成本，同时避免生产中断，从而提高 TFP。高质量内部控制的公司整体运营效率也显著较高，这种效应主要是通过库存周转率和创新的改善以及相对产品市场份额的增加来体现的（Imdieke et al.，2023）。即使在控制了潜在的内部控制强度之后，进行财务内部控制报告审计的小公司的整体运营效率也显著高于未进行财务内部控制报告审计的小公司，这种效应主要是通过库存周转率和创新的改善以及相对产品市场份额的增加来体现的（Imdieke et al.，2023）。

最后，经营控制包括监控和提高员工绩效，通过设定明确的绩效目标，提供适当的培训和激励机制，员工的工作效率和生产力可以得到显著提升。从制度经济学的角度来说，企业经营控制过程中的科学合理激励与约束机制也能够促进企业效率提高；企业预算管理与控制对于降低企业经营风险也是很有效的，从而增进企业效率提升。在内部控制方面存在重大缺陷的公司中，与没有此类缺陷的公司相比，其运营效率明显较低，内部控制重大缺陷的修复可以提高运营效率（Cheng et al.，2018）。

综上所述，企业经营控制通过提高工作流程的效率、预算管理与控制成本、提升产品和服务质量、优化员工绩效和激励、管理供应链和库存，以及快速响应市场变化，对全要素生产率起着重要提升作用。

根据以上分析，提出如下研究假设。

假设3：在其他条件不变的情况下，企业经营控制质量越好，企业全要素生产率越高。

（四）财务报告控制与企业全要素生产率

财务报告产生的动因是经营者通过财务报告向股东报告受托资产的经营情况，履行与股东签订的委托—代理契约。企业财务报告控制的目的是合理保证企业财务报告可靠性。SEC《最终规则》（2003）认为，“ICFR（财务报告内部控制的缩写，即Internal Control of Financial Report）是一个过程，它由公司的首席执行官和首席财务官或履行类似职能的人员设计或监督，并由公司董事会、管理层和其他人员实施，旨在为财务报告的可靠性和按照一般公认会计原则编制对外财务报表提供合理保证”（白华和高立，2011）。

信息不对称理论认为，信息不对称的存在会产生“逆向选择”和“道德风险”问题。财务报告内部控制作为企业主要信息生成的控制机制，承担着为企业提供高质量的会计信息和降低信息不对称的任务，影响着企业价值的实现，其作用路径主要有三个方面：一是作为企业内部人的企业经理管理层与作为企业外部人的企业股东债权人等投资者之间存在信息不对称，信息不对称会导致经理管理层出现“道德风险”和偷懒行为，同时也会导致投资者产生“良币驱逐劣币”的“逆向选择”行为。这种行为的结果可能使企业增加融资难度和融资成本，导致资源的不合理配置。如各种年报补充或更正公告，对年报中存在的错误或信息遗漏进行更正或补充说明，这种打“补丁”现象频繁出现，势必会影响企业会计信息对外披露的质量，影响信息使用者的相关决策。二是在企业内部的信息不对称，也会产生不利的经济后果，如经理与员工之间的信息不对称会导致员工不合理地利用公司的资源或者提供虚假的财务会计信息，或者侵占公司财产等进而产生很高的代理成本。三是高质量财务报告内部控制可以为企业经理管理层提供高质量的决策信息，确保公司的财务活动经过合理的授权，员工正当地使用公司的资产创造价值，并及时报告公司的各种业务活动。做到通过财务报告内部控制加强企业内部管理控制，进而促进企业全要素生产率的提升。根据以上分析，提出如下研究假设。

假设 4：在其他条件不变的情况下，企业财务报告控制质量与企业全要素生产率正相关。

（五）合规控制与企业全要素生产率

企业合规控制是确保企业在其所有操作和活动中遵守相关法律、规章、政策和标准的过程。不仅包括对法律法规的遵循，也包括对企业内部规章制度、经营与操作流程等方面的遵循。通过合规管理工作，公司各层级员工岗位职责明确，对法律法规、监管规定和公司经营流程熟悉，信息沟通及时通畅，问责机制有效，能最大限度地促使各级管理人员和广大员工减少工作失误与渎职等违纪、违规、违法行为的发生，有效维护公司整体利益。合规控制有助于确保所有员工遵守统一的行为准则和操作标准。这种规范化减少了错误和不一致性，提高了工作效率和质量。

合规控制通过识别和规避法律风险、优化资源管理、树立良好企业形象以及培养合规文化，不仅降低了运营风险，提高了管理效率，还增强了企业的声誉和凝聚力，从而对企业全要素生产率产生积极影响。合规控制有助于企业建立稳健的内部控制体系，提升企业的整体运营效率和竞争力。通过确保企业遵守法律法规，合规控制为企业创造了稳定和可预测的经营环境，减少了因违规行为导致的损失，提升了企业的运营效率。合规控制要求企业建立完善的管理制度和流程，提高了管理水平，使企业能够更好地组织和管理资源，优化业务流程，进一步提高管理效率。

此外，合规控制有助于树立良好的企业形象，提升企业声誉，吸引更多客户和合作伙伴，扩大市场份额，从而提升企业的全要素生产率。同时，合规控制要求企业建立合规文化，提高员工的合规意识，有助于形成良好的企业氛围，提高员工的工作积极性和凝聚力，进一步提高企业的全要素生产率。因此，合规控制对企业全要素生产率具有积极影响，有助于推动企业全要素生产率的提升。

由此提出如下研究假设。

假设5：在其他条件不变的情况下，企业合规控制质量与企业全要素生产率正相关。

（六）资产安全控制与企业全要素生产率

资产作为企业重要的经济资源，其本质是具有创利能力（唐国平与王加灿，2010）。由此，对资产安全控制与管理就显得尤为重要。实际上，资产安全控制与管理贯穿企业生产经营全过程，即通常所说的"实物流"管控。我国《企业内部控制基本规范》（2008）将合理保证资产安全作为内部控制五大目标之一，同时单独制定了《企业内部控制应用指引第8号——资产管理》，着重对存货、固定资产和无形资产等资产提出了全面风险管控的要求，旨在保障资产安全的前提下促进企业提高资产效能。

AICPA（1972）指出了对资产保护的三种理解。其中，第二种理解认为资产的保护仅仅指在业务处理和相关资产的处置过程中保护资产免受有意或无意错误导致的损失，并进一步指出应该按照第二种解释来理解（AICPA，1973；白华和高立，2011）。

有效的资产安全控制有助于预防企业资产的损失和损坏。这包括保护物理资产（如设备、建筑和库存）以及非物理资产（如数据和知识产权）。不仅有助于维持企业的正常运营和业务连续性，避免因设备故障或数据丢失而导致的生产中断，而且减少这些损失可以节省修复或替换成本，降低保险成本和潜在的法律费用，从而提高TFP。

良好的资产安全控制通过保护企业的物理环境，确保工作场所的安全和健康，不仅可以提升员工安全和士气，而且可以增强投资者和客户对企业的信心。这直接影响员工的生产效率和工作质量，对于维护企业的竞争优势至关重要，有助于保持和提升生产效率。

总体上来讲，资产安全控制通过减少资产损失、保护知识产权和敏感信息、确保业务连续性、提升员工安全和士气、降低保险和相关成本以及加强投资者和客户信心，对提高全要素生产率具有显著影响。由此提出如下研究假设。

假设6：在其他条件不变的情况下，企业资产安全控制质量越好，企业全要素生产率越高。

二、结构效应的研究设计

（一）样本选择与数据来源

由于企业内部控制数据主要来自深圳迪博公司内部控制指数，该指数及其分项指数目前包含了2013年至2021年，所以本书选取2013年至2021年沪市和深市的全部A股国有控股上市公司作为初选样本，并对初选样本进行了如下处理：（1）剔除了金融行业（代码为J）的数据，主要是考虑到金融行业的内部控制及其信息披露、财务数据等存在特别要求，与一般公司有较大差异；（2）剔除了计算全要素生产率缺失的观测值；（3）剔除了迪博数据库中没有内部控制指数的公司；（4）剔除了控制变量缺失的样本公司，最后得到共计7658家公司作为研究样本。其中，财务数据和内部控制缺陷数据来自深圳国泰安数据库，企业内部控制指数数据来自深圳迪博公司风险管理数据库，公司全要素生产率计算指标数据来自同花顺数据库。数据处理运用的是Excel 2020和Stata 17.0统计软件。

（二）研究模型

通过理论分析并借鉴Palia和Lichtenberg（1999）、牛建波和李维安（2007）、鲁晓东和连玉君（2012）等相关学者的研究设计，为检验本节研究假设，我们建立多元回归模型来分析企业内部控制以及其他路径因素，如公司会计信息质量、公司面临风险因素、研发资源投入及配置效率、公司代理成本与管理效率等对公司全要素生产率的直接影响，基本研究模型如式（3-2）所示：

$$TFP\_lp_{i,t} = \alpha + \beta_1 ICQ_{i,t} + \beta_2 \sum controlvars + \sum ind + \sum year + \varepsilon_{i,t}$$

式（3-2）

其中，*TFP* 为公司全要素生产率，*ICQ* 为企业内部控制质量，一方面代表总体内部控制质量，另一方面也表示战略内部控制质量、经营内部控制质量、财务报告内部控制质量、合规性内部控制质量以及资产安全内部控制质量等，*controlvars* 为控制变量，*ind* 为行业虚拟变量，*year* 为年度虚拟变量。

（三）变量设定

1. 被解释变量

公司全要素生产率（TFP）。TFP 的计算衡量方法有多种，鲁晓东等（2012）认为适用于微观数据的方法主要包括最小二乘法、固定效应法、半参数 OP 法（Olley and Pakes，1996）与半参数 LP 法（Levinsohn and Petrin，2003）等。本节采用前文所使用的五种方法计算衡量 TFP，分别为 TFP_lp、TFP_ols、TFP_Fe、TFP_GMM、TFP_op。

2. 关键解释变量

企业内部控制质量（ICQ），主要是通过整体内部控制指数（icindex）以及分项内部控制指数，包括战略内部控制指数（ZLicindex）、经营内部控制指数（JYicindex）、财务报告内部控制指数（BGicindex）、合规性内部控制指数（HGicindex）以及资产安全内部控制指数（ZCicindex_n）来反映。内部控制指数使用深圳迪博公司研究设计的中国上市公司内部控制指数，该指数基于内部控制合规、报告、资产安全、经营、战略五大目标的实现程度设计，同时将内部控制缺陷作为修正变量对内部控制基本指数进行修正，最终形成能够综合反映上市公司内控水平和风险管控能力内控指数。同时，为降低因变量与自变量的数据级差问题，借鉴逯东（2014）和曹越等（2018）做法，将内部控制指数除以 100，用 IC 来表示，IC 越大，表示内部控制质量越高。

3. 控制变量

参考 Palia 和 Lichtenberg（1999）、牛建波和李维安（2007）、鲁晓东和连玉君（2012）、孙晓华和王昀（2014）等研究，分别从企业特征层面、财务指标层面、企业治理特征层面选取多个控制变量。其中，企业特征层面包括企业规模（Size）与企业年龄（FirmAge）。财务指标层面包含资产负债率（Lev）、企业成长性指标（Growth）、企业盈利性指标（ROA）和总资产周转率（ATO）。企业治理特征层面涉及董事会规模（Board）、独立董事占比（Indep）、第一大股东持股比例（Top1）和管理层持股比例（Mshare）。此外，在模型中引入年份（year）和行业（ind）变量，以控制年份与行业对经济增长的影响。

主要变量定义及说明如表 3－10 所示。

表 3-10　　主要变量定义及说明

变量类型	名称	符号	定义
被解释变量	公司全要素生产率	*TFP_lp*	以 LP 法计算企业全要素生产率
解释变量	内部控制水平	*icindex_n*	迪博内部控制指数除以 100
	战略控制水平	*ZLicindex_n*	迪博内部控制的战略控制指数除以 100
	经营控制水平	*JYicindex_n*	迪博内部控制的经营控制指数除以 100
	财报控制水平	*BGicindex_n*	迪博内部控制的财务报告控制指数除以 100
	合规控制水平	*HGicindex_n*	迪博内部控制的合规控制指数除以 100
	资产控制水平	*ZCicindex_n*	迪博内部控制的资产安全控制指数除以 100
控制变量	公司规模	*Size*	年末总资产的自然对数
	资产负债率	*Lev*	年末总负债/年末总资产
	总资产净利率	*ROA*	净利润/总资产平均余额
	总资产周转率	*ATO*	营业收入/平均资产总额
	营业收入增长率	*Growth*	本年营业收入/上一年营业收入 -1
	独立董事比例	*Indep*	独立董事人数除以董事人数
	两职合一	*Dual*	董事长与总经理是同一个人为 1，否则为 0
	第一大股东持股比例	*Top1*	第一大股东持股数量除以总股数
	公司成立年限	*FirmAge*	ln（当年年份 - 公司成立年份 +1）
	管理层持股比例	*Mshare*	董监高持股数量 / 总股本数量

三、结构效应的实证结果与分析

（一）描述性统计与相关性分析

1. 描述性统计

在描述性统计分析中，对各研究变量计算均值、标准差、最小值、中位数、最大值、观测值，具体结果如表 3-11 所示。

表 3-11　　描述性统计

VarName	Obs	Mean	SD	Min	Median	Max
TFP_lp	7658	9.53	1.19	5.6	9.5	14
TFP_ols	7658	11.51	1.37	7.2	11	15
TFP_Fe	7658	12.10	1.43	7.7	12	16
TFP_GMM	7658	3.49	0.97	0.23	3.4	8.6

续表

VarName	Obs	Mean	SD	Min	Median	Max
TFP_op	7658	6.96	0.95	2.8	6.9	11
icindex_n	7658	6.34	1.45	0	6.6	9.4
ZLicindex_n	7658	5.00	2.06	0	5.3	10
JYicindex_n	7658	4.73	1.55	0	4.6	10
BGicindex_n	7658	8.23	1.83	0	8.6	10
HGicindex_n	7658	8.95	2.19	0	10	10
ZCicindex_n	7658	4.95	1.24	0	5.3	10
Size	7658	22.90	1.44	18	23	29
Lev	7658	0.50	0.21	0.01	0.51	1
ROA	7658	0.03	0.06	-0.89	0.028	0.48
ATO	7658	0.66	0.55	0.0033	0.54	8.6
Growth	7658	0.22	5.03	-2.7	0.074	429
Indep	7658	0.37	0.06	0.17	0.33	0.8
Dual	7658	0.10	0.30	0	0	1
Top1	7658	0.38	0.15	0.042	0.36	0.89
FirmAge	7658	3.02	0.27	1.4	3	4
Mshare	7658	0.01	0.04	0	0.00002	0.58

由于计算模型与方法不同，其值存在一定的差异性。从 TFP_lp 来看，最大值为 14，最小值为 5.6，均值为 9.53，说明国企上市公司的全要素生产率还是存在较大的差异。内部控制指数（icindex_n）最大值为 9.4，最小值为 0，标准差为 1.45，表明国企上市公司内控质量也存在较大的差别；其他分项内部控制质量的指标也基本一致。

2. 相关性分析

为了分析公司全要素生产率的五个指标 TFP_lp、TFP_ols、TFP_Fe、TFP_GMM、TFP_op 与整体内部控制指数（icindex）以及分项内部控制指数，包括战略内部控制指数（ZLicindex）、经营内部控制指数（JYicindex）、财务报告内部控制指数（BGicindex）、合规性内部控制指数（HGicindex）以及资产安全内部控制指数（ZCicindex_n）之间的关系，进行了相关性分析（考虑篇幅，相关系数表省略）。相关系数显示：公司全要素生产率的五个指标 TFP_ols、TFP_Fe、TFP_GMM、TFP_lp、TFP_op 之间的相关系数均大于 0.5，甚至有的相关系数为1，统计显著性水平小于0.001，表明五种计算方法在度量公司全要素生产率（TFP）上存在较强的相关性和一致性；公司全要素生产率（TFP_op）与内部控制质量的六个代理变量icindex_n、ZLicindex_n、JYicindex_n、BGicindex_n、HGicindex_n均显著正相关，但Spearman系数显示ZCicindex_n与公司全要素生产率的相关系数显著负相关或者不显著。因此，总体上，公司全要素生产率与内部控制指数显著正相关，初步验证了研究假设1至假设5，即企业内部控制质量越好，公司层面全要素生产率越高。研究假设6没有得到验证。

虽然相关系数的分析在很大程度上支持了研究假设，但单变量相关系数并不能准确验证变量关系，需要进一步加入控制变量，采用多元回归模型来检验研究假设。

（二）多元回归分析

本节以公司全要素生产率（TFP_lp）为被解释变量，分别以整体内部控制指数（icindex）以及分项内部控制指数，包括战略内部控制指数（ZLicindex）、经营内部控制指数（JYicindex）、财务报告内部控制指数（BGicindex）、合规性内部控制指数（HGicindex）以及资产安全内部控制指数（ZCicindex_n）等作为解释变量，资产负债率（lev）、公司规模（Size）以及行业变量与年度变量作为控制变量，分别设定回归模型（1）—回归模型（6）进行OLS多元回归，其回归结果如表3－12所示。各回归模型的拟合值为0.896，调整R^2为0.90，模型拟合度高，说明回归模型能较好地反映或者解释因变量。

表3－12　　基准模型多元回归结果

变量	(1) TFP_lp	(2) TFP_lp	(3) TFP_lp	(4) TFP_lp	(5) TFP_lp	(6) TFP_lp
icindex_n	0.014***					
	(3.66)					
ZLicindex_n		0.012***				
		(4.93)				
JYicindex_n			0.022***			
			(4.72)			
BGicindex				0.0001*		
				(1.80)		

续表

变量	(1)	(2)	(3)	(4)	(5)	(6)
	TFP_lp	TFP_lp	TFP_lp	TFP_lp	TFP_lp	TFP_lp
HGicindex_n					0.008***	
					(3.34)	
ZCicindex_n						-0.002
						(-0.52)
Size	0.631	0.630	0.626	0.634	0.633	0.634
	(126.67)	(125.83)	(124.65)	(127.70)	(127.23)	(127.68)
Lev	0.381***	0.370***	0.384***	0.375***	0.382***	0.369***
	(10.72)	(10.47)	(10.77)	(10.57)	(10.69)	(10.40)
ROA	1.224***	1.218***	1.188***	1.296***	1.270***	1.340***
	(9.58)	(9.68)	(9.38)	(10.29)	(10.11)	(10.35)
ATO	0.939***	0.937***	0.921***	0.943***	0.943***	0.944***
	(30.15)	(30.07)	(28.33)	(30.41)	(30.47)	(30.31)
Growth	-0.001	-0.001	-0.001	-0.001	-0.001	-0.001
	(-1.05)	(-1.14)	(-0.95)	(-1.21)	(-1.09)	(-1.39)
Indep	-0.001	-0.001	-0.001	-0.000	-0.000	-0.052
	(-0.60)	(-0.71)	(-0.71)	(-0.59)	(-0.58)	(-0.62)
Dual	0.022	0.023	0.021	0.022	0.022	0.022
	(1.54)	(1.60)	(1.47)	(1.53)	(1.57)	(1.57)
Top1	0.000	0.000	0.000	0.000	-0.000	0.002
	(0.03)	(0.01)	(0.02)	(0.06)	(-0.03)	(0.06)
FirmAge	0.056***	0.056***	0.058***	0.056***	0.056***	0.056***
	(3.00)	(2.98)	(3.08)	(2.98)	(3.01)	(2.98)
Mshare	0.003**	0.003**	0.003**	0.003**	0.003**	0.324**
	(2.49)	(2.53)	(2.34)	(2.45)	(2.48)	(2.44)
cons	-6.078	-6.009	-5.965	-6.089	-6.102	-6.048
	(-50.70)	(-50.25)	(-50.19)	(-50.31)	(-50.84)	(-49.62)
year	Yes	Yes	Yes	Yes	Yes	Yes
industry	Yes	Yes	Yes	Yes	Yes	Yes
N	7658	7658	7658	7658	7658	7658
R-Square	0.896	0.896	0.896	0.896	0.896	0.896
Adj. R-Square	0.90	0.90	0.90	0.90	0.90	0.90

注：表中括号内的数值为t统计量的值；回归系数上，*** 为1%显著，** 为5%显著，* 为10%显著。

在回归模型（1）中，国企整体内部控制指数（icindex）的回归系数为0.014，显著性水平小于0.01，即企业内部控制与全要素生产率显著正相关，表明企业内部控制质量越好，公司全要素生产率越高，研究假设1通过检验。

在回归模型（2）中，战略内部控制指数（ZLicindex）的回归系数为0.012，显著性水平小于0.01，即企业战略内部控制与全要素生产率显著正相关，表明企业战略内部控制质量越好，公司全要素生产率越高，研究假设2通过检验。

在回归模型（3）中，经营内部控制指数（JYicindex）的回归系数为0.022，显著性水平小于0.01，即企业经营内部控制与全要素生产率显著正相关，表明企业经营内部控制质量越好，公司全要素生产率越高，研究假设3通过检验。

在回归模型（4）中，财务报告内部控制指数（BGicindex）的回归系数为0.0001，显著性水平小于0.1，即企业财务报告内部控制与全要素生产率显著正相关，表明企业财务报告内部控制质量越好，公司全要素生产率越高，研究假设4通过检验。

在回归模型（5）中，合规性内部控制指数（HGicindex）的回归系数为0.008，显著性水平小于0.01，即企业合规性内部控制与全要素生产率显著正相关，表明企业合规性内部控制质量越好，公司全要素生产率越高，研究假设5通过检验。

在回归模型（6）中，资产安全内部控制指数（ZCicindex_n）的回归系数为-0.002，不显著，即资产安全内部控制与全要素生产率不相关，研究假设6没有通过检验。可能的原因有：资产安全控制可能会导致一些成本的增加，如安全设备、培训、技术升级等，这些成本可能会对企业的全要素生产率产生负面影响；过于强调资产安全可能导致过度的限制和程序，从而降低了生产的灵活性和效率。这可能对全要素生产率产生负面影响；在强调资产安全时，企业可能过度关注资产保护而忽视了生产效率的提升，导致投入与产出的不匹配，从而影响了全要素生产率。

（三）稳健性检验

1. 替换被解释变量度量方法

本节对国企全要素生产率的度量采用的是LP法，为了提高研究结果的稳健性，公司全要素生产率的其他四个指标TFP_ols、TFP_Fe、TFP_GMM、TFP _op，重复前文的回归过程，检验内部控制对国企全要素生产率的作用，替换变量后的回归结果与基本回归结果基本一致，回归结果如表 3－13 至表 3－16 所示。整体内部控制指数（icindex_n）、战略内部控制指数（ZLicindex_n）、经营内部控制指数（JYicindex_n）、合规性内部控制指数（HGicindex_n）均与全要素生产率呈显著正相关。财务报告内部控制指数（BGicindex）和资产安全内部控制指数（ZCicindex_）与企业全要素生产率关系呈不完全显著正相关。全要素生产率运用 TFP_GMM 指标时，内控所有变量都与其显著正相关。说明总体上内部控制及其分项质量水平的提升会促进国企全要素生产率的提升，增加了前文结论的稳健性。

表 3－13　　TFP_op 替换被解释变量后的回归结果

变量	(1)	(2)	(3)	(4)	(5)	(6)
	TFP_op	*TFP_op*	*TFP_op*	*TFP_op*	*TFP_op*	*TFP_op*
icindex_n	0.016***					
	(3.41)					
ZLicindex_n		0.014***				
		(4.88)				
JYicindex_n			0.019***			
			(3.73)			
BGicindex				0.0001*		
				(1.92)		
HGicindex_n					0.006**	
					(2.29)	
ZCicindex_n						0.007
						(1.33)
cons	−2.905***	−2.824***	−2.803***	−2.922***	−2.918***	−2.915***
	(−23.02)	(−22.44)	(−22.28)	(−22.87)	(−23.01)	(−22.48)
controlvars	Yes	Yes	Yes	Yes	Yes	Yes
N	7658	7658	7658	7658	7658	7658
R－Square	0.776	0.776	0.776	0.776	0.776	0.776
Adj. R－Square	0.77	0.78	0.78	0.77	0.77	0.77

注：表中括号内的数值为 t 统计量的值；回归系数上，*** 为 1% 显著，** 为 5% 显著，* 为 10% 显著。

表 3-14　　　　　　TFP_ols 替换被解释变量后的回归结果

变量	(1) *TFP_ols*	(2) *TFP_ols*	(3) *TFP_ols*	(4) *TFP_ols*	(5) *TFP_ols*	(6) *TFP_ols*
icindex_n	0.010 *** (2.81)					
ZLicindex_n		0.012 *** (5.37)				
JYicindex_n			0.011 ** (2.37)			
BGicindex				0.0001 (1.03)		
HGicindex_n					0.007 *** (3.23)	
ZCicindex_n						-0.007 (-1.57)
cons	-7.714 (-61.78)	-7.649 (-61.39)	-7.654 (-62.34)	-7.716 (-61.22)	-7.740 (-62.08)	-7.668 (-60.53)
controlvars	control	control	control	control	control	control
N	7658	7658	7658	7658	7658	7658
R-Square	0.930	0.930	0.930	0.930	0.930	0.930
Adj. R-Square	0.93	0.93	0.93	0.93	0.93	0.93

注：表中括号内的数值为 t 统计量的值；回归系数上，*** 为 1% 显著，** 为 5% 显著，* 为 10% 显著。

表 3-15　　　　　　TFP_Fe 替换被解释变量后的回归结果

变量	(1) *TFP_Fe*	(2) *TFP_Fe*	(3) *TFP_Fe*	(4) *TFP_Fe*	(5) *TFP_Fe*	(6) *TFP_Fe*
icindex_n	0.009 ** (2.52)					
ZLicindex_n		0.012 *** (5.20)				
JYicindex_n			0.008 * (1.84)			
BGicindex				0.0001 (0.82)		
HGicindex_n					0.007 *** (3.18)	

续表

变量	(1) TFP_Fe	(2) TFP_Fe	(3) TFP_Fe	(4) TFP_Fe	(5) TFP_Fe	(6) TFP_Fe
ZCicindex_n						-0.009 *
						(-1.89)
Cons	-8.285	-8.222	-8.236	-8.286	-8.313	-8.233
	(-63.94)	(-63.57)	(-64.71)	(-63.35)	(-64.27)	(-62.69)
controlvars	Yes	Yes	Yes	Yes	Yes	Yes
N	7658	7658	7658	7658	7658	7658
R - Square	0.934	0.934	0.934	0.934	0.934	0.934
Adj. R - Square	0.93	0.93	0.93	0.93	0.93	0.93

注：表中括号内的数值为 t 统计量的值；回归系数上，*** 为 1% 显著，** 为 5% 显著，* 为 10% 显著。

表 3-16　TFP_GMM 替换被解释变量后的回归结果

变量	(1) TFP_GMM	(2) TFP_GMM	(3) TFP_GMM	(4) TFP_GMM	(5) TFP_GMM	(6) TFP_GMM
icindex_n	0.024 ***					
	(3.95)					
ZLicindex_n		0.013 ***				
		(3.36)				
JYicindex_n			0.046 ***			
			(7.42)			
BGicindex				0.0001 **		
				(2.43)		
HGicindex_n					0.008 **	
					(2.24)	
ZCicindex_n						0.014 **
						(2.18)
Cons	-0.396 **	-0.310 **	-0.164	-0.428 ***	-0.408 ***	-0.427 ***
	(-2.55)	(-2.00)	(-1.05)	(-2.71)	(-2.60)	(-2.68)
controlvars	Yes	Yes	Yes	Yes	Yes	Yes
N	7658	7658	7658	7658	7658	7658
R - Square	0.607	0.607	0.610	0.607	0.607	0.607
Adj. R - Square	0.61	0.61	0.61	0.60	0.60	0.60

注：表中括号内的数值为 t 统计量的值；回归系数上，*** 为 1% 显著，** 为 5% 显著，* 为 10% 显著。

2. 滞后一期解释变量

考虑到企业内部控制系统可能无法及时对企业的全要素生产率产生影响，因而产生滞后效应从而导致模型不稳健。为了验证其关系，使模型更加稳健，将解释变量进行滞后一期处理，回归结果如表3－17所示，结果表明，滞后一期的内部控制质量和TFP的回归结果与基本回归结果基本相同，一方面缓解了内生性问题，另一方面也进一步表明研究结论较为稳健。

表3－17　　滞后一期解释变量后的回归结果

变量	(1) *TFP_lp*	(2) *TFP_lp*	(3) *TFP_lp*	(4) *TFP_lp*	(5) *TFP_lp*	(6) *TFP_lp*
icindex_n	0.018***					
	(4.87)					
ZLicindex_n		0.015***				
		(6.02)				
JYicindex_n			0.022***			
			(5.10)			
BGicindex				0.0001**		
				(2.32)		
HGicindex_n					0.007***	
					(2.85)	
ZCicindex_n						0.001
						(0.17)
cons	－6.080	－5.983	－5.940	－6.091	－6.089	－6.057
	(－49.25)	(－45.43)	(－45.40)	(－46.05)	(－46.36)	(－45.94)
controlvars	Yes	Yes	Yes	Yes	Yes	Yes
N	7336	6535	6535	6535	6535	6535
R－Square	0.896	0.896	0.896	0.895	0.896	0.895
Adj. R－Square	0.90	0.90	0.90	0.89	0.89	0.89

注：表中括号内的数值为t统计量的值；回归系数上，***为1%显著，**为5%显著，*为10%显著。

3. 减少控制变量

为了更直接地考察企业内部控制与国企全要素生产率的关系，我们删除了所有控制变量，仅控制行业和年度，回归结果如表3－18所示，结果表明，内部控制质量与 TFP 的回归结果与基本回归结果一致，进一步表明研究结论较为稳健。

表 3-18　　仅控制行业与年度后的回归结果

变量	(1) TFP_lp	(2) TFP_op	(3) TFP_ols	(4) TFP_Fe	(5) TFP_GMM
icindex_n	0.209***	0.155***	0.236***	0.245***	0.114***
	(20.95)	(19.52)	(20.36)	(20.21)	(16.28)
cons	7.175	5.161	8.786	9.265	2.301***
	(68.20)	(65.08)	(71.10)	(70.93)	(32.57)
year	Yes	Yes	Yes	Yes	Yes
industry	Yes	Yes	Yes	Yes	Yes
N	8175	8175	8175	8175	8175
R-Square	0.226	0.271	0.205	0.201	0.368
Adj. R-Square	0.22	0.27	0.20	0.20	0.37

注：表中括号内的数值为 t 统计量的值；回归系数上，*** 为 1% 显著，** 为 5% 显著，* 为 10% 显著。

4. 扩大样本量

基准回归公司数据时间跨度为 2016—2021 年，将公司数据时间跨度扩大为 2004—2021 年，国企样本数扩大至 10000 多，回归结果如表 3-19 所示。内部控制变量（icindex_n）与国企全要素生产率变量（TFP_lp、TFP_op、TFP_ols、TFP_Fe、TFP_GMM）均显著正相关，与基准回归的结果是一致的。

表 3-19　　基准模型多元回归结果

变量	(1) TFP_lp	(2) TFP_op	(3) TFP_ols	(4) TFP_Fe	(5) TFP_GMM
icindex_n	0.018***	0.012***	0.015***	0.015***	0.019***
	(5.76)	(2.86)	(5.32)	(5.24)	(3.78)
controlvars	Yes	Yes	Yes	Yes	Yes
N	13460	11542	13460	13460	13439
R-Square	0.904	0.758	0.934	0.938	0.623
Adj. R-Square	0.90	0.76	0.93	0.94	0.62

注：表中括号内的数值为 t 统计量的值。

（四）进一步分析

为了进一步分析国有企业内部控制对其全要素生产率的影响，我们在研究模型中增加了国企级别变量（Gsoe，央企国资控股取值为1，省属国资控股取值为2，地市国资控股取值为3，其他国有取值为4），然后进行回归，回归结果如表3－20模型（1）所示。另外，再按国企级别分组回归，分别为：中央控股国企、省属国资控股、地市国资控股和其他国有，回归结果分别如表3－20模型（2）、模型（3）与模型（4）所示。

表3－20　按国企级别分组多元回归结果

变量	国企（1）	中央国企（2）	省属国企（3）	其他国企（4）
	TFP_lp	*TFP_lp*	*TFP_lp*	*TFP_lp*
icindex	0.014***	0.003	0.013*	0.021***
	(3.61)	(0.58)	(1.91)	(2.76)
Gsoe	－0.028***			
	(－1.52)			
controlvars	Yes	Yes	Yes	Yes
N	7614	2611	2520	2169
R－Square	0.897	0.923	0.887	0.894
Adj. R－Square	0.90	0.92	0.89	0.89
组间系数差异①	（3）组与（4）组			－.00806
				(－0.82)

注：表中括号内的数值为t统计量的值。

将全要素生产率更换为TFP_GMM，仍然按国企级别分组回归，结果如表3－21所示。

如表3－20和表3－21所示，在模型（1）中，国企级别变量（Gsoe）与企业全要素生产率（TFP_lp）显著负相关，国企级别变量（Gsoe）越小，企业全要素生产率（TFP_lp）越大，即国企越是中央国企和省属企业，其全要

① 一般来说，进行组间差异检验，在查看系数差异之前，应确保每个模型中的关键变量（即你想要比较的变量）的系数在统计上是显著的（伍德里奇，2015）。运用stata的suest命令操作，与采用交乘项的结果一致。中央国企与其他国企的组间系数差异为－0.0172，统计上是显著的。省属国企组与其他国企组的组间系数差异不显著，虽然在一定程度上影响了结果的可靠性，但是从单组的结果上分析与结论还是有一定意义的。

表 3－21　　　　按国企级别分组多元回归结果

变量	国企（1）	中央国企（2）	省属国企（3）	其他国企（4）
	TFP_GMM	*TFP_GMM*	*TFP_GMM*	*TFP_GMM*
icindex	0.023***	0.010	0.024**	0.045***
	(3.61)	(0.58)	(1.91)	(2.76)
controlvars	Yes	Yes	Yes	Yes
N	7614	2611	2520	2169
R－Square	0.613	0.622	0.625	0.667
Adj. R－Square	0.61	0.62	0.62	0.66
组间系数差异	（3）组与（4）组			－.0203
				(－1.28)

注：表中括号内的数值为 t 统计量的值。

素生产率越高；国企级别越低，其全要素生产率也越低。在模型（2）中央国企分组中，内部控制（icindex）与企业全要素生产率（TFP_lp）正相关但不显著，意味着中央国企的内部控制对其全要素生产率的影响很小；在模型（3）省属国企分组中，内部控制（icindex）与企业全要素生产率（TFP_lp）正相关，在10%和5%水平下显著，意味着省属国企的内部控制对其全要素生产率具有正向影响；在模型（4）其他国企分组中，内部控制（icindex）与企业全要素生产率（TFP_lp）正相关且都在1%水平下显著，意味着其他国企的内部控制对其全要素生产率具有显著的正向影响；模型（4）中的 icindex 变量系数比模型（3）icindex 变量系数更大且更显著。由此可以推测，国企中越是级别低的，其内部控制对全要素生产率的正向促进作用越大，反之，国企级别越高，内部控制对全要素生产率的正向促进作用越小，特别是在中央国企中，内部控制对全要素生产率的正向作用非常有限。在组间差异检验中，只有中央国企组与前文其他国企组的组间差异是显著的。

四、结构效应的研究结论

前文通过内部控制及其分项质量对公司全要素生产率影响的理论分析和实证检验研究发现：（1）从总体上来讲，企业内部控制对国企公司全要素生产率具有显著的促进作用。（2）企业分项内部控制质量对国企公司全要素生产率的作用不完全一致。战略内部控制质量、经营内部控制质量、财务报告内部控制质量以及合规内部控制质量与公司全要素生产率显著正相关，对国企公司全要素生产率具有正向促进作用，但资产安全内部控制质量与全要素生产率的关系不显著，资产安全内部控制质量对国企公司全要素生产率不具有促进作用。（3）将国企公司按级别进行分类，进一步分析发现，国企级别越高，内部控制对全要素生产率的促进作用越小；国企级别越低，内部控制对全要素生产率的促进作用反而越大。

第四节 内部控制系统提升国企 TFP 的市场效应

一、市场效应的理论分析与研究假设

（一）股票市场反应的相关研究

关于公司行为与股票市场反应的研究一直是金融领域的热点话题。国外学者较早关注公司业绩与股票市场反应的关系。Fama（1970）提出了有效市场假说，认为股票价格能够充分反映公司业绩信息。Ball 和 Brown（1968）运用实证研究手段，对会计收益与股票价格之间的相关性进行了探讨，并检验了会计收益的潜在应用价值，开创了实证会计的先河，由此，决策有用性的信息观在会计理论研究中开始占据了主导地位。信息观基于有效市场假说，主张证券价格的波动程度反映了相应程度的信息内容，并且对决策过程提供支持。盈余反应系数（ERC）模型被用来衡量公司业绩与股票回报之间的相关性。王化成和佟岩（2006）基于盈余反应系数模型，检验了控股股东对盈余质量的影响。盈余反应系数模型常常被用来检验盈余质量影响因素。上市公司综合盈利水平与股票收益之间显著正相关，上市公司的综合盈利水平能够显著预测未来股票收益（谢谦等，2019）。

影响公司业绩与股票市场反应的因素众多。一方面，公司特征如规模、成长性、财务杠杆等对市场反应产生影响；另一方面，外部环境如宏观经济、政策因素、投资者情绪等也会影响市场反应。Khan 和 Watts（2009）研究发现，公司业绩与股票回报之间的关系并非一成不变，而是随着公司业绩的波动呈现出非线性的特征。

为了研讨内部控制提升国企全要素生产率的股票市场效应，将从三个方面展开：首先是内部控制质量的市场反应，其次是企业全要素生产率的市场反应，最后是内部控制提升国企全要素生产率的市场反应。

（二）内部控制与市场反应

信息不对称是影响股票市场反应的重要因素（Dyck and Zingales，2004）。高质量的内部控制能够提高公司信息的透明度和可靠性，从而降低信息不对称程度。根据信号传递理论，良好的内部控制可以向市场传递公司治理有效的信号，进而影响投资者对公司股票的评价。

代理理论认为，内部控制是缓解股东与管理层之间代理冲突的重要机制（Jensen and Meckling，1976）。高质量的内部控制能够约束管理层的机会主义行为，保护投资者利益，从而提高公司的市场价值。股票市场对内部控制质量的反应体现了投资者对公司代理成本的评估。

内部控制是公司风险管理的重要组成部分。高质量的内部控制能够有效识别、评估和管理公司面临的风险，从而降低公司的经营风险和财务风险。投资者对风险较低的公司的股票通常会给予更高的估值，因此内部控制质量与股票市场反应正相关。

在合规和监管环境日益严格的背景下，内部控制质量成为评价公司合规性的重要标准。高质量的内部控制有助于公司遵守法律法规，减少违规行为，从而降低法律风险和潜在的财务损失。市场对内部控制质量的正面反应体现了对公司合规能力的认可（Ashbaugh - Skaife H，et al.，2008）。

市场效率假说认为，股票市场能够迅速、准确地反映所有可用信息（Ball and Brown，1968）。因此，当公司披露内部控制质量的相关信息时，市场会迅速调整股票价格以反映这些信息。王加灿等（2019）研究发现，企业内部控制重大缺陷信息披露具有资本市场传染效应。内部控制质量的变化会影响投资者的预期，进而引起股票价格的变动。由此提出以下研究假设。

研究假设 1：国有企业内部控制质量越高，公司股票收益率也越高。

（三）全要素生产率与市场反应

企业全要素生产率（TFP）是衡量企业效率的关键指标，它反映了企业使用所有投入要素（包括劳动、资本和技术等）的生产效率。企业技术创新能力的增强与股票收益的提升之间存在正相关关系，技术创新能力通过作用于企业在产品市场竞争中的市场势力，进而对股票市场产生影响，创新因子在解释股票收益方面具有较高的解释力（杨亭亭等，2017）。企业在资本市场的融资活动中，应当致力于技术创新，增强自身的创新能力，以优化其在资本市场上的融资效率。企业全要素生产率的提高意味着企业能够更有效地利用资源，创造更多的价值。根据企业价值理论，企业的市场价值是由其未来现金流的现值决定的。TFP 的提高可以增加企业的预期现金流，进而提高企业的市场价值，这会在股票市场上得到正面的反应。

全要素生产率的提升可能会被视为企业技术进步或管理效率提高的信号。在信息不对称的市场中，企业通过提高 TFP 可以向投资者传递其竞争力的增强，从而减少投资者对企业未来收益的不确定性，这可能会引起股票价格的上涨。

TFP 的提高通常伴随着投资效率的提升。高 TFP 的企业往往能够更好地利用投资，实现更高的回报率。投资者会根据企业的投资效率和 TFP 来评估企业的增长潜力和股票的投资价值，从而影响股票市场的反应。

全要素生产率的提升有助于企业在市场竞争中获得优势，提高市场份额。根据波特五力模型，企业的市场地位和竞争力是影响其股票市场表现的重要因素。TFP 的提高可能会增强投资者对企业股票的信心，导致股价上升。企业的 TFP 不仅影响企业本身，还可能对整个宏观经济产生影响。高 TFP 的企业往往能够推动行业乃至整个经济的增长。因此，企业的 TFP 信息可能会被投资者视为宏观经济预期的信号，进而影响股票市场的整体反应。由此提出以下研究假设。

研究假设 2：国有企业全要素生产率越高，公司股票收益率也越高。

（四）内部控制提升国企全要素生产率的市场反应

企业全要素生产率主要来源于技术进步率、组织管理效率和资源配置效率，而资源错配是抑制其增长的重要因素（郭檬楠等，2019）。而完善的内部控制制度能够有效地提升公司治理水平、缓解信息不对称，从而减少委托代理问题和道德风险问题（胡海波等，2023），减少资源错配，促进企业全要素生产率的提升。内部控制通过明确职责划分和监督机制，降低代理成本，提高企业运营效率。同时，通过确保信息的真实性、完整性和及时性，内部控制增加信息披露，降低信息不对称，提高企业透明度。投资者对内部控制良好的企业更加信任，因为这些企业提供了更可靠的信息和更低的代理成本。

因此，高质量内部控制的企业往往能够吸引更多的投资者，降低融资成本，增强市场效率，并得到股票市场的青睐。这些对企业来说是好的信号与消息，基于有效市场假说，对于投资者来说，内部控制提升国企全要素生产率也具有积极正面的市场反应。由此提出以下研究假设。

研究假设3：内部控制提升国企全要素生产率，公司股票收益率也越高，具有中介效应。

二、市场效应的研究设计

（一）样本选择与数据来源

考虑到企业会计准则的实施时间以及财政部等五部委发布《企业内部控制基本规范》的时间，结合深圳迪博公司内部控制指数的可获取性，本书选取2008年至2021年沪市和深市的全部A股国有控股上市公司作为初选样本，并对初选样本进行了如下处理（王加灿，2015）：（1）剔除金融行业（代码为J）的数据，主要是考虑到金融行业的内部控制及其信息披露、财务数据等存在特别要求，与一般公司有较大差异；（2）剔除计算全要素生产率缺失的观测值；（3）剔除迪博数据库中没有内部控制指数的公司；（4）剔除控制变量缺失的样本公司，最后得到共计11224家公司作为研究样本。其中，股票收益率数据与财务数据来自深圳国泰安数据库，企业内部控制指数数据来自深圳迪博公司风险管理数据库，公司全要素生产率计算指标数据来自同花顺数据库。数据处理运用的是Excel 2020和Stata 17.0统计软件。

（二）研究模型

通过理论分析并借鉴Palia和Lichtenberg（1999）、牛建波和李维安（2007）、鲁晓东和连玉君（2012）等相关学者的研究设计，为检验本节研究假设，我们建立多元回归模型来分析企业内部控制以及企业全要素生产率的股票市场效应，研究模型如式（3-3）与式（3-4）所示：

$$Yretwd_{it} = \alpha + \beta_1 ICQ_{i,t} + \beta_2 \sum controlvars + \sum ind + \sum year + \varepsilon_{i,t} \quad \text{式（3-3）}$$

$$Yretwd_{it} = \alpha + \beta_1 TFP\_lp_{i,t} + \beta_2 \sum controlvars + \sum ind + \sum year + \varepsilon_{i,t} \quad \text{式（3-4）}$$

其中，*Yretwd* 为公司年度股票收益率，*ICQ* 为企业内部控制质量，*TFP* 为公司全要素生产率。

（三）变量设定

1. 被解释变量

年度公司股票收益率（Yretwd）。公司股票收益率通常指的是股票在特定时期内的价格变动（包括股息）与期初价格的比值，通常以百分比表示。它反映了投资者在该时期内持有股票的盈亏情况。股票收益率可以分为绝对收益率和相对收益率。绝对收益率直接反映了投资者在该时期内持有股票的盈亏情况，而相对收益率则衡量股票收益率与某个基准（如市场指数收益率）的差值。在主体回归分析中使用绝对收益率，即年度公司股票收益率（Yretwd），在稳健性检验时使用相对收益率，即扣除市场收益率的年度公司股票收益率（Yretwd2）。

2. 关键解释变量

（1）企业内部控制质量（ICQ），主要是通过整体内部控制指数（icindex）度量，内部控制指数越大，内部控制质量越高。借鉴逯东（2014）和曹越等（2018）做法，将内部控制指标转为哑变量（icindex_d），以中位数为界，大于或等于中位数的取值为1，小于中位数的取值为0。在主体回归分析时用内部控制哑变量（icindex_d），在稳健性检验时用整体内部控制指数（icindex）。

（2）公司全要素生产率（TFP）。TFP的计算衡量方法有多种，鲁晓东等（2012）认为适用于微观数据的方法主要包括最小二乘法、固定效应法、半参数OP法（Olley and Pakes，1996）与半参数LP法（Levinsohn and Petrin，2003）等。本节采用前文所使用的五种方法计算衡量TFP，分别为TFP_lp、TFP_ols、TFP_Fe、TFP_GMM、TFP_op，在主体回归分析时用TFP_ols，在稳健性检验时使用其他四种衡量方法。

3. 控制变量

参考Palia和Lichtenberg（1999）、牛建波和李维安（2007）、鲁晓东和连玉君（2012）、孙晓华和王昀（2014）等研究，分别从企业特征层面、财务指标层面、企业治理特征层面选取多个控制变量。其中，企业特征层面包括企业年龄（*FirmAge*）。财务指标层面包含资产负债率（*Lev*）、企业成长性指标（*Growth*）、企业盈利性指标（*ROA*）和总资产周转率（*ATO*）。企业治理特征层面涉及董事会规模（*Board*）、独立董事占比（*Indep*）、第一大股东持股比例（*Top*1）和管理层持股比例（*Mshare*）、账面市值比（*BM*）。此外，在模型中引入年份（*year*）和行业（*ind*）变量，以控制年份与行业对经济增长的影响。

各主要变量的定义及说明如表 3 - 22 所示。

表 3 - 22　　　　主要变量定义及说明

变量类型	名称	符号	定义
被解释变量	年度公司股票收益率	*Yretwd*	考虑现金红利再投资的年个股回报率，来自国泰安数据库
解释变量	内部控制水平	*ICQ*	依据迪博内部控制指数，以中位数为界，大于或等于中位数的取值为 1，小于中位数的取值为 0
中介变量	公司全要素生产率	*TFP_ols*	以普通最小二乘法计算的 TFP
控制变量	资产负债率	*Lev*	年末总负债/年末总资产
	总资产净利率	*ROA*	净利润/总资产平均余额
	总资产周转率	*ATO*	营业收入/平均资产总额
	营业收入增长率	*Growth*	本年营业收入/上一年营业收入 - 1
	独立董事比例	*Indep*	独立董事人数除以董事人数
	两职合一	*Dual*	董事长与总经理是同一个人为 1，否则为 0
	第一大股东持股比例	*Top*1	第一大股东持股数量除以总股数
	公司成立年限	*FirmAge*	ln（当年年份 - 公司成立年份 + 1）
	管理层持股比例	*Mshare*	董监高持股数量/总股本数量
	无形资产占比	*Intangible*	无形资产净额/总资产
	账面市值比	*BM*	账面价值/总市值

三、市场效应的实证结果与分析

（一）描述性统计与相关性分析

1. 描述性统计

在描述性统计分析中，对各研究变量计算均值、标准差、最小值、中位数、最大值、观测值，具体结果如表 3 - 23 所示。

由于计算模型与方法不同，其值存在一定的差异。从股票年收益率（Yretwd）指标来看，最小值为 -0. 73，最大值为 2. 3，平均值为 0. 13，中位

表 3－23 描述性统计

VarName	Obs	Mean	SD	Min	Median	Max
Yretwd	11224	0.13	0.56	－0.73	0.0074	2.3
icindex_d	11224	0.50	0.50	0	0	1
TFP_ols	11224	11.36	1.34	8.3	11	15
Lev	11224	0.51	0.20	0.074	0.52	1
ROA	11224	0.03	0.06	－0.22	0.03	0.2
ATO	11224	0.70	0.51	0.058	0.58	2.9
Growth	11224	0.15	0.42	－0.61	0.09	3
Indep	11224	0.37	0.05	0.25	0.33	0.57
Dual	11224	0.10	0.30	0	0	1
Top1	11224	0.38	0.15	0.11	0.36	0.76
FirmAge	11224	2.91	0.33	1.6	2.9	3.5
Mshare	11224	0.01	0.02	0	0.000016	0.17
Intangible	11224	0.05	0.08	0	0.033	0.89
BM	11224	0.69	0.26	0.14	0.7	1.2

数为 0.0074，说明我国国有企业上市公司的股票年收益率多数偏低，差异也较大。其他指标情况与第三节的描述性统计一致。

2. 相关性分析

为了分析内部控制提升公司全要素生产率的股票市场效应，将股票年收益率（Yretwd）指标与内部控制指标（icindex_d）、企业全要素生产率指标（TFP_ols）以及相应的控制变量之间的关系进行相关性分析（考虑篇幅，相关系数表省略）。相关系数显示：股票年收益率（Yretwd）指标与内部控制指标（icindex_d）的相关系数为 0.07，且在 1% 水平上显著，股票年收益率（Yretwd）指标与企业全要素生产率指标（TFP_ols）的相关系数为 0.03，且在 1% 水平上显著。因此，股票年收益率（Yretwd）与公司全要素生产率和内部控制质量均显著正相关，初步验证了本节的研究假设 1 和研究假设 2，即企业内部控制质量越好，股票年收益率越高；公司层面全要素生产率越高，股票年收益率也越高。

（二）内部控制与全要素生产率的股票市场效应分析

本节以股票年收益率（Yretwd）指标为被解释变量，以内部控制指标

(icindex_d) 和公司全要素生产率 (TFP_ols) 为解释变量，分别设定回归模型 (1) 和回归模型 (2) 进行 OLS 多元回归，其回归结果如表 3-24 所示。各回归模型的拟合值比较高，说明回归模型能较好地反映或者解释因变量。

表 3-24　　IC 与 TFP 的市场效应回归结果

	(1) IC 市场效应	(2) TFP 市场效应
icindex_d	0.0382***	
	(5.15)	
TFP_ols		0.0378***
		(9.12)
Lev	0.2924***	0.2244***
	(13.91)	(9.99)
ROA	0.9074***	0.7738***
	(12.47)	(10.41)
ATO	-0.0024	-0.0380***
	(-0.31)	(-4.24)
Growth	0.0645***	0.0708***
	(7.66)	(8.43)
Indep	0.0050	-0.0426
	(0.08)	(-0.70)
Dual	0.0014	0.0027
	(0.13)	(0.24)
*Top*1	0.0397	0.0163
	(1.63)	(0.66)
FirmAge	-0.0003	0.0040
	(-0.02)	(0.29)
Mshare	-0.4454***	-0.4234***
	(-3.13)	(-2.98)
Intangible	0.0475	0.0616
	(1.04)	(1.35)
BM	-0.5604***	-0.6421***
	(-34.43)	(-34.05)
_cons	-0.4469***	-0.6790***
	(-8.43)	(-11.57)

续表

	(1) IC 市场效应	(2) TFP 市场效应
Ind	Yes	Yes
Year	Yes	Yes
N	11224	11224
R - Square	0.615	0.617
Adj. R - Square	0.614	0.616

注：表中括号内的数值为 t 统计量的值。

回归结果如表 3 - 24 所示，在内部控制的股票市场效应检验中，列（1）中股票年收益率（Yretwd）指标与内部控制指标（icindex_d）的回归系数为 0.0382，且在 1% 水平上显著；列（2）中企业全要素生产率指标（TFP_ols）与股票年收益率（Yretwd）的回归系数为 0.0378，且在 1% 水平上显著。即企业内部控制质量越好，股票年收益率越高；公司层面全要素生产率越高，股票年收益率也越高。验证了本节的研究假设 1 和研究假设 2，表明国企内部控制以及全要素生产率都是具有股票市场效应的。

（三）内部控制提升 TFP 的中介效应分析

本章第三节验证了内部控制发展对国企全要素生产率会产生显著的促进作用。本节将进一步分析内部控制提升国企全要素生产率的股票市场效应，利用式（3 - 5）、式（3 - 6）、式（3 - 7）进行中介效应检验。参考温忠麟等（2005）的方法，采取逐步回归的方法，对其中介效应进行检验。

$$Yretwd_{it} = \alpha_0 + \alpha_1 ICQ_{it} + \alpha_2 Controls + \sum Year + \sum Industry + \varepsilon_{it}$$

式（3 - 5）

$$TFP_{it} = \beta_0 + \beta_1 ICQ_{it} + \beta_2 Controls + \sum Year + \sum Industry + \varepsilon_{it}$$

式（3 - 6）

$$Yretwd_{it} = \gamma_0 + \gamma_1 ICQ_{it} + \gamma_2 TFP_{it} + \gamma_3 Controls + \sum Year + \sum Industry + \varepsilon_{it}$$

式（3 - 7）

检验结果如表 3 - 25 所示。

如表 3 - 25 所示，在内部控制提升全要素生产率的股票市场效应中介效应检验中，列（1）中股票年收益率（Yretwd）指标与内部控制指标（icindex_d）

表 3-25　　中介效应逐步回归结果

	(1)	(2)	(3)
	Yretwd	*TFP_ols*	*Yretwd*
icindex_d	0.0382***	0.3255***	0.0268***
	(5.15)	(19.59)	(3.56)
TFP_ols			0.0351***
			(8.32)
Lev	0.2924***	1.9069	0.2255***
	(13.91)	(40.53)	(10.05)
ROA	0.9074***	5.5785***	0.7118***
	(12.47)	(34.25)	(9.33)
ATO	-0.0024	1.0318	-0.0386***
	(-0.31)	(58.81)	(-4.31)
Growth	0.0645***	-0.1171***	0.0686***
	(7.66)	(-6.21)	(8.16)
Indep	0.0050	1.4089***	-0.0444
	(0.08)	(10.33)	(-0.73)
Dual	0.0014	-0.0307	0.0025
	(0.13)	(-1.23)	(0.23)
Top1	0.0397	0.7300***	0.0141
	(1.63)	(13.37)	(0.57)
FirmAge	-0.0003	-0.1287***	0.0042
	(-0.02)	(-4.21)	(0.31)
Mshare	-0.4454***	-0.6943**	-0.4211***
	(-3.13)	(-2.18)	(-2.97)
Intangible	0.0475	-0.4370***	0.0628
	(1.04)	(-4.26)	(1.37)
BM	-0.5604***	2.2786	-0.6403***
	(-34.43)	(62.55)	(-33.96)
_cons	-0.4469***	6.1404	-0.6622***
	(-8.43)	(51.77)	(-11.26)
Ind	Yes	Yes	Yes
Year	Yes	Yes	Yes
N	11224	11224	11224
R-Square	0.615	0.666	0.618
Adj. R-Square	0.614	0.665	0.616

注：表中括号内的数值为 t 统计量的值；回归系数上，*** 为 1% 显著，** 为 5% 显著，* 为 10% 显著。

的回归系数为0.0382，且在1%水平上显著；列（2）中企业全要素生产率指标（TFP_ols）与内部控制指标（icindex_d）的回归系数为0.3255，且在1%水平上显著；列（3）中股票年收益率（Yretwd）指标与内部控制指标（icindex_d）的回归系数为0.0268，且在1%水平上显著，股票年收益率（Yretwd）指标与企业全要素生产率指标（TFP_ols）的回归系数为0.0351，且在1%水平上显著。即国企TFP在内部控制与股票收益率的中介效应是成立的，研究假设3得到验证。表明内部控制提升国企全要素生产率进而促进股票收益率的提高，内部控制提升国企全要素生产率也具有市场效应。

（四）稳健性检验

1. 替换被解释变量度量方法

年度公司股票收益率（Yretwd）。股票收益率可以分为绝对收益率和相对收益率。在主体回归分析中使用绝对收益率，即年度公司股票收益率（Yretwd），在稳健性检验时使用相对收益率，即扣除市场收益率的年度公司股票收益率（Yretwd2）。表3－26是针对内部控制和全要素生产率的股票市场效应检验，从内部控制变量（icindex_d）和全要素生产率变量（TFP_ols）可以看出，结果与前文主体回归是一致的。表3－27是针对内部控制提升全要素生产率的股票市场效应检验，同样，结果与前文中介效应检验是一致的。

表3－26　IC与TFP的市场效应稳健性检验结果

	(1)	(2)
	IC效应	TFP效应
icindex_d	0.0430***	
	(5.15)	
TFP_ols		0.0403***
		(8.66)
controlvars	Yes	Yes
N	11224	11224
R－Square	0.187	0.191
Adj. R－Square	0.184	0.187

注：表中括号内的数值为t统计量的值；回归系数上，***为1%显著，**为5%显著，*为10%显著。

表 3－27　　IC 提升 TFP 的市场效应稳健性检验结果

	(1)	(2)	(3)
	Yretwd2	*TFP_ols*	*Yretwd2*
icindex_d	0.0430 ***	0.3255 ***	0.0309 ***
	(5.15)	(19.59)	(3.65)
TFP_ols			0.0372 ***
			(7.85)
controlvars	Yes	Yes	Yes
N	11224	11224	11224
R－Square	0.187	0.666	0.192
Adj. R－Square	0.184	0.665	0.188

注：表中括号内的数值为 t 统计量的值。

2. 替换解释变量度量方法

针对企业内部控制质量（ICQ）变量，在主体回归分析时用内部控制哑变量（icindex_d），在稳健性检验时使用整体内部控制指数（icindex）。针对公司全要素生产率（TFP），在主体回归分析时用 TFP_ols，在稳健性检验时使用其他四种衡量方法。回归结果与主体回归结果一致（考虑篇幅，此处回归表格省略）。

3. 中介效应的 Sobel 法检验

使用 Sobel 法进行回归，回归结果如表 3－28 所示。Sobel 法通过检验相关系数的乘积是否显著以确定其是否存在中介效应。

表 3－28　　IC 提升 TFP 市场效应的中介效应 sobel 法检验

参数名	参数值
Sobel	0.011 ***
Aroian	0.011 ***
Goodman	0.011 ***
a_coefficient	0.324 ***
b_coefficient	0.034 ***
Indirect_effect_aXb	0.011 ***
Direct_effect_c'	0.028 ***
Total_effect_c	0.039 ***

注：*** 为 1% 显著，** 为 5% 显著，* 为 10% 显著。

在回归结果中，Goodman 系数为 0.011，并且在 1% 的水平上显著，说明其存在中介效应，此外，交乘项的间接效应、直接效应、总效应均在 1% 的水平上正向显著，说明在 Sobel 法下，内部控制通过提升全要素生产率具有股票市场效应。

四、市场效应的研究结论

前文对内部控制提升公司全要素生产率的市场效应进行了理论分析和实证检验，研究发现：（1）国企内部控制质量是具有股票市场效应的，国企内部控制质量越高，其股票年收益率也越高。（2）国企全要素生产率也是具有股票市场效应的，国企全要素生产率越高，其股票年收益率也越高。（3）内部控制提升国企全要素生产率也具有市场效应，内部控制提升国企全要素生产率进而促进股票收益率的提高。

本章小结

首先，阐述了内部控制的质量评估框架和特征，在内部控制测度的基础上，分析了国企内部控制的质量现状与问题，发现国企的内部控制水平总体上要高于非国企，国有企业在内部控制整体及其五个目标部分的得分都显著高于非国企。对于国有企业而言，内部控制建设的薄弱之处主要在战略层面、经营层面以及资产安全层面。

其次，对国企全要素生产率（TFP）进行了测度，分析了国企全要素生产率的现状及问题，发现国企的全要素生产率总体上高于非国企。但对于国企而言，也存在着产权性质、行业、企业个体以及企业内部结构的全要素生产率不均衡的问题。

再次，对内部控制系统提升国企全要素生产率进行了理论分析与实证检验。从总体上来看，内部控制对国企的全要素生产率具有显著的促进作用，而各分项指数的作用不完全一致，战略内部控制质量、经营内部控制质量、财务报告内部控制质量以及合规内部控制质量对国企全要素生产率具有正向促进作用，但资产安全内部控制质量对国企公司全要素生产率不具有促进作用。此外，相对于高级别的国企而言，低级别国企中内部控制对全要素生产率的促进作用更大。

最后，对内部控制提升公司全要素生产率的市场效应进行了理论分析与实证检验，研究发现：国企内部控制质量和全要素生产率都是具有股票市场效应的，另外，内部控制提升国企全要素生产率也具有市场效应，内部控制提升国企全要素生产率进而促进股票收益率的提高。

本章充分结合理论分析的内容，针对国企内部控制与全要素生产率之间的关系进行了分析，验证了国企内部控制对其全要素生产率的促进作用，为国企提升全要素生产率提供了理论与现实依据。

第四章

内部控制提升国企 TFP 的机制分析

前面章节中已经对企业内部控制能够促进国企全要素生产率的提升进行了理论分析和实证检验。要想深入探讨这一问题，就需要挖掘其影响机制是什么、有哪些影响机制？与一般的公司相比较，国企经营者或者管理层也是委托代理关系下的代理人，其行为同样需要激励与约束，激励机制与约束机制是内部控制的重要机制。另外，董责险作为一种风险管控的保险机制，越来越受到上市公司青睐。保险机制既是企业内部控制中的一项控制活动，也是一种风险转移的策略。因此，本章选取激励机制、约束机制与保险机制来深入分析企业内部控制促进国企全要素生产率的作用机制。

第一节　内部控制提升国企 TFP 的激励机制

一、激励机制的理论分析与研究假设

（一）高管激励与国有企业全要素生产率

在现代企业经营权与所有权两权分离的情况下，高管与股东之间存在信息不对称与利益不完全一致的情况，从而会衍生出代理问题。高管的薪酬主要来源是工资与奖金收入，工资相对固定，奖金则大多与企业绩效挂钩，因

此高管可能会为了追求优秀的短期业绩而舍弃公司的长远利益，从而导致无法实现股东权益最大化；股东的收入来源主要是获得公司的分红，其利益方向是追求实现股东利益的最大化。为了解决代理问题，使高管与股东的利益方向实现趋同，股东往往会选择采取激励的方式以促进两者利益实现一致。常见的激励为股权激励与薪酬激励，即公司业绩达到目标水平后，向高管发放薪酬奖励或股权奖励。王旭乔和张泓（2022）认为现金激励具有可预见性，满足高管的当期利益需求，而股权激励则存在浮动性，收益期相对滞后。优秀的企业全要素生产率追求在既定的环境资源下提高生产效率，而这也正是公司业绩目标的关键之一，因为可以猜想企业全要素生产率与高管激励之间存在因果关系。郑玲和周晓雯（2019）分别从薪酬激励与股权激励的角度对管理层的投资行为进行分析，认为薪酬激励更能抑制管理层的无效率投资行为，股权激励对无效率投资行为的抑制效果却并不显著；郭毓东和洪扬（2023）发现高管的薪酬激励可以促进相关企业的绿色创新，企业的有效率投资与企业的绿色创新在一定程度上能反映出企业的全要素生产率。黄贤环和王瑶（2020）针对限薪令政策是否会影响国有企业全要素生产率，研究发现，三次限薪政策都显著抑制了国有企业全要素生产率的提升。

在股权激励与现金激励所组成的激励体系中，现金激励是对高管过去及当期表现的认可，而股权激励则是对其未来价值预期的认可，是公司期待管理层将来能作出更多的贡献而派发的奖励。

（1）薪酬激励方面。陈修德（2015）探究了高管货币薪酬激励与企业研发效率之间的关系，并猜想强化货币薪酬会对企业高管产生激励效应，有利于缓解高管与股东在研发投资决策及研发活动实施过程中的委托代理问题，从而起到提升企业研发效率的作用，并综合利用线性回归模型与随机前沿分析模型进行实证分析，研究发现，高管货币激励可以有效提高企业的全要素生产率。曹沥伟和周凯（2022）基于双重差分模型的研究，发现提升员工的薪资能够提升企业内部员工的工作积极性，促使其更努力地为企业工作。这一切效应反映在指标上，就是企业全要素生产率的提升。何玉润和林慧婷等（2015）从“行业内市场势力”和“行业间市场竞争”两个维度进行分析，得出了高管激励水平的提高有利于增强高管创新意愿，货币薪酬激励可以显著增加产品市场竞争对企业创新的正向影响的结论。

（2）股权激励方面。盛明泉和蒋世战（2019）基于制造业的企业样本数据，检验高管股权激励与企业全要素生产率之间的关系，经过论证发现，高管股权激励正向影响企业全要素生产率，进一步检验发现，高管股权激励通过促进企业的研发投入，进而影响企业全要素生产率。吕长江和张海平（2011）通过理论和实证分析，发现股权激励机制有助于抑制上市公司的非效率投资行为，具体来说，相比非股权激励公司，推出股权激励方案的公司抑制了投资过度行为，也缓解了投资不足的问题，从而在一定程度上反映股权激励可以正向影响企业的全要素生产率。2006 年 9 月，国资委、财政部印发了《国有控股上市公司（境内）实施股权激励试行办法》，2020 年 4 月，国资委发布了《中央企业控股上市公司实施股权激励工作指引》，这些制度使国有上市公司股权激励更加规范，在进行股权激励时更有章可循。

综上，提出如下假设：

假设 1a：高管的薪酬激励可以提高国有上市企业的全要素生产率；

假设 1b：高管的股权激励可以提高国有上市企业的全要素生产率。

（二）内部控制、高管激励与全要素生产率

内部控制是指企业内部在计划、控制、决策中的管理过程，旨在为实现与运营、报告和合规相关的目标提供合理保证。内部控制系统主要包括：内部环境、风险评估、控制活动、信息与沟通、监督等五点。董事会等内部管理成员通过实施良好的内部控制，可以缓解现代公司中因两权分离所带来的利益矛盾，同时也可以降低公司内部的信息不对称，使公司内部权责更加透明，实现公司内部良性运转。全要素生产率（TFP）则反映的是生产过程中在控制资源、资本、人力等外来输出时对生产增长率的部分，其包括资源分配效率、技术生产效率等非物质的生产相关的配置效率，Robert Merton Solow 称其为“非具体化的技术进步”。内部控制的有效实施可以推动企业技术创新能力的提升，同时具备监督和激励机制，有助于减少高管道德风险并增强他们对技术创新决策的积极性。此外，有效的内部控制还能够提高资源配置效率，因为企业本质上是建立在资源配置基础上的一系列契约关系的组合。因此，通过弥补契约缺陷，内部控制为提升资源配置效率提供了可能性。如何对现有资源的高效运用是解释其全要素生产率的关键，而内部控制包含了对生产过程中的环境控制、活动控制等范围，二者之间存在交集，因此可以猜想他们之间存在因果关系。李闯和白俊（2021）通过对企业内部组织结构的分析，发现好的内部控制对分散的组织结构具有良好的促进作用，从而可以

有效地提高企业的全要素生产率；钱佳亮等（2022）在考虑到企业内部的风险管理与经理人的机会主义倾向的背景下，提出了内部控制可以提高企业全要素生产率的假设，并在后续的分析中得到了验证。吴传荣和夏冰（2023）以成本黏性为切入点，并运用中介回归模型等方法，检验了内部控制能够显著提升企业全要素生产率，并且有效的内部控制可以通过抑制成本黏性进而提升企业全要素生产率。

周咏梅等（2023）探究了国有企业混改与内部控制的关系，认为内部控制作为中介变量可以促进企业的创新，而李晓庆和李萌菡（2022）的研究发现，激励机制可以作为中介效应从而在国有企业混改下提高企业全要素生产率，企业的创新性在一定程度上可以视为企业全要素生产率的表现之一。赵庆国和郭唱（2023）从双因素理论出发，探究了农业上市企业的股权激励与内部控制之间的关系，发现内部控制表现与股权激励强度显著正相关，越高的股权激励强度能更好地促进内部控制。Xue－Xia Xu 等（2017）则基于沪深股市 2012—2014 年的数据分析，发现上市公司内部控制有效性与薪酬激励之间存在显著的正相关关系，而股权激励虽呈线性，但并不显著。逯东等（2014）通过对国有上市企业 CEO 激励机制的研究，从薪酬激励与股权激励两个方面，均得出了企业内部控制与高管激励正相关。

综上所述，提出如下假设：

假设 2a：企业内部控制可以通过高管薪酬激励从而提升国有企业全要素生产率；

假设 2b：企业内部控制可以通过高管股权激励从而提升国有企业全要素生产率。

二、激励机制的研究设计

（一）样本选择与数据来源

本节选取 2008—2021 年的国有上市公司为研究对象，并对所选取样本进行如下处理：（1）剔除金融行业的上市公司样本；（2）剔除 ST、*ST 的样本；（3）对样本进行 1% 和 99% 分位的双缩尾处理。内部控制指数来自迪博（DIB）数据库，其他数据来自国泰安（CSMAR）数据库。

（二）变量说明

（1）被解释变量。全要素生产率（TFP），鲁晓东和连玉君（2012）认为

Olley－Pakes 法（简称 OP 法）可以解决偏差性问题，而 Levin－Petrin 法（简称 LP 法）则可更灵活地选择控制变量，两种方法可以有效处理数据的内生性问题。本节采用 OP 法对全要素生产率进行刻画。之后，本节采用 LP 法、GMM 法等进行稳健性检验。

（2）解释变量。内部控制质量（ICQ）。采用迪博公司内部控制指数进行衡量，该指数得分越高，则企业内部控制质量越好。

（3）中介变量。高管激励，企业中最常见的激励为薪酬激励与股权激励。基于陈修德（2015）及李晓庆（2022）等的研究，本节以管理层前三名薪酬总额的自然对数作为薪酬激励的解释变量，以管理层持股比例作为股权激励的解释变量。

（4）控制变量。基于相关研究，本节选取公司规模、财务杠杆、公司成长、产权性质、资产回报率、企业年龄、董事会规模、独董比例、股权集中度、资产周转率、行业、年份、两职合一、现金流比率、销售毛利率、流动比率作为控制变量。

具体变量及界定如表 4－1 所示。

表 4－1　　变量定义及说明

类型	名称	符号	定义及相关说明
被解释变量	全要素生产率	*TFP_OP*	OP 法测算的企业全要素生产率
		TFP_LP	LP 法测算的企业全要素生产率
		TFP_GMM	GMM 法测算的企业全要素生产率
解释变量	内部控制	*IC*	内部控制指数的对数，反映内部控制有效性的程度
中介变量	薪酬激励	*TMTPay*1	管理层前三名薪酬总额的自然对数
	股权激励	*Mshare*	管理层持股比例
控制变量	公司规模	*Size*	年末总资产的自然对数
	财务杠杆	*Lev*	年末总负债/年末总资产
	公司成长	*Growth*	本年营业收入/上一年营业收入－1
	产权性质	*SOE*	国企为 1，否则为 0
	资产回报率	*ROA*	净利润/总资产平均余额
	企业年龄	*FirmAge*	ln（当年年份－公司成立年份＋1）
	董事会规模	*Board*	董事会人数取自然对数
	独董比例	*Indep*	独立董事除以董事人数
	股权集中度	*Herfindahl*3	公司前三位大股东持股比例的平方和

续表

类型	名称	符号	定义及相关说明
控制变量	资产周转率	*ATO*	营业收入/平均资产总额
	行业	*Industry*1	行业虚拟变量
	年份	*year*	年份虚拟变量
	两职合一	*Dual*	董事长与总经理是同一个人为1，否则为0
	现金流比率	*Cashflow*	经营活动产生的现金流量净额/总资产
	销售毛利率	*GrossProfit*	（营业收入－营业成本）/营业收入
	流动比率	*Liquid*	流动资产/流动负债

（三）模型设计

为探究高管激励对企业全要素生产率的影响，建立回归模型（4－1）进行分析：

$$TFP_{it} = \beta_0 + \beta_1 incentive_{it} + Controls + \sum Industry1 + \sum year + \varepsilon_{it} \quad 式（4-1）$$

其中，incentive 为薪酬激励（TMTPay1）或股权激励（Mshare）。

基于温忠麟等学者的研究，为研究激励机制在内部控制提升企业全要素生产率方面的中介效应，构建模型（4－2）至模型（4－4）进行探究。

$$TFP_{it} = \alpha_0 + \alpha_1 IC_{it} + Controls + \sum Industry1 + \sum year + \varepsilon_{it} \quad 式（4-2）$$

$$incentive_{it} = \gamma_0 + \gamma_1 IC_{it} + Controls + \sum Industry1 + \sum year + \varepsilon_{it} \quad 式（4-3）$$

$$TFP_{it} = \delta_0 + \delta_1 incentive_{it} + IC_{it} + Controls + \sum Industry1 + \sum year + \varepsilon_{it} \quad 式（4-4）$$

在上述模型中，i，t 表示不同的企业与年份，*Controls* 表示所选的控制变量，ε_{it}表示随机扰动项。

三、激励机制的实证结果与分析

（一）描述性分析

利用 stata18 进行描述性分析，输出结果如表 4－2 所示。在内部控制方面，IC 最小值为 5.391，最大值为 6.537，且方差为 0.031，平均值为 6.47，说明在国有企业中，各企业的内部控制差异较小；在全要素生产率方面，无论是 OP 法、LP 法还是 GMM 法，其极大值与极小值差异较大，并且其标准差也比大部分变量的标准差大，说明各个国有企业的全要素生产率水平差异较大。此外，所有变量（二分类变量除外）均在柯尔莫戈洛夫—斯米诺夫正态性检验中显著，说明数据满足正态分布，适合进行回归分析。

表 4－2 主要变量的描述性统计

变量	样本量	均值	标准差	最小值	最大值
IC	13773	6.47	0.031	5.391	6.537
TFP_OP	12162	6.86	0.961	2.796	11.049
TFP_LP	12162	9.41	1.186	5.615	13.556
TFP_GMM	12151	3.43	0.962	0.231	8.644
*TMTPay*1	14830	14.41	0.804	10.306	17.802
Mshare	13901	0.01	0.032	0.000	0.576
Size	14860	22.77	1.656	13.076	30.867
Lev	14860	0.53	0.276	0.002	13.629
Growth	14082	9.89	1134.34	－2.733	134607.1
ROA	14518	0.03	0.100	－1.561	7.249
FirmAge	14861	2.91	0.356	0.000	4.007
Board	14860	2.21	0.205	0.693	2.944
Indep	14860	0.37	0.058	0.000	0.800
*Herfindahl*3	14860	0.19	0.131	0.003	0.794
ATO	14092	0.70	0.605	0.000	9.689
Dual	14861	0.10	0.294	0.000	1.000
Cashflow	14860	0.05	0.523	－4.270	62.790
GrossProfit	14398	0.24	0.172	－2.767	1.154
Liquid	14417	1.77	2.177	0.000	68.966

（二）相关性检验

对相关变量进行 person 相关性检验（考虑篇幅，相关系数表省略），结果显示，内部控制与薪酬激励在 1% 的水平上显著，且系数为正，正向影响企业全要素，与假设 1 一致。公司规模、财务杠杆、产权性质、资产回报率、企业年龄、董事会规模、独董比例、股权集中度、资产周转率、现金流比率也与 TFP_OP 正向显著相关，两职合一、销售毛利率、流动比率则表现为显著负向相关，公司成长与 TFP_OP 的负向相关关系并不显著。

（三）内部控制、薪酬激励与全要素生产率

为了研究薪酬激励与全要素生产率之间的相关假设，对模型（4－1）进行回归分析，得到表4－3 的回归结果：列（1）中内部控制的系数在1%的水平上显著，说明其对国有企业的全要素生产率存在正向的影响；列（2）反映的是薪酬激励与国有企业全要素生产率的关系，在1%的水平上显著，表明薪酬激励对国有企业全要素生产率发挥着正向的影响作用。从而验证了假设1a。即好的内部控制和薪酬激励都可以有效地提高国有企业的全要素生产率。

表4－3　　薪酬激励与全要素生产率的回归分析

	列（1）	列（2）
	TFP_OP	*TFP_OP*
IC	0.470***	
	(3.042)	
TMTPay1		0.087***
		(11.189)
Size	0.393***	0.376***
	(93.581)	(83.302)
Lev	0.370***	0.390***
	(11.640)	(12.601)
Growth	-0.000	-0.000
	(-1.496)	(-1.344)
ROA	2.382***	2.007***
	(23.404)	(21.827)
FirmAge	0.027	0.018
	(1.596)	(1.086)
Board	-0.142***	-0.153***
	(-5.794)	(-6.289)
Indep	-0.236***	-0.205**
	(-2.919)	(-2.568)
Herfindahl3	0.132***	0.170***
	(3.450)	(4.435)
ATO	0.661***	0.663***
	(66.165)	(66.654)

续表

	列（1）	列（2）
	TFP_OP	*TFP_OP*
Dual	-0.001	-0.001
	(-0.087)	(-0.044)
Cashflow	0.139**	0.169***
	(2.178)	(2.690)
GrossProfit	-0.786***	-0.753***
	(-20.017)	(-19.580)
Liquid	0.019***	0.020***
	(7.840)	(8.318)
Ind	Yes	Yes
Year	Yes	Yes
_cons	-5.763***	-3.479***
	(-5.833)	(-26.902)
N	11846	12138
Adj. R^2	0.7834	0.7827

注：表中括号内的数值为 t 统计量的值；回归系数上，*** 为 1% 显著，** 为 5% 显著，* 为 10% 显著。

基于前文对内部控制与薪酬激励的相关理论研究与文献分析，深入探究薪酬激励对国有企业全要素生产率的激励机制分析，在周咏梅等（2023）学者相关研究基础上，运用逐步回归、Sobel 法与 Bootstrap 抽样法以探究内部控制通过薪酬激励机制对国有企业全要素生产率的中介效应。

探究薪酬激励是否存在内部控制对企业全要素生产率的中介效应，利用模型（4-2）、模型（4-3）、模型（4-4）进行中介效应的检验。参考温忠麟等（2005）的方法，先采取逐步回归的方法，对其中介效应进行检验。检验结果如表 4-4 所示。

表 4-4　　内部控制对薪酬激励中介效应的逐步法检验

	列（1）	列（2）	列（3）
	TFP_OP	*TMTPay1*	*TFP_OP*
IC	0.455***	0.981***	0.407***
	(3.01)	(5.98)	(2.70)

续表

	列（1）	列（2）	列（3）
	TFP_op	*TMTPay*1	*TFP_op*
*TMTPay*1			0.0800***
			(10.54)
controlvars	Yes	Yes	Yes
N	12394	13925	12373
r^2_*a*	0.782	0.532	0.784

注：表中括号内的数值为 t 统计量的值；回归系数上，*** 为 1% 显著，** 为 5% 显著，* 为 10% 显著。

在薪酬激励机制的中介效应检验中，列（1）显示 IC 的系数为 0.455，且在 1% 的显著性水平下正相关，进一步说明内部控制正向影响国企 TFP；列（2）显示 IC 的系数为 0.981，且在 1% 的显著性水平下正相关，说明内部控制正向影响企业的薪酬激励机制。以 TMTPay1 为中介变量加入模型，形成模型（4－3），其 IC 回归结果为 0.407，且在 1% 的水平上显著，表明薪酬激励机制对内部控制与国企 TFP 的中介效应是成立的。研究假设 2a 通过了检验。

为增加稳健性，本节再采取 Sobel 法与 Bootstrap 抽样法对其中介效应进行检验，使用 Sobel 法进行回归，回归结果如表 4－5 所示。

表 4－5　　内部控制对薪酬激励中介效应的 Sobel 法检验

参数名	参数值
Sobel	0.049***
Aroian	0.049***
Goodman	0.049***
a_coefficient	0.615***
b_coefficient	0.080***
Indirect_effect_aXb	0.049***
Direct_effect_c'	0.407***
Total_effect_c	0.456***

注：*** 为 1% 显著，** 为 5% 显著，* 为 10% 显著。

在回归结果中，Goodman 系数为 0.049，并且在 1% 的水平上显著，说明其存在中介效应，此外，交乘项的间接效应、直接效应、总效应均在1%的水平上正向显著，说明在Sobel法下，内部控制通过薪酬激励的中介效应影响企业的全要素生产率。

Bootstrap法是一种从样本中重复取样的方法，可以有效避免Sobel法中对交乘项需要正态分布的要求，其检验结果如表4-6所示。

表4-6　　内部控制对薪酬激励中介效应的Bootstrap法检验

参数名	参数值
_bs_1	0.0492**
	(3.12)
_bs_2	0.407*
	(2.37)
_bs_3	0.456**
	(2.63)
N	12373

t statistics in parentheses

_bs_1：*r*（*ind_eff*）

_bs_2：*r*（*dir_eff*）

_bs_3：*r*（*tot_eff*）

* $p<0.05$, ** $p<0.01$, *** $p<0.00$

其回归结果显示，薪酬激励的间接效应、直接效应与总效应均显著，说明在Bootstrap法下，内部控制的中介效应成立。因此，国有企业旨在提高企业全要素生产率以实施薪酬激励时，在考虑到内部控制的中介效应情况下，应同时改善国有企业的内部控制，以实现薪酬激励对全要素生产率总效应的最大化。

综上所述，假设2a成立。

（四）内部控制、股权激励与全要素生产率

为了探究股权激励与企业全要素生产率的关系，将模型（4-1）中解释变量替换为股权激励，分别按股权激励持股比例和是否实施股权激励进行回归分析，结果如表4-7所示。列（1）和列（2）中，股权激励持股比例（Mshare）的系数为0.428，且在1%显著性水平上显著，是否实施股权激励（dum_Mshare）的系数为0.019，且在5%显著性水平上显著。总体上来讲，股权激励显著地正向影响国有企业的全要素生产率，因此假设1b成立。

表 4-7　　股权激励与全要素生产率的回归检验

变量	列（1）	列（2）
	TFP_OP	TFP_OP
Mshare	0.428***	
	(4.402)	
dum_Mshare		0.019**
		(2.029)
controlvars	Yes	Yes
_cons	-2.443***	-2.445***
	(-21.194)	(-21.711)
N	11976	12729
R-Square	0.770	0.769
Adj. R-Square	0.77	0.77

注：表中括号内的数值为 t 统计量的值。

为了探究股权激励是否存在内部控制对企业全要素生产率的中介效应，利用模型（4-2）、模型（4-3）、模型（4-4）进行中介效应检验。参考温忠麟等（2005）的方法，先采取逐步回归的方法，对其中介效应进行检验。检验结果如表 4-8 所示。

表 4-8　　内部控制对股权激励中介效应的逐步法检验

	列（1）	列（2）	列（3）
	TFP_OP	dum_Mshare	TFP_OP
IC	3.482***	1.868***	3.405***
	(17.512)	(4.75)	(17.206)
dum_Mshare			0.139***
			(11.585)
controlvars	Yes	Yes	Yes
_cons	-18.910***	-14.197***	-18.394***
	(-14.708)	(2.543)	(-14.375)
N	12393	13872	12393
R^2/Pseudo R^2	0.605	0.072	0.609
Adj. R^2	0.60		0.61

注：表中括号内的数值为 t 统计量的值。

在股权激励机制的中介效应检验中，列（1）显示IC的系数为3.482，且在1%的显著性水平下正相关，进一步说明内部控制正向影响国企TFP；列（2）显示IC的系数为1.868，且在1%的显著性水平下正相关，说明内部控制正向影响企业的股权激励机制。以股权激励机制（dum_Mshare）为中介变量加入模型，形成模型（4-3），其IC回归结果为3.405，且在1%的水平上显著，表明股权激励机制对内部控制与国企TFP的中介效应是成立的。

为增强稳健性，本节采取Sobel法与Bootstrap抽样法对其中介效应进行检验，其检验结果如下：

使用Sobel法进行回归，回归结果如表4-9所示。Sobel法通过检验相关系数的乘积是否显著以确定其是否存在中介效应，其检验效力高于逐步回归法。

表4-9 内部控制对股权激励中介效应的Sobel法检验

参数名	参数值
Sobel	0.077***
Aroian	0.077***
Goodman	0.077***
a_coefficient	0.558***
b_coefficient	0.139***
Indirect_effect_aXb	0.077***
Direct_effect_c'	3.405***
Total_effect_c	3.482***

注：***为1%显著，**为5%显著，*为10%显著。

在回归结果中，Goodman系数为0.077，并且在1%的水平上显著，说明其存在中介效应，此外，交乘项的间接效应、直接效应、总效应均在1%的水平上正向显著，说明在Sobel法下，内部控制通过股权激励的中介效应影响企业的全要素生产率。

Bootstrap法是一种从样本中重复取样的方法，可以有效避免Sobel法中对交乘项需要正态分布的要求，其检验结果如表4-10所示。

其回归结果显示，股权激励的间接效应、直接效应与总效应均显著，说明在Bootstrap法下，内部控制的中介效应成立。因此，国有企业旨在提高企业全要素生产率以实施股权激励时，在考虑到内部控制的中介效应情况下，

表 4－10 内部控制对薪酬激励中介效应的 Bootstrap 法检验

参数名	参数值
_bs_1	0.0773***
	(3.34)
_bs_2	3.405***
	(5.57)
_bs_3	3.482***
	(5.60)
N	12393

t statistics in parentheses

_bs_1：*r*（*ind_eff*）

_bs_2：*r*（*dir_eff*）

_bs_3：*r*（*tot_eff*）

* $p<0.05$, ** $p<0.01$, *** $p<0.00$

应同时改善国有企业的内部控制，以实现股权激励对全要素生产率总效应的最大化。

综上所述，假设 2b 成立。

（五）稳健性与内生性检验

1. 更换被解释变量

为了使研究结论更加稳健，采取更换被解释变量的方法进行稳健性检验。

本节在最初进行回归检验时，采用的被解释变量为 OP 法处理后的全要素生产率，其核心思想是把公司的投资水平作为生产率的代理变量。该方法假定企业根据当前生产率状况作出投资决策，因此用企业的当期投资作为不可观测生产率冲击的代理变量，从而解决了同时性偏差问题。

在稳健性检验中，将 OP 法观测的全要素生产率更换为 LP 法与 GMM 法下计算得出的全要素生产率。前者考虑到并非每一个企业每一年都有正的投资，从而不用投资额作为代理变量，而是代之以中间品投入指标，以提高控制变量的灵活性；后者则可以克服 ACF 提出的在第一步估计中潜在的识别问题；并在考虑序列相关和异方差的情况下，能够得到稳健标准误。

检验结果如表 4－11 所示，回归结果表明，即使更换了被解释变量，回归结果依然与前文回归结果一致，表明结果的稳健性成立。

表 4－11　　更换被解释变量

变量	(1) TFP_LP	(2) TFP_LP	(3) TFP_LP	(4) TFP_GMM	(5) TFP_GMM	(6) TFP_GMM
IC	0.345***			0.612***		
	(2.873)			(3.120)		
*TMTPay*1		0.089***			0.118***	
		(14.630)			(11.896)	
Mshare			1.164***			0.378***
			(6.350)			(3.370)
controlvars	Yes	Yes	Yes	Yes	Yes	Yes
_cons	−8.105***	−6.609***	−0.582***	−4.451***	−1.475***	−5.955***
	(−10.566)	(−65.757)	(−3.763)	(−3.549)	(−9.002)	(−62.897)
N	11846	12138	11401	11835	12127	11411
Adj. R^2	0.9146	0.9139	0.6502	0.6524	0.6521	0.9125

注：表中括号内的数值为 t 统计量的值。

2. 滞后一期相关变量

考虑到薪酬激励、股权激励在发放时无法及时对企业的全要素生产率产生影响，因而产生滞后效应从而导致模型不稳健。为了验证其关系，使模型更加稳健，本节将解释变量进行滞后一期处理，检验结果如表 4－12 所示。

表 4－12　　滞后一期相关变量

	(1) TFP_op	(2) TFP_op
*TMTPay*1_lag	0.072***	
	(9.111)	
Mshare_lag		0.756***
		(5.097)
controlvars	Yes	Yes
_cons	−3.368***	−2.823***
	(−25.279)	(−22.338)
N	11156	10483
Adj. R^2	0.7868	0.7854

注：表中括号内的数值为 t 统计量的值。

回归结果表明，滞后一期的股权激励与薪酬激励与原回归结果符号相同，且系数显著，说明当期的薪酬激励或股权激励会提高下一期的企业全要素生产率，前文的结论较为稳健。

3. 工具变量法

为了尽可能地缓解内生性问题，参考郭毓东（2023）与 Bellemare 等（2017）的研究，采取股权激励与薪酬激励的滞后一期变量作为工具变量（Mshare_lag 与 TMTPay1_lag），运用 2SLS 法进行内生性检验。

股权激励的 2SLS 法回归结果如表 4 - 13 所示，在符号方向与显著性方面并无太大变化，可以认为前文的回归结果稳健。为确保工具变量选择的有效性，对股权激励与薪酬激励分别进行弱工具变量的检验，股权激励检验结果的偏 R^2 为 0. 8499，说明工具变量对内生变量有很强的解释力，另外，最小特征值统计量为 57318. 2，大于“2SLS Size of nominal 5% Wald test”中 10% 所对应的临界值 16. 38，表明股权激励方面不存在弱工具变量问题；薪酬激励的偏 R^2 为 0. 6685，说明其也具有较强的解释力，其最小特征值统计量为 22272. 1，大于“2SLS Size of nominal 5% Wald test”中 10% 所对应的临界值 16. 38，说明薪酬激励方面也不存在弱工具变量的问题。

表 4 - 13　　工具变量检验

VARIABLES	(1) first *Mshare*	(2) second *TFP_OP*	(3) first *TMTPay*1	(4) second *TFP_OP*
Mshare_lag	0. 799 ***			
	(239. 41)			
Mshare		0. 949 ***		
		(5. 12)		
*TMTPay*1*_lag*			0. 796 ***	
			(149. 24)	
*TMTPay*1				0. 091 ***
				(9. 13)
controlvars	Yes	Yes	Yes	Yes
Observations	10221	10221	11145	11145
R - squared	0. 875	0. 787	0. 836	0. 789

注：表中括号内的数值为 t 统计量的值。

综上分析，可以认为前文的分析结果较为可靠。

四、激励机制的研究结论

本节以2008—2021年的国有上市公司为样本，研究了股权激励、薪酬激励和内部控制对国企全要素生产率的影响以及内部控制的中介效应。研究发现：（1）内部控制、薪酬激励和股权激励均能显著提高国有企业的全要素生产率。通过对被解释变量进行替换与滞后一期变量的稳健性检验，并使用工具变量的内生性检验，回归结果仍然不变，说明了回归结果的稳健性。（2）通过逐步回归法、Sobel法和Bootstrap法等多种分析，表明薪酬激励在内部控制提升国有企业的全要素生产率方面存在中介效应。国企内部控制可以通过薪酬激励显著促进全要素生产率的提高。（3）通过对股权激励的中介效应检验，表明股权激励在内部控制提升国有企业的全要素生产率方面存在中介效应。国企内部控制也可以通过股权激励显著促进全要素生产率的提高。

总体来讲，本节理论研究与实证研究表明，国企的激励机制对于内部控制提升国企全要素生产率是具有促进作用的。

第二节　内部控制提升国企TFP的约束机制

一、约束机制的理论分析与研究假设

（一）内部控制与企业全要素生产率

国企作为微观层面提高全要素生产率、推动经济高质量发展的重要主体，对我国的经济发展意义重大。全要素生产率主要来源于技术进步率、组织管理效率、资源配置效率和制度环境（鲁晓东与连玉君，2012）。内部控制作为企业制度环境管理和风险管理的主要工具，通过控制环境、风险评估、与财务报告相关的信息系统与沟通、控制活动、对控制的监督五个部分的相互配合来控制企业风险（郝素利与张丽欣，2022），提高企业经营效率和效果（曹越等，2022），从而影响企业全要素生产率。目前学者关于内部控制对企业全要素生产率的影响未能进行充分的分析，因而有必要进行更为充分的讨论，

提供更为全面的经验证据。

我国《企业内部控制基本规范》总则中明确阐明：内部控制的目标是“合理保证企业经营管理合法合规、资产安全、财务报告及相关信息真实完整，提高经营效率和效果，促进企业实现发展战略”。从内部控制组成部分来看，内部控制实施的基础为内部环境，良好的内部环境能够通过制衡性原则，在企业机构设置、权责分配、业务流程等方面形成相互制约、相互监督的局面，进而降低企业代理成本，提高企业组织管理效率，促进企业全要素生产率增长（郭檬楠和李校红，2020）。李姝等（2022）指出，国有企业改革不仅谋求股权上的融合，更应当实施员工持股计划创造良好的内部环境，使员工积极参与公司决策过程，优化资源配置水平，从而实现生产要素的合理配置，提高企业产出效率。在企业管理层面，公司治理和风险防控犹如硬币的一体两面，缺一不可。对于国企而言，由于其国有资产的属性，全面风险管理显得尤为重要，而内部控制中的风险评估是企业识别相关风险的关键所在，在考虑风险因素的影响后，降低国有企业不合理决策的出现概率，提高资源配置效率，从而提高企业全要素生产率。控制活动使企业对价值链上的各个环节如采购活动、生产过程、物流环节等进行有效控制，及时纠正各环节发生的不具主观故意性的随机错误（Doyle et al.，2007；Ashbaugh - Skaife et al.，2008），提高资本要素配置效率。良好的信息传递可以使投资者及时掌握上市公司经营情况，公司信息融入到市场当中，降低股价崩盘的可能性（李京京和夏志杰，2021），同时内外部及时的信息传递与有效的沟通交流不仅能够减少不必要的时间浪费，更能发挥信号传递功能，也能降低信息不对称程度，提高企业内部运行效率（Franco F et al.，2016）从而提高企业全要素生产率。国企公司治理层面，存在所有者缺位形成的“廉价投票权”现象，使国家难以对国企经营进行有效的监督，这就更加需要国企进行内部监督，国企可以通过管理层或内控部门高效的内部监督优化生产流程，动态调整生产要素的投入，减少生产运营活动中的浪费，实现资源合理配置以提高生产效率。

从内部控制整体来看，盛明泉和蒋世战（2019）表明，内部控制治理效应的有效发挥既有利于国有企业和非国有企业制定合理的薪酬激励计划，也可以降低股东与管理层之间的代理成本，进而优化两类企业的资源配置效率和管理水平，从而影响全要素生产率。存在内部控制缺陷的企业与不存在内部控制缺陷的企业相比，前者有较高的融资约束，并且随着企业内部控制缺陷程度的增加，企业将面临更高的融资约束（顾奋玲和解角羊，2018），而融资约束削弱了国有企业应对外部市场的灵活性、降低了技术创新的有效投入以及企业自身的投资价值，从而对国有企业全要素生产率提升具有抑制作用（张庆国和黄杏子，2021）。内部控制能够在国企的组织架构设计、流程划分和权责分配等活动中构建权力约束与风险防御机制，并且高质量的内部控制可以提高国企的创新能力，进而促进企业价值和全要素生产率的提升。

（二）内部控制、预算约束与企业全要素生产率

《国务院关于进一步深化预算管理制度改革的意见》中强调以深化供给侧结构性改革为主线，进一步完善预算管理制度，切实强化预算约束，可见，预算约束在全面建设社会主义现代化国家当中发挥着重大作用。科尔奈（1986）对预算软约束进行了经典解释，将其原因归结为社会主义集权体制下政府对企业的"父爱主义"，以及政府追求就业目标或政治支持等。我国学者林毅夫和谭国富（2000）认为预算约束可能是缺乏自生能力的国有企业通过政府获得信贷支持且由政府作为责任归属者而造成的。已有研究表明，深入供给侧结构性改革，逐渐消除预算软约束问题，突出市场在资源配置中的决定作用，不仅可以实现降低宏观杠杆率的政策目的，还能提升全要素生产率（孟宪春等，2020）。Zhao 和 Kumbhakar（2019）发现财务约束与企业生产率之间存在倒 U 形关系。如果将典型的无约束企业的财务约束水平调整到生产率最大化水平，则在控制企业特定特性后，其生产率在短期内将提高 11%，在长期内将提高 16%。对于我国的信贷市场来说，政府在信贷资源的配置方面仍然具有决定性的影响（方军雄，2007），政府利用这种权力，导致债权资金对国有企业的约束力被软化、降低负债的约束性、弱化企业调整资本结构动力的结果（盛明泉等，2012），这显然会影响国有企业的资源使用效率，进而降低国有企业的经营效率。企业内部控制的核心功能就是风险管理，在低质量内部控制企业中，预算弱化以及预算软约束问题导致的风险也难以识别与应对，因而也会增加企业的预算软约束程度；反之亦然，在高质量内部控制企业中，对于预算软约束问题的风险会准确识别并加以控制，甚至提前规避，所以企业的预算软约束程度较低，企业约束程度会增强。由此，提出以下假设：

假设 1：预算软约束在内部控制对企业全要素生产率的影响过程中发挥了中介作用，降低了内部控制对企业全要素生产率的促进作用。

（三）内部控制、产能约束与企业全要素生产率

根据现有文献，政府干预和市场失灵下的企业过度投资行为是加剧产能过剩的主要原因之一。企业微观管控行为失效，也导致了企业产能效率低下（Jensen，1993）。当企业具有高质量的内部控制制度时，企业产能过剩问题就能得到有效抑制。首先，高质量的内部控制可以抑制委托代理下的自利行为引发的过度投资（李万福等，2011），对管理层的决策起到约束作用。内部控制下的分权控制有利于管理层之间相互监督和制约，降低委托代理下的信息不对称的影响（何小钢等，2021），加强对投资活动的控制，避免决策者为谋取个人利益而过度投资。其次，高质量的内部控制往往具有良好的管理层激励。科学有效的激励机制可以调动管理层的工作积极性，有助于其更加科学理性地制定经营投资决策（朱未萍和项惠会，2017），遵循产业结构升级的政策导向，进而起到抑制过度投资的效果。最后，内部控制系统可以通过提升风险评估水平加强抗风险能力，企业能够明确识别产能过剩带来的风险，通过风险分析能力判断其发生的可能性和影响程度，并制定化解过剩产能的策略。同时，有效的内部控制可以提高会计信息质量和企业信息透明度（王海林和武若男，2021），企业根据这些资料可以更好地掌握自身和竞争对手的财务信息，对行业和市场情况建立准确的认识，结合自身的成本和产出水平，客观地判断企业产能利用率水平，以及是否存在产能过剩现象，进而对发展战略进行相应调整。产能过剩是一个反向指标，而产能利用率则是一个正向指标，当企业存在产能过剩时，表明企业的产能利用率较低。

产能利用率与其他经济指标之间的关系是近年来的研究热点。大量文献从要素价格、投资、技术进步、产业政策等角度出发，考察相关因素对企业行业产能利用率的影响。与此同时，也有文献将产能利用率作为解释企业行为的依据。但是从产能角度出发直接研究其与全要素生产率关系的尝试较少。程俊杰和刘志彪（2015）利用中国制造业行业面板数据构建模型，分析指出产能利用率变动对要素配置扭曲的代理变量全要素生产率具有显著的正向影响，说明产能过剩会导致全要素生产率的下降。付才辉（2015）通过建立博弈和计量模型也对这一问题展开了探讨。这两项研究均显示产能利用率与技术水平在行业层面存在关联的可能性。杭静等（2021）在资源错配测算框架中引入产能利用率，将其和资源配置效率在企业层面结合起来。事实上，要素市场存在扭曲即意味着要素流动受限，扭曲造成要素无法始终配置于效率

最高的部门，最终导致相应的社会效率损失。产能利用率可能能够通过反映要素配置现状进而反映全要素生产率变动，为本节从产能利用率出发探究生产效率问题提供了依据。

劳动或资本要素是否被充分利用是相对的，那么，产能利用率处于较低水平时便意味着企业所投入的资本要素诸如机器设备等大量闲置，高效利用现有产能将是决策者的首要任务。企业缺乏新增投资和研发新技术的动力，而现有资产的低效利用同时阻碍了干中学过程；反之，当产能利用率处于一个健康水平并保持增长时，企业对现有设备的利用率达到了预期。因此，一方面能够投入更多的资源参与研发活动，另一方面具有较高的产能利用率意味着在其他条件相同时企业产出更大，加速了通过干中学效应累积生产经验的过程（任韬和张潇潭，2023）。

基于上述分析，本节提出如下假设。

假设2：高质量的内部控制能够提高企业产能利用率，进而提升企业全要素生产率。

（四）内部控制、合规约束与企业全要素生产率

公司违法违规行为将提高债权人的信息甄别成本和由于道德风险带来的损失，进而增加债权人的信贷风险，因为企业的违法违规行为具有较强专业性和隐蔽性。根据信贷配给理论，为了弱化甚至规避信息不对称潜在的风险问题，银行往往会根据自己的收益曲线来确定最优贷款利率和贷款规模，很可能会直接拒绝与较难获得信息的企业进行信贷交易（王腊芳等，2023），使企业不能及时且足够地获取资金支持，影响到企业的资源配置和技术进步，从而影响到企业的全要素生产率。同时，企业违规不仅产生自身声誉的损失、降低公司股票价格以及提高风险溢价水平，还影响资本市场运作效率，也会在一定程度上影响企业全要素生产率。因此建立合规约束制度对于企业价值提升、缓解融资约束等具有重要作用。相关研究表明，内部控制与中注协约谈监管强度能够有效抑制企业违法违规行为（李晓慧，2022）。单华军（2010）利用2007—2008年上市公司的经验证据发现内部控制缺陷越多的上市公司，受到诉讼和违规处罚的可能性就越大。这些研究结果说明内部控制可以在很大程度上减少企业违法违规行为的发生。因此，国有企业想要提升资产配置效率、获取资金支持、缓解融资约束，可以通过遵守法律法规以达到此目的。

由此，提出如下假设。

假设 3：合规约束在内部控制与企业全要素生产率之间起到了调节效应，即内部控制降低了企业违法违规行为，从而提升了企业全要素生产率。

二、约束机制的研究设计

（一）样本选取与数据来源

本节选择 2008—2021 年国有上市公司为研究样本。企业内部控制的相关数据来自迪博数据库，其他数据均来自国泰安数据库。本节对样本进行如下处理：（1）剔除金融企业。（2）剔除 ST 企业。（3）删除财务数据的缺失值。最终得到 10834 个样本。

（二）变量设定

1. 被解释变量：全要素生产率

目前对企业全要素生产率的经典估计方法主要为 LP 法、OP 法。本节参考鲁晓东和连玉君（2012）采用 LP 法对企业全要素生产率进行估计。其一，OP 法需要使用投资作为代理变量，且代理变量（投资）与总产出之间始终保持单调的关系，这意味着样本中投资额为零的企业全要素生产率无法被估计。其二，OP 法必须考虑企业进入、退出情况来构建退出变量，而本节使用的是非平衡面板数据，因此使用 OP 法可能会产生一定偏误。因此，本节主要采用 LP 法对企业全要素生产率进行估计。

2. 解释变量：内部控制

借鉴许志勇等（2022）的做法，本节采用深圳 DIB 数据库披露的“内部控制指数”，并将其取自然对数后作为度量内部控制质量的代理变量。该指标数值越大，表明内部控制质量越高。

3. 中介变量

（1）预算约束，参考林毅夫等（2008）用利息支出占债务的比重乘以 100 来反映企业预算软约束程度；（2）产能约束，用产能利用率（CU）表示，参照颜晓畅和黄桂田（2020）的做法，选择营业收入、固定资产净额和企业员工人数三个指标，使用道格拉斯生产函数对潜在产出 Y^* 进行估算，最后得到企业产能利用率（CU）为实际产出 Y 和潜在产出 Y^* 的比值，比值越小，说明企业产能过剩越严重；（3）合规约束使用当年是否违规进行衡量，如果当年违规，则为 1，否则为 0。

4. 控制变量

本节选择的控制变量包括：企业规模（Size）、公司成长性（Growth）、资产收益率（ROA）、管理费用率（Mfee）、独立董事比例（Indep）、两职合一（Dual）、管理层持股比例（Mshare）、市场化水平（Market）以及年度（year）和行业（industry）虚拟变量。

具体变量定义如表 4－14 所示。

表 4－14　　主要变量定义

变量	变量名称	变量符号	变量定义
被解释变量	全要素生产率	*TFP_lp*	采用 LP 法测算企业全要素生产率
解释变量	企业内部控制	*IC*	采用深圳 DIB 数据库披露的“内部控制指数”，并将其取自然对数后作为度量内部控制质量的代理变量
中介变量	预算约束	*Soft*	利息支出占债务的比重乘以 100，反映企业预算软约束程度
	产能约束	*CU*	实际产出 Y 和潜在产出 Y^* 的比值
调节变量	合规约束	*violation*	公司当年是否违规违法，违规为 1，否则为 0
控制变量	公司规模	*Size*	年末总资产（以万元为单位）的自然对数
	资产收益率	*ROA*	净利润除以总资产平均余额
	公司成长性	*Growth*	本年营业收入除以上一年营业收入的值减去 1
	管理费用率	*Mfee*	管理费用除以营业收入
	独立董事比例	*Indep*	独立董事除以董事人数
	两职合一	*Dual*	董事长与总经理是同一个人为 1，否则为 0
	管理层持股比例	*Mshare*	董监高持股数量 / 总股本数量
	市场化水平	*Market*	用《中国分省份市场化指数报告》披露的各省份市场化数据表示

（三）基准研究模型

基准研究模型参见式（4－5）。

$$TFP\_lp_{i,t} = \alpha_0 + \alpha_1 IC + \alpha_2 Controls_{i,t} + \sum year + \sum industy + \varepsilon_{i,t}$$

式（4－5）

其中，*TFP_lp* 代表企业全要素生产率；*IC* 代表内部控制；*Controls* 代表其他控制变量。

三、约束机制的实证结果与分析

（一）描述性统计与相关性分析

1. 描述性统计

表4－15报告了本节主要变量的描述性统计结果。结果显示：样本公司内部控制质量（IC）的最大值为6.819，最小值为5.791，均值为6.498，表明样本公司的内部控制质量存在较大差异。控制变量中，公司规模、资产收益率、公司成长性、管理费用率的极值或标准差表明公司间差异较大。企业全要素生产率的最大值为12.244，最小值为6.946，平均值为9.429。

表4－15　变量描述性统计

VarName	Obs	Mean	SD	Median	Min	Max
TFP_lp	10834	9.429	1.164	9.331	6.946	12.244
IC	10834	6.498	0.141	6.517	5.791	6.819
Size	10834	13.483	1.409	13.310	10.873	17.629
ROA	10834	0.035	0.050	0.031	－0.139	0.193
Growth	10834	0.149	0.380	0.093	－0.522	2.473
Mfee	10834	0.077	0.059	0.062	0.007	0.351
Indep	10834	0.370	0.055	0.333	0.300	0.571
Dual	10834	0.097	0.297	0.000	0.000	1.000
Mshare	10834	0.006	0.025	0.000	0.000	0.176
Market	10834	0.089	0.018	0.092	0.036	0.120

2. 相关性分析

企业全要素生产率和内部控制各主要变量间的Pearson相关系数（考虑篇幅，相关性表省略）显示：变量IC与变量TFP_lp显著正相关，说明企业内部控制越完善，企业的全要素生产率越高。市场化指数与企业全要素生产率的相关系数显著为正，说明市场化发展水平和程度越高，企业的全要素生产率也越高，结果比较符合预期。

（二）多元回归分析

表4－16列出了内部控制与企业全要素生产率的检验结果。列（1）在不加控制变量的情况下，变量IC的回归系数为1.6849，且在1%水平上显著为

正。列（2）是所有变量同时进入回归方程的结果，变量 IC 的回归系数为 0.2735，且在 1% 水平上显著为正。上述结果中解释变量的回归系数均显著为正，并具有一致性，表明内部控制显著提高了全要素生产率，进一步验证了第三章的基本假设。

表 4-16　　　　内部控制与企业全要素生产率

变量	(1) *TFP_lp*	(2) *TFP_lp*
IC	1.6849***	0.2735***
	(0.0635)	(7.6324)
Size		0.5963***
ROA		(128.2542)
Growth		0.5637***
Mfee		(5.3075)
Indep		0.0000
Dual		(0.6819)
Mshare		-3.8018***
Market		(-50.2668)
_cons		-0.5731**
		(-2.4696)
industry	No	Yes
year	No	Yes
Observations	11255	10330
R-squared	0.0591	0.7803

（三）约束机制检验

1. 预算约束的中介效应

本节构建模型检验内部控制是否通过缓解企业的预算约束，从而对企业全要素生产率水平产生影响。中介效应的分布回归模型如式（4-6）至式（4-8）所示（其中 soft 表示企业的预算软约束程度）：

$$TFP\_lp_{i,t} = \alpha + \beta_1 IC_{i,t} + \beta_2 controls + \sum industy + \sum year + \varepsilon_{i,t}$$

式（4-6）

$$soft_{i,t} = \alpha + \beta_1 IC_{i,t} + \beta_2 controls + \sum industy + \sum year + \varepsilon_{i,t}$$ 式（4-7）

$$TFP\_lp_{i,t} = \alpha + \beta_1 IC_{i,t} + \beta_2 soft_{i,t} + \beta_3 controls + \sum industy + \sum year + \varepsilon_{i,t}$$

式（4－8）

表4－17列示了预算约束对内部控制与企业全要素生产率中介作用的回归结果，回归方程的F统计量通过了检验，回归方程显著。列（1）是内部控制和企业全要素生产率的回归结果，IC的系数为0.258，且在1%的水平上显著，表明内部控制能够显著提升企业的全要素生产率水平；列（2）中列示的是预算约束对内部控制的回归结果，IC的系数为－1.979，且在1%的水平上显著，表明低质量内部控制能够增加预算软约束程度；在将中介变量soft加入主回归模型后列（3）的回归结果显示IC和soft系数均显著，且IC的系数为0.252，相比主回归IC的系数0.258有所下降，说明预算软约束在内部控制对企业全要素生产率的影响过程中发挥了中介作用，降低了内部控制对企业全要素生产率的促进作用，假设1通过检验得以支持。

表4－17　　　　预算约束的中介作用回归结果

变量	(1) *TFP_lp*	(2) *soft*	(3) *TFP_lp*
soft			−0.00292***
			(0.000480)
IC	0.258***	−1.979***	0.252***
	(0.0347)	(0.643)	(0.0348)
Size	0.597***	−0.0485	0.596***
	(0.00452)	(0.0849)	(0.00453)
ROA	0.452***	61.16***	0.619***
	(0.104)	(1.966)	(0.108)
Growth	0.138***	−2.878***	0.130***
	(0.0140)	(0.265)	(0.0142)
Mfee	−3.767***	9.173***	−3.764***
	(0.0724)	(1.372)	(0.0729)
Indep	0.0894	−1.258	0.0885
	(0.0931)	(1.747)	(0.0930)
Dual	0.00421	−0.356	0.00311
	(0.0180)	(0.343)	(0.0180)

续表

变量	(1) TFP_lp	(2) soft	(3) TFP_lp
Mshare	-0.696***	79.40***	-0.442**
	(0.172)	(3.385)	(0.177)
Market	3.589***	-14.73**	3.561***
	(0.343)	(6.424)	(0.343)
_cons	-0.389*	18.63***	-0.310
	(0.220)	(4.077)	(0.221)
industry	Yes	Yes	Yes
year	Yes	Yes	Yes
F	3409.56***	178.88***	3057.01***
Observations	10832	11884	10792
R - squared	0.781	0.140	0.782

注：表中括号内的数值为 t 统计量的值；回归系数上，*** 为 1% 显著，** 为 5% 显著，* 为 10% 显著。

2. 产能约束的中介作用

为检验内部控制是否通过提升企业产能利用率，进而提升企业全要素生产率水平，构建了中介效应的检验模型，如式（4-9）至式（4-11）所示（其中 CU 表示企业的产能利用率）：

$$TFP\_lp_{i,t} = \alpha + \beta_1 IC_{i,t} + \beta_2 controls + \sum industy + \sum year + \varepsilon_{i,t} \quad \text{式 (4-9)}$$

$$CU_{i,t} = \alpha + \beta_1 IC_{i,t} + \beta_2 controls + \sum industy + \sum year + \varepsilon_{i,t} \quad \text{式 (4-10)}$$

$$TFP\_lp_{i,t} = \alpha + \beta_1 IC_{i,t} + \beta_2 CU_{i,t} + \beta_3 controls + \sum industy + \sum year + \varepsilon_{i,t} \quad \text{式 (4-11)}$$

表 4-18 列示了产能利用率作为中介变量的回归结果。列（1）显示的是内部控制对国企全要素生产率水平的回归结果，IC 的系数为 0.0290，且在 1% 的水平上显著，表明内部控制能够显著提升国有企业的全要素生产率水平；列（2）显示的是内部控制对产能利用率的回归结果，IC 的系数为 0.0044，且在 1% 的水平上显著，表明内部控制能够显著提升企业产能利用率；在将中介变量 CU 加入主回归模型后列（3）的回归结果显示 IC 和 CU 的系数都显著为正，说明产能利用率在内部控制对国企全要素生产率的影响过

程中发挥了部分中介作用。结果表明内部控制通过提升企业产能利用率，进而提升企业全要素生产率水平，研究假设 2 通过了检验。

表 4－18　　产能利用率中介效应检验

	(1)	(2)	(3)
	TFP_lp	*CU*	*TFP_lp*
IC	0.0290***	0.0044***	0.0053**
	(4.8410)	(4.4727)	(2.1808)
CU			5.6036***
			(48.5438)
Size	0.5096***	−0.0244***	0.6595***
	(18.5473)	(−6.6756)	(40.4496)
Lev	0.3764***	0.0387**	0.1516***
	(3.5301)	(2.3826)	(3.6380)
ROA	1.7138***	0.2907***	0.0946
	(10.1174)	(11.1467)	(1.1894)
Liquid	−0.0098*	−0.0022**	0.0027
	(−1.6575)	(−1.9767)	(0.6867)
Cashflow	0.5465***	0.0819***	0.0749**
	(7.6931)	(7.7244)	(2.0231)
Fixed	−0.7117***	0.0033	−0.7500***
	(−5.9344)	(0.1736)	(−12.8963)
Growth	0.0172**	0.0017	0.0070*
	(2.0315)	(1.4970)	(1.8799)
Board	0.0642	0.0068	0.0224
	(0.8803)	(0.6770)	(0.7127)
Dual	−0.0087	−0.0020	0.0045
	(−0.5104)	(−0.7640)	(0.5609)
TobinQ	0.0124**	0.0018**	0.0023
	(2.0111)	(2.0444)	(0.8749)
ListAge	0.0426	0.0075	−0.0081
	(1.1745)	(1.3927)	(−0.4747)
Indep	0.0993	−0.0127	0.1542**
	(0.6442)	(−0.5520)	(2.3447)
_cons	−2.6999***	1.1400***	−9.3482***
	(−4.6053)	(13.9153)	(−25.0362)
N	8936	8843	8843
R^2	0.9523	0.8150	0.9895
Adj. R^2	0.9470	0.7945	0.9884

注：表中括号内的数值为 t 统计量的值；回归系数上，*** 为 1% 显著，** 为 5% 显著，* 为 10% 显著。

3. 合规约束的调节作用

本节构建内部控制与合规约束的交互项来进行调节效应检验，模型如式（4－12）所示。

$$TFP\_lp_{i,t} = \alpha + \beta_1 IC_{i,t} + \beta_2 violation_{i,t} + \beta_3 IC_{i,t} \times violation_{i,t} + \beta_4 controls + \sum industy + \sum year + \varepsilon_{i,t} \quad 式（4－12）$$

表4－19中列（1）显示了合规约束对内部控制与企业全要素生产率的影响。结果显示内部控制与合规性约束的交互项系数为－0.1810，且在1%水平上显著，表明相较于低合规经营企业，合规经营企业中内部控制对企业全要素生产率的促进作用更强。同时也表明内部控制可能会促进企业合规经营，从而能够更好地提升企业全要素生产率，假设3得到检验。

表4－19　　合规约束调节效应检验

变量	*TFP_lp*
IC	0.3131 ***
	(8.3868)
violation	－0.0074
	(－0.4877)
IC × violation_c	－0.1810 ***
	(－2.6429)
Size	0.5960 ***
	(130.6990)
ROA	0.6174 ***
	(5.9658)
Growth	0.0000
	(0.7076)
Mfee	－3.8252 ***
	(－52.7966)
Indep	0.0801
	(0.8568)
Dual	0.0028
	(0.1528)
Mshare	－0.7008 ***
	(－4.0514)
Market	3.4053 ***
	(9.8792)

续表

变量	*TFP_lp*
_cons	-0.8726***
	(-3.6250)
industry	Yes
year	Yes
F	787.52***
Observations	10832
R-squared	0.7816

注：表中括号内的数值为t统计量的值；回归系数上，*** 为1%显著，** 为5%显著，* 为10%显著。

（四）进一步分析

1. 空间特征

（1）预算约束机制。中国各地区间资源禀赋、经济发展水平存在差异，内部控制对全要素生产率的影响效应是否也显著不同。将国企公司按照东西部区域进行分组进行预算约束机制分析。表4-20中列（1）、列（3）、列（5）展示的为东部地区，列（2）、列（4）、列（6）展示的为西部地区。从列（1）与列（2）可以看出，内部控制提升企业全要素生产率作用表现为“东部大于西部”，从列（3）与列（4）可以看出，东部地区企业内控能够抑制预算软约束程度，西部地区企业内控不能够抑制预算软约束程度。列（1）、列（3）、列（5）表明，东部地区国企公司预算约束机制的中介效应是显著的，列（2）、列（4）、列（6）表明，西部地区国企公司预算约束机制的中介效应不显著。

表4-20　预算约束机制的东、西部企业全要素生产率差异

	(1)	(2)	(3)	(4)	(5)	(6)
	TFP_lp	*TFP_lp*	*soft*	*soft*	*TFP_lp*	*TFP_lp*
soft					-0.0043***	-0.0011
					(-7.6476)	(-0.9358)
IC	0.4061***	0.1968***	-2.2052**	-1.2577	0.3957***	0.1901***
	(8.3172)	(3.1509)	(-2.3189)	(-1.2337)	(8.1205)	(3.0218)
controlvars	Yes	Yes	Yes	Yes	Yes	Yes
N	6721	2453	7574	2636	6694	2447
R^2	0.7852	0.7954	0.1323	0.1312	0.7864	0.7951
Adj. R^2	0.7837	0.7915	0.1269	0.1157	0.7849	0.7912

注：表中括号内的数值为t统计量的值；回归系数上，*** 为1%显著，** 为5%显著，* 为10%显著。

（2）产能约束机制。表4－21为基于东部、西部地区分组对产能利用率中介效应的回归结果。列（1）、列（2）、列（3）报告了产能利用率中介效应在东部地区的回归结果，可以发现内部控制显著提升了东部地区企业的产能利用率，进而促进了企业的全要素生产率，并且这种影响在1%的水平上显著为正；列（4）、列（5）、列（6）报告了西部地区企业的回归结果，其中，内部控制对全要素生产率的回归系数为0.0079，并不显著，产能利用率对内部控制的回归系数为0.0006，也不显著，表明在西部地区企业中，产能利用率在内部控制对企业全要素生产率的影响中并没有发挥中介效应。

表4－21　东、西部地区分组回归

变量	(1) TFP_lp	(2) CU	(3) TFP_lp	(4) TFP_lp	(5) CU	(6) TFP_lp
IC	0.0335***	0.0057***	0.0040	0.0079	0.0006	0.0044
	(4.2033)	(4.1659)	(1.2346)	(0.5401)	(0.2765)	(0.8971)
CU			5.5038***			5.9565***
			(34.0179)			(36.0376)
controlvars	Yes	Yes	Yes	Yes	Yes	Yes
N	5427	5353	5353	1579	1579	1579
R^2	0.9554	0.8194	0.9891	0.9440	0.7945	0.9920
Adj. R^2	0.9501	0.7982	0.9878	0.9371	0.7691	0.9910

注：表中括号内的数值为t统计量的值；回归系数上，*** 为1%显著，** 为5%显著，* 为10%显著。

2. 企业性质分析

（1）预算约束机制。表4－22中列（1）、列（3）、列（5）为中央国企的中介效应回归；列（2）、列（4）、列（6）为地方国企的中介效应回归。从中可以发现预算约束在央企和地方国企中均发挥了中介效应，但是列（3）与列（4）相比可以看出，相对于地方国企来说，中央国企的内控对预算软约束的抑制作用更大。

表 4-22　预算约束机制下央企和地方国企企业全要素生产率差异

	(1) 央企	(2) 地方国企	(3) 央企	(4) 地方国企	(5) 央企	(6) 地方国企
	TFP_lp	*TFP_lp*	*soft*	*soft*	*TFP_lp*	*TFP_lp*
soft					-0.0038***	-0.0027***
					(-6.0451)	(-2.8124)
IC	0.1547***	0.2733***	-2.4007*	-1.7297*	0.1410***	0.2711***
	(2.8936)	(4.5163)	(-1.7589)	(-1.8241)	(2.6443)	(4.4801)
controlvars	Yes	Yes	Yes	Yes	Yes	Yes
N	3646	3559	3849	3947	3631	3552
R^2	0.8278	0.7732	0.0956	0.2140	0.8290	0.7733

注：表中括号内的数值为 t 统计量的值；回归系数上，*** 为 1% 显著，** 为 5% 显著，* 为 10% 显著。

(2) 产能约束机制。不同类型国企在内部治理和监管机制上存在较大差异，其内部控制制度的实施效果也大不相同。因此，本节按照国有企业实际控制人层级不同将其区分为中央国企和地方国企，然后进行分组回归以检验产能利用率中介效应对不同类型国企的影响是否存在差异。结果如表 4-23 所示，列 (1)、列 (2)、列 (3) 和列 (4)、列 (5)、列 (6) 分别报告了中央国企和地方国企的回归结果，中央国企中是完全中介效应，地方国企是部分中介效应。结果表明，在中央和地方国企中内部控制均显著提升了企业产能利用率，进而促进了企业全要素生产率提升。

表 4-23　国企层级分组回归

变量	(1)	(2)	(3)	(4)	(5)	(6)
	TFP_lp	*CU*	*TFP_lp*	*TFP_lp*	*CU*	*TFP_lp*
IC	0.0240***	0.0047***	-0.0033	0.0309***	0.0042***	0.0091***
	(2.8615)	(3.7040)	(-0.8881)	(3.9316)	(3.1846)	(2.9498)
CU			5.8547***			5.4852***
			(32.5293)			(40.1148)
controlvars	Yes	Yes	Yes	Yes	Yes	Yes
N	3069	3069	3069	5864	5774	5774
R^2	0.9585	0.7810	0.9916	0.9487	0.8271	0.9884
Adj. R^2	0.9539	0.7570	0.9906	0.9427	0.8067	0.9871

注：表中括号内的数值为 t 统计量的值；回归系数上，*** 为 1% 显著，** 为 5% 显著，* 为 10% 显著。

四、约束机制的研究结论

本节以2008—2021年中国A股上市公司为样本，对内部控制与企业全要素生产率的约束机制进行了研究。研究发现：（1）内部控制可以促进企业的全要素生产率水平提升；（2）约束机制分析表明，内部控制可以通过缓解预算软约束来促进企业全要素生产率的提升，内部控制可以通过缓解产能过剩提高产能利用率进而促进企业全要素生产率的提升，内部控制也能够减少企业违规从而提升企业全要素生产率；（3）进一步分析表明，预算约束机制和产能约束机制在东部地区与西部地区的企业以及中央国企与地方国企中，对内部控制与企业全要素生产率水平的中介效应也存在一定差异。

第三节 内部控制提升国企TFP的保险机制

一、保险机制的理论分析与研究假设

（一）董责险与企业全要素生产率

董责险作为一种风险管控的保险机制，越来越受到上市公司青睐。保险机制既是企业内部控制中的一项控制活动，也是一种风险转移的策略。内部控制与董责险是促进关系还是替代关系？董责险能否促进企业全要素生产率的提升？因此，在分析企业内部控制促进国企全要素生产率的提升作用机制时还引入了保险机制，重点分析内部控制、董责险与企业TFP三者的关系。

董责险最初被引入是为了分散风险并监督企业高管，从而提升企业治理水平，学者基于董责险的激励监督作用提出"激励监督假说"。"激励监督假说"提出以下观点（倪彩云，2023）：一方面，董事、监事及高级管理人员责任保险（董监高责任保险）在某种程度上能够激发企业高管的积极性。作为一种激励手段，董责险有效地吸引并保留人才，减轻了企业高管的工作负担（Core，2000）。通过购买董责险，企业为高管提供了风险保障，避免了因决策失误导致的巨额赔偿风险，从而鼓励高管更加大胆地进行创新活动，提升创新效率。企业投资效率和创新能力的提升，有助于将新技术、知识和员工

技能转化为生产力，进而提高企业的全要素生产率（刘廷华等，2022）。另一方面，作为独立第三方，承保机构对企业运营管理起到了有效的监督作用。在承保前，保险公司会对潜在投保企业的经营、财务和治理状况进行全面评估，为了应对外部审查，企业管理人员会规范自身行为；承保后，保险公司继续监控企业的经营和财务风险，降低整体风险，推动企业高效运营（潘晓影和张长海，2016）。保险公司还可以通过提高保费或设定合同限制性条款等措施，规范高管行为，确保他们将资源投入到企业生产经营中，而非追求个人利益损害企业财产。因此，将董责险纳入企业内部治理体系，能够有效约束管理者的自利行为，改善企业治理结构，提高治理效率（郑志刚等，2021），缓解股东与高管之间的代理问题，优化资源配置，推动企业全要素生产率水平的提升。

与"激励监督假说"相对立的是"机会主义假说"，该假说提出董责险为管理层提供了过度的保障，减轻了他们的法律责任，减少了企业高管可能面临的诉讼风险，增强了他们的权力，这可能会加剧管理者的投机行为和道德风险。企业高管可能会倾向于采取损害股东权益的自利行为，以追求个人利益最大化（Boyer and Stern，2014；倪彩云，2023），在盈余和投资决策上可能更加激进（Chung and Wynn，2008），企业的避税行为可能加剧，财务重述行为的发生概率可能提高（袁蓉丽等，2018），这些行为最终可能对企业价值造成损害，降低企业的全要素生产率。由此提出以下研究假设：

假设1a：购买董责险有利于国有企业全要素生产率提升。

假设1b：购买董责险会导致国有企业全要素生产率降低。

（二）内部控制、董责险与企业全要素生产率

企业内部控制的质量对其存续和成长具有至关重要的作用。一个完善的内部控制体系能够帮助企业有效管控风险与机遇，进而提高经营效率，并确保财务报告的真实性。保险机制作为企业风险分散的关键手段，也是内部控制活动的一部分（王加灿，2019）。首先，内部控制的有效性是企业购买董责险的重要前提。内部控制体系包括一系列的规章制度、流程和监控措施，旨在确保企业信息的准确性和及时性，保护企业资产的安全，以及遵守相关法律法规。一个健全的内部控制体系能够降低企业的运营风险，提高企业的透明度和可信度，这对于保险公司来说是降低承保风险的关键。因此，内部控制良好的企业更倾向于购买董责险，以进一步转移和分散潜在的运营风险。

其次，董责险的购买为企业创新活动提供了保障（刘廷华等，2022）。技术创新与管理创新是企业持续发展和保持竞争力的核心，但这些活动往往伴随着较高的不确定性和风险。董责险能够为企业管理层提供一定的保护，减轻他们在创新活动中可能面临的法律责任和财务压力。这种保护机制鼓励企业高管更加大胆地进行创新尝试，不用担心创新失败可能带来的个人财产损失，从而推动企业更多地投入到技术创新和管理创新中。再次，技术创新与管理创新是提升企业全要素生产率的关键途径。技术创新可以提高生产效率，降低成本，创造新的产品和服务，而管理创新则能够优化资源配置，提高组织效率，增强企业的灵活性和适应性。这些创新活动有助于提升企业的核心竞争力，增加企业的市场份额，从而提高全要素生产率。最后，内部控制与董责险的相互作用形成了一个良性循环。内部控制通过提高企业的风险管理水平，促进了董责险的购买，而董责险的购买又为企业的创新活动提供了保障，增强了企业的创新能力，进而提高了全要素生产率。这种正向反馈机制有助于企业在复杂多变的市场环境中保持竞争优势。内部控制通过促进企业购买董责险，为企业创新活动提供了支持和保障，从而有助于企业全要素生产率的提升。

另外，内部控制与企业创新也存在“创新抑制说”，董责险具有“机会主义假说”，内部控制可能会抑制企业购买董责险进而导致全要素生产率降低。由此提出以下研究假设。

假设 2a：高质量内部控制会促进企业购买董责险，进而提升国有企业全要素生产率，即促进效应。

假设 2b：低质量内部控制会导致购买董责险，进而提升国有企业全要素生产率，即替代效应。

二、保险机制的研究设计

（一）样本选取与数据来源

在 2008 年全球金融危机爆发之后，购买董责险的企业显著增加，所以本书选取 2008 年至 2022 年沪市和深市的全部 A 股国有控股上市公司作为初选样本，并对初选样本进行如下处理：（1）剔除了金融行业（代码为 J）的数据，主要是考虑到金融行业的内部控制及其信息披露、财务数据等存在特别要求，与一般公司有较大差异；（2）剔除了计算全要素生产率缺失的观测值；

(3) 剔除了迪博数据库中没有内部控制指数的公司；(4) 剔除了控制变量缺失的样本公司，最后得到共计14655个研究样本。其中，财务数据和内部控制缺陷数据来自深圳国泰安数据库，企业内部控制指数数据来自深圳迪博公司风险管理数据库，公司全要素生产率计算指标数据来自同花顺数据库，董责险数据来自中国研究数据服务平台（CNRDS）。数据处理运用的是Stata 17.0统计软件。

（二）研究模型

为研究董责险是否会对企业全要素生率产生影响，设计了如下模型（倪彩云，2023），参见式（4－13）。

$$TFP\_op_{i,t} = \alpha + \beta_1 Linsur_{i,t} + \beta_2 controls + \sum ind + \sum year + \varepsilon_{i,t}$$

式（4－13）

为研究内部控制提升全要素生产率的保险机制，将董监高责任险作为中介变量，构建模型检验内部控制是否通过促进企业保险机制从而对国企全要素生产率水平产生影响。参考温忠麟和叶宝娟（2014）中介效应的研究方法，采用逐步回归检验法，构建中介效应模型如下，见式（4－14）至式（4－16）。

$$TFP\_op_{it} = \alpha_0 + \alpha_1 ICQ_{it} + \alpha_2 Controls + \sum Year + \sum Industry + \varepsilon_{it}$$

式（4－14）

$$linsur_{it} = \beta_0 + \beta_1 ICQ_{it} + \beta_2 Controls + \sum Year + \sum Industry + \varepsilon_{it}$$

式（4－15）

$$TFP_{it} = \gamma_0 + \gamma_1 ICQ_{it} + \gamma_2 linsur_{it} + \gamma_3 Controls + \sum Year + \sum Industry + \varepsilon_{it}$$

式（4－16）

其中，被解释变量为企业的全要素生产率水平（*TFP_op*），解释变量为企业内部控制质量（*ICQ*），中介变量为董责险的购置情况（*Linsur*），若当年购买董责险则取值为1，否则为0。参考现有的相关文献，本节分别从企业特征层面、财务指标层面、企业治理特征层面选取了多个控制变量。其中，企业特征层面包括企业规模（*Size*）和企业年龄（*ListAge*）。财务指标层面包含资产负债率（*Lev*）、企业成长性指标（*Growth*）、企业盈利性指标（*Roa*）和现金持有量（*Cashflow*）。企业治理特征层面涉及董事会规模（*Board*）、独立董事占比（*Indep*）、第一大股东持股比例（*Top1*）和托宾Q值（*TonbinQ*）。

此外，在模型中引入年份（*year*）和行业（*ind*）变量，以控制年份与行业对经济增长的影响（倪彩云，2023）。

（三）主要变量定义

1. 被解释变量

企业全要素生产率（*TFP_op*）。本节采用 OP 法计算企业全要素生产率。在稳健性检验中，则使用 LP 法计算该值。

2. 解释变量

内部控制质量（*ICQ*）。采用迪博公司内部控制指数进行衡量，该指数得分越高，则企业内部控制质量越好。

3. 中介变量

董监高责任保险（*Linsur*）。本节参照胡国柳等（2020）、袁蓉丽等（2018）的方法，构建虚拟变量 *Linsur*，若企业在这一年投保了董责险取值为1，否则为0（倪彩云，2023）。

各变量定义方法如表 4 – 24 所示。

表 4 – 24　　变量定义及说明

变量类型	名称	符号	定义
被解释变量	全要素生产率	*TFP_op*	用 Olley 和 Pakes（1996）提出的 OP 法计算的全要素生产率
解释变量	内部控制质量	*ICQ*	迪博公司内部控制指数除以 100
中介变量	董责险	*Linsur*	虚拟变量，如果上市企业当年购买董责险，取值为 1，否则为 0
控制变量	资产负债率	*Lev*	年末总负债除以年末总资产
	总资产净利润率	*Roa*	净利润/总资产平均余额
	营业收入增长率	*Growth*	本年营业收入/上一年营业收入 – 1
	企业年龄	*ListAge*	ln（当年年份 – 上市年份 + 1）
控制变量	现金持有量	*Cashflow*	经营活动产生的现金流量净额除以总资产
	独立董事比例	*Indep*	独立董事除以董事人数
	托宾 Q 值	*TonbinQ*	（流通股市值 + 非流通股股份数 × 每股净资产 + 负债账面值）/总资产
	第一大股东持股比例	*Top*1	第一大股东持股数量/总股数
	董事会规模	*Board*	董事会人数取自然对数

三、保险机制的实证结果与分析

（一）描述性统计

表4－25展示了本节主要变量的描述性统计分析结果。根据表中数据，董责险的均值是0.17，这表明在所选取的样本中，大约有17%的企业购买了董责险[①]。在企业全要素生产率水平TFP_op方面，最小值为7，最大值为9.8，平均值为7.07，标准差为4.5，这反映出样本中企业的全要素生产率水平存在差异。

表4－25　主要变量的描述性统计

变量	样本量	均值	中位数	标准差	最小值	最大值
TFP_op	14635	7.07	0.98	4.5	7	9.8
ICQ	14635	6.37	6.72	1.64	0	9.95
Linsur	14655	0.17	0.37	0	0	1
Size	14655	22.69	1.45	20	23	27
Lev	14655	0.52	0.21	0.07	0.52	1.2
Roa	14655	0.03	0.06	－0.32	0.029	0.27
Growth	14655	0.15	0.47	－0.71	0.084	5.4
ListAge	14655	2.60	0.59	0.69	2.8	3.5
Cashflow	14655	0.05	0.07	－0.21	0.045	0.32
Indep	14655	37.08	5.58	25	33	62
TobinQ	14655	1.82	1.19	0.78	1.4	10
Top1	14655	38.47	15.29	10	37	79
Board	14655	2.20	0.19	1.6	2.2	2.7

（二）相关性分析

利用Pearson相关系数（由于篇幅限制，相关系数表在此省略）进行检验，以确认变量间是否存在多元共线性。在全体样本中，董责险与企业全要素生产率之间存在正向关联，并在1%的显著性水平上显著，这意味着董责险与企业全要素生产率之间存在显著的正相关关系，与本节假设1a的预期一

① 与欧美市场以及其他发达地区80%～90%的投保率相比，我国董责险的普及程度还存在较大的提升空间。

致。解释变量、控制变量之间相关系数的绝对值都小于0.4，不存在严重的多重共线性问题。

（三）董责险与企业全要素生产率的实证分析

表4-26展示了董责险对企业全要素生产率的全面样本回归分析结果。分析结果表明，在没有引入任何控制变量的情况下，回归系数在1%的显著性水平上显著为正，并且在引入相关控制变量之后，这种正向的显著性关系依旧保持，这强烈支持了前文的假设1a，即董责险能够产生正向效应，推动企业全要素生产率的提升。回归分析的结果表明，董责险更倾向于发挥激励和监督作用，而非机会主义行为，有助于完善内部监督治理机制，激发企业高管的积极性，提高企业治理水平，从而促进全要素生产率的增长，这与倪彩云（2023）的研究是一致的。

表4-26 董责险对企业全要素生产率的影响分析

变量	(1) TFP_op	(2) TFP_op	(3) TFP_op
linsur	0.521***	0.373***	0.038***
	(24.62)	(17.99)	(2.62)
Size			0.432
			(85.13)
Lev			0.552***
			(17.77)
ROA			2.500***
			(23.72)
Growth			0.139***
			(12.72)
ListAge			0.050***
			(5.38)
Cashflow			0.188**
			(2.43)
Indep			-0.003***
			(-2.60)
TobinQ			0.000
			(0.06)

续表

变量	(1) TFP_op	(2) TFP_op	(3) TFP_op
*TOP*1			0.003 ***
			(8.97)
Board			-0.186 ***
			(-6.36)
_cons	6.987	6.641 ***	-2.720 ***
	(802.86)	(32.50)	(-14.94)
ind	No	Yes	Yes
year	No	Yes	Yes
N	14655	14655	14655
R - Square	0.040	0.230	0.637
Adj. R - Square	0.04	0.23	0.64

注：表中括号内的数值为 t 统计量的值。

（四）内部控制、董责险与企业全要素生产率的实证分析

前文验证了内部控制质量（ICQ）会显著提升国企全要素生产率（TFP_op）。借鉴温忠麟等（2005）研究构建中介效应模型，采用逐步回归法进行保险机制的中介效应检验，表 4－27 列示了企业保险机制作为中介变量的回归结果。

表 4－27　　保险机制中介效应的回归结果

	(1) TFP_op	(2) linsur	(3) TFP_op
ICQ	0.0464 ***	0.033 **	0.046 ***
	(13.24)	(1.98)	(13.21)
linsur			0.035 **
			(2.45)
controlvars	Yes	Yes	Yes
N	14655	14635	14655
R - Square	0.641	0.196	0.641
Adj. R - Square	0.64	0.196	0.64

注：表中括号内的数值为 t 统计量的值。

如表4－27所示，第（1）列呈现了内部控制质量对于国有企业全要素生产率水平的影响，其中ICQ的系数为0.0464，并且在1%的显著性水平上显著，这表明内部控制质量的提高能够显著促进企业全要素生产率的增长；第（2）列展示了保险机制，即董责险对内部控制质量的影响，ICQ的系数为0.033，并且在5%的显著性水平上显著，这说明内部控制质量的提升能够显著促使企业购买董监高责任保险；当将中介变量linsur纳入主回归模型后，第（3）列的回归结果显示ICQ和linsur的系数均显著，这表明国有企业的责任保险在内部控制影响全要素生产率的过程中起到了中介作用，验证了保险机制是内部控制推动国有企业全要素生产率增长的关键作用途径。假设2a通过检验，即促进效应得到支持。

（五）稳健性检验

1. 替换被解释变量

为增强研究结论的稳健性，本书采用了替换被解释变量的方法，相应的结果如表4－28所示。不同的被解释变量测量方法可能会对回归分析的结果产生影响。通过对企业全要素生产率水平的不同测算方法（TFP_LP、TFP_OLS、TFP_FE、TFP_GMM）进行回归分析，发现从列（1）到列（4）中，董责险变量linsur的系数均为正数，并且均在1%的显著性水平上显著，这与基本模型的结论保持一致，说明董责险对国有企业全要素生产率水平的增长具有促进作用。

表4－28　　替换被解释变量回归结果

变量	(1)	(2)	(3)	(4)
	TFP_LP	*TFP_OLS*	*TFP_FE*	*TFP_GMM*
linsur	0.050***	0.042***	0.042***	0.047***
	(3.41)	(3.03)	(2.97)	(3.08)
controlvars	Yes	Yes	Yes	Yes
N	14655	14655	14655	14655
R－Square	0.734	0.828	0.842	0.563
Adj. R－Square	0.73	0.83	0.84	0.56

注：表中括号内的数值为t统计量的值。

2. Heckman二阶段回归

企业购买董责险可能面临自我选择的问题，因此本节采用Heckman两阶段回归方法进行处理（袁蓉丽等，2019）。在第一阶段，以 Indavg - Linsur（行业购买董责险的平均水平）作为外生变量，建立了一个 Probit 模型来分析影响企业购买董责险的因素，其中，被解释变量是董责险的虚拟变量，解释变量为 Indavg - Linsur（行业购买董责险的平均水平），其他控制变量包括公司规模（Size）、资产负债率（Lev）、企业成长性指标（Growth）、企业盈利性指标（Roa）、独立董事比例（Indep）、股权制衡度（Balance）、第一大股东持股比例（Top1）、管理层过度自信（Overc）、管理层男性比例（Maleratio）、管理层平均年龄（Averageage）。在第二阶段，将第一阶段得到的逆米尔斯比率（IMR）纳入本节的主回归模型中（倪彩云，2023）。根据表 4 - 29 的结果，在引入 IMR 之后，董责险的系数依然在 1% 的显著性水平上保持正数，说明研究结论具有稳健性。同时，IMR 的系数显著为正，这表明那些未被观测到的因素对企业全要素生产率水平产生了显著的正面影响。

表 4 - 29　　Heckman 二阶段回归结果

变量	(1) *Linsur*	(2) *TFP_op*
Linsur		0.056***
		(3.81)
IMR		0.120***
		(3.83)
Indavg_Linsur	15.898**	
	(2.57)	
Size	0.253***	0.617***
	(18.88)	(78.73)
Lev	0.070	0.674***
	(0.78)	(21.54)
Roa	-0.830***	2.642***
	(-2.96)	(24.46)
Growth	-0.045	0.101***
	(-1.38)	(9.19)
*Top*1	0.004***	0.003***
	(3.14)	(7.19)
Indep	0.006***	-0.003**
	(2.59)	(-2.53)

续表

变量	(1) *Linsur*	(2) *TFP_op*
ListAge		0. 060 ***
		(6. 37)
Cashflow		0. 413 ***
		(5. 29)
TobinQ		-0. 003 **
		(-2. 53)
Board		-0. 133 ***
		(-4. 52)
Balance	0. 679 ***	
	(11. 26)	
Overc	0. 235 **	
	(2. 30)	
Maleratio	0. 005 ***	
	(3. 15)	
Averageage	-0. 045 ***	
	(-7. 38)	
_cons	-6. 734 ***	-6. 120 ***
	(-13. 79)	(-26. 39)
year	Yes	Yes
industry	Yes	Yes
Observations	14631	14631
Pseudo R^2*/R - squared*	0. 2104	0. 734

注：表中括号内的数值为 t 统计量的值。

3. 倾向得分匹配（PSM）

在全部的样本中，仅有 17% 的企业购买了董责险，这可能会导致回归结果受到样本选择偏误的影响。为此，本节采用倾向得分匹配（PSM）法来降低其他特征差异对分析结果的干扰。首先，建立 Probit 模型以进行倾向得分计算，并实施了 1∶1 的最近邻匹配，以区分实验组和对照组。匹配过程中控制的变量包括公司规模（Size）、资产负债率（Lev）、企业成长性指标（Growth）、企业盈利性指标（Roa）、独立董事比例（Indep）、股权制衡度（Balance）、第一大股东持股比例（Top1）、公司上市年限（ListAge）、管理层过度自信（Overc）、管理层男性比例（Maleratio）、管理层平均年龄（Averageage）。经过匹配，得到了847家实验组和847家对照组企业，匹配后的变量标准化偏差均小于10%，满足了平衡性检验的要求。其次，基于匹配后的样本进行了回归分析。如表4－30所示，回归结果依然保持显著性。

表4－30　　倾向得分匹配结果

变量	*TFP_op*
Linsur	0.0815 **
	(2.24)
controlvars	Yes
year	Yes
industry	Yes
Observations	1694
R－squared	0.6321

注：表中括号内的数值为t统计量的值；回归系数上，*** 为1%显著，** 为5%显著，* 为10%显著。

四、保险机制的研究结论

本节通过内部控制、董责险与企业全要素生产率的研究，发现：（1）董责险可以促进企业的全要素生产率水平，在利用PSM与Heckman二阶段回归方法解决内生性问题以及替换解释变量与被解释变量之后，结果依然稳健；（2）对于提升企业全要素生产率来说，内部控制与董责险理论上存在促进效应和替代效应，本节实证结果支持了促进效应，企业内部控制通过购买董责险能够促进国有企业全要素生产率的提升。

本章小结

本章从激励机制、约束机制与保险机制三个方面，对内部控制提升国企全要素生产率的影响机制展开了深入分析。

首先，高管激励对国有企业全要素生产率能够起到有效的提升作用。将高管激励划分为薪酬激励与股权激励。薪酬激励可以促进企业改善或者提升内部控制质量，进而促进公司全要素生产率的提高。而对股权激励的分组回归表明，实施股权激励的国有企业比未实施股权激励的国有企业，其内部控制提高企业全要素生产率的效果更大。

其次，约束机制研究表明，内部控制可以通过缓解预算软约束来促进企业全要素生产率的提升，内部控制也可以通过缓解产能过剩提高产能利用率进而促进企业全要素生产率的提升，内部控制还可以减少企业违规从而提升企业全要素生产率。另外，预算约束机制和产能约束机制受到企业所在地区和产权性质等因素的影响，对企业全要素生产率的作用各不相同。

最后，保险机制研究表明，企业购买董责险可以促进企业的全要素生产率水平。对于提升企业全要素生产率来说，内部控制与董责险理论上存在促进效应和替代效应，实证结果支持了促进效应，企业内部控制通过购买董责险能够促进国有企业全要素生产率的提升。

第五章

内部控制提升国企 TFP 的路径分析

前面章节已经分别从激励机制、约束机制与保险机制等三个方面对内部控制促进国企全要素生产率的提升作用机制进行了理论分析与实证检验。那么，内部控制质量对国企 TFP 的提升路径是什么呢？根据微观企业 TFP 原理，TFP 是衡量企业在不增加投入的情况下，通过技术进步、管理优化、资源配置等方式实现产出增长的能力。TFP 不仅依赖于单一要素的效率提升，而且强调了技术、资本、劳动力等多种生产要素的综合效率。TFP 的提升是一个系统性工程，涉及企业内部的多个环节和要素。创新、资本和劳动力是企业生产经营的核心要素，内部控制通过优化这些关键环节的效率，能够系统性地提升企业整体的生产率。要探讨如何通过内部控制提升 TFP，就需要全面考虑这些要素在企业生产中的作用。创新、资本和劳动力这三条路径涵盖了企业资源配置和生产要素使用的主要方面，通过这些路径的优化，可以实现企业全要素生产率的全面提升。因此，本章将从创新效率、资本配置效率以及劳动力配置效率等三个方面分别构建内部控制提升国企 TFP 的作用路径，并进行理论分析与实证检验，为内部控制促进国企全要素生产率的提升提供可行对策。

第一节 内部控制、创新效率与国企 TFP

一、创新效率的理论分析与研究假设

（一）内部控制对公司全要素生产率的影响

作为中国特色社会主义的重要物质和政治基础，实现国有企业的高质量发展成为我国实现两个百年奋斗目标的重点和难点之一（李雄飞，2022），而内部控制是企业治理的核心环节，对国企全要素生产率起到关键作用。

内部控制是企业为实现既定管理目标而采取的一系列程序和方法，包括内部环境、风险评估、控制活动、信息与沟通和内部监督等五个要素。它是企业治理的重要组成部分，通过优化企业行为和提高运营效率，能够降低企业的经营风险并实现组织目标。根据学者的研究，高质量的内部控制对企业的全要素生产率有显著的正向影响，进而促进企业的高质量发展。内部控制通过促进研发强度和提升劳动产出效率，对企业的发展质量产生积极影响（张广胜，2020）。此外，从高管货币薪酬激励（盛明泉，2019）、投资者情绪（董礼，2022）和社会审计（郭檬楠，2020）等角度，内部控制与国企全要素生产率之间的关系进一步得到了更全面的解释。

根据现代企业理论，企业效率最大化要求的是剩余索取权和剩余控制权的匹配，而直接决定企业效率的是“企业所有权”安排，即企业内部控制（曾铖等，2014）。内部控制能够营造良好的工作氛围，明确有效地监督企业的各项活动，快速准确地应对经营风险，从而帮助企业实现高质量发展的战略目标。内部控制质量的高低直接影响企业的运营效率和资产安全，是国企全要素生产率的基础。

（二）内部控制、创新效率与公司全要素生产率

1. 技术创新

根据资源依赖理论，产权性质对企业创新能力具有显著影响，其原因可能在于国有企业在技术创新资源方面具有优势（曾铖等，2014）。近年来，国

有企业对科技创新的投入不断增加，形成了稳步增长的长效机制。政府也给予国有企业较多的研发资助，促进了科研成果产业化、工程化，实现了创新资源的规模效应、协同效应。因此，国有企业可以通过完善内部监管制度，提高企业的技术创新，并进一步提高企业的经济效益，优化企业的生产要素配置、资源配置，从而有效提高国企全要素生产率水平。

《企业内部控制应用指引》第 10 号则进一步指出企业应当加强研究与开发的控制，以有效防控风险，提高自主创新能力。强有力的内部控制不仅能够有效降低创新风险（Bargeron et al.，2010；Huang et al.，2020），还可以通过加强企业内部监管和解决信息不对称的问题，降低企业的资本成本和代理成本，为企业创新提供更多的资金支持（王加灿等，2021；王亚男和戴文涛，2019）。资金支持直接表现在创新投入上，创新投入通过为企业创新提供充足的资金，以保证创新活动的正常进行。

由于委托代理问题的存在，有些国有企业中高层管理者追求的是企业的短期效益，不利于研发投入的增加进而抑制企业的全要素生产率的提高（张勇和张春蕾，2023；陈险峰等，2019）。然而根据现代企业理论，效率最大化要求的是剩余索取权和剩余控制权的匹配，显然，直接决定企业效率的是“企业所有权”安排，即企业内部控制，而非“财产所有权”，即产权性质。李政等（2014）也指出，无论是国有制还是私有制，都存在委托—代理关系，也就没有理由认定国有企业不能形成相应的最大限度克服委托—代理冲突的治理结构。因此，用委托—代理理论来解释产权性质与创新绩效的关系，显然是不恰当的。另外在经验证据上，解维敏等（2009）利用我国上市公司研发支出数据，发现国有企业在研发支出上略微高于民营企业。王德应（2011）则利用行业统计数据，发现国有产权对研发具有促进作用。

基于以上分析，提出以下假设：

假设 1：内部控制可以通过提高技术创新水平来提高国企全要素生产率。

2. 管理创新

委托代理理论指出，当一个人或实体（代理人）被委托去代表另一个人或实体（委托人）进行某项任务或决策时，代理人可能会出于自身利益而不符合委托人的利益。在公司治理中，管理层作为代理人，股东作为委托人，存在着代理问题，即管理层可能会出于自身利益而不符合股东利益。因此有效的内部控制机制通过管理创新可以规范和约束管理层的行为，监督其决策和操作，防止管理层出于自身利益而损害股东利益。例如，内部控制可以规定管理层的授权权限和责任范围，设立审批程序和监督机制，确保管理层的行为符合公司利益。

内部控制系统旨在提高企业的运营效率、财务报告的可靠性以及合规性，而管理创新则涉及新的管理理念、方法或实践，旨在提高企业效率、创造力和竞争力。企业内部控制系统对管理创新有着复杂而深远的影响。内部控制系统通过优化业务流程和提高资源利用效率，为企业创造了更多的时间和资源用于管理创新。有效的内部控制系统可以减少浪费和重复工作，使管理层能够集中精力于创新活动。内部控制系统强调风险管理，这可能导致管理层在创新过程中过于保守，因为创新往往伴随着不确定性。然而，适当的内部控制系统也可以帮助企业识别和管理创新过程中的风险，从而在风险可控的情况下鼓励创新。良好的内部控制系统提供准确和及时的信息，这有助于管理层作出明智的决策，包括创新决策。透明的信息流有助于管理层识别创新机会，并评估其潜在影响。从激励机制与创新动力方面来说，内部控制系统中的激励机制，如绩效评估和薪酬结构，可以鼓励或抑制管理创新。如果激励机制与创新目标一致，它们可以成为创新的推动力；反之，如果它们与传统思维和做法相冲突，可能会阻碍创新。虽然内部控制系统确保企业遵守法律法规和内部政策，这在某些情况下可能会限制创新。然而，合规性也可以为企业提供稳定的环境，让管理层有信心进行创新，因为创新不会受到法律或政策的突然变化的影响。内部控制系统可能会塑造企业文化，影响员工的态度和行为。如果内部控制系统过于强调规则和程序，可能会抑制员工的创新精神；相反，如果内部控制系统能够促进开放和包容的文化，鼓励员工提出新的想法，那么它可能会支持管理创新。

许多学者结合内部控制与其他影响创新的重要因素对企业的创新效果进行了研究（王加灿，2021；孙毅等，2022；姚立杰等，2023）。此类文献扩展了内部控制对企业创新影响研究的内容，丰富了研究的视角。杨道广（2019）研究发现，在内部控制五要素中，内部环境和信息与沟通两大要素是内部控制对企业创新正向影响的集中体现。Huang 等（2020）研究发现，内部控制通过提高企业内部信息质量间接促进了企业创新。Lill 等（2020）则研究了项目内部控制系统对创新项目性能的影响。

另外，管理创新有助于优化国有企业的组织结构和运营模式。通过管理创新，国有企业可以重新设计组织结构，优化业务流程，提高决策效率，实现精细化管理。这有助于国有企业更好地发挥各类资源的效益，提高企业整体的运营效率和灵活性。通过管理创新，国有企业可以建立更为科学的风险管理体系，提高对市场风险和经营风险的识别和应对能力。同时，管理创新也有助于提升决策质量，降低决策风险，推动企业的全要素生产率。此外，内部控制也可能会抑制企业管理创新。Li P 等（2019）以中国上市公司为样本，研究表明，内部控制质量高的企业在探索性创新、常规创新和全面创新方面的创新活动较少，拥有高质量内部控制的企业将创新投资从探索性创新转向常规创新，内部控制质量可能会对公司在新兴市场的创新活动产生副作用。王亚男和戴文涛（2019）研究结果则表明，内部控制与创新效率之间存在显著的正相关关系，支持了内部控制促进企业创新，内部控制通过减少代理冲突、缓解信息不对称导致的创新投入不足，以及降低创新活动风险，从而对企业创新产生影响。在市场化程度较低、法治环境较差的地区，内部控制对创新的积极影响更为显著，体现了其对制度环境的替代效应。

基于以上分析，提出以下假设：

假设 2：内部控制可以通过提高企业管理创新效率来提高国企全要素生产率。

二、创新效率的研究设计

（一）样本选取与数据来源

2008 年全球遭遇金融危机后，关注内部控制质量的企业明显增多。因此，本节选择 2008 年至 2021 年上市企业为研究样本。本节对数据做了如下处理：（1）由于金融保险行业某些收入来自表外业务，财务报表要求区别于一般非金融企业，风险大、波动大，数据不具有代表性，因此剔除金融保险行业公司；（2）由于 ST 上市公司的财务状况或其他状况出现异常，存在退市风险，股票波动较大，因此剔除 ST 公司；（3）对连续型变量两端进行 1% 的 winsorize 处理；（4）保留控股属性为国有企业的样本。数据主要来源于国泰安经济金融研究数据库（CSMAR）。通过以上步骤，最终得到了 11947 家样本企业。本节数据处理使用 Stata16.0 计量分析软件进行。

（二）研究模型

根据研究需要，构建以下基本研究模型，参见式（5－1）。

$$TFP\_op_{it} = \alpha_0 + \alpha_1 ICQ_{it} + \alpha_2 Controls + \sum Year + \sum Ind + \varepsilon_{it}$$

式（5－1）

模型（5－1）为基准回归，用于检验内部控制质量（ICQ）对国企全要素生产率（TFP）的总效应。其中，被解释变量为国企的全要素生产率水平（TFP_op），核心解释变量为内部控制质量（ICQ），选用迪博指数。参考现有的相关文献，本节分别从企业特征层面、财务指标层面、企业治理特征层面选取了多个控制变量。此外，在模型中引入年份（Year）和行业（Ind）变量，以控制年份与行业对经济增长的影响。其中，α_0为截距项，α_1、α_2为系数变量，ε_{it}表示随机误差，下标 i、t 分别表示企业和年份。

（三）主要变量定义

1. 被解释变量

国企全要素生产率（TFP_op）。测量全要素生产率的方法主要有五种，其中 OP 半参数法作为一种较为常用的全要素生产率评估方法，可以有效地克服数据之间的关联度、样本选择等问题。因此，本节以 Olley 和 Pakes（1996）提出的 OP 方法构建模型，计算国企全要素生产率。在稳健性检验中，则使用其他计算方法重新计算该值。

2. 核心解释变量

借鉴以往学者的研究，我们采用深圳市迪博企业风险管理技术有限公司发布的“迪博·中国上市公司内部控制指数”（ICQ）来衡量内部控制质量（李瑛玫，2019），该指数是基于内部控制合规、报告、资产安全、经营、战略五大目标的实现程度而设计，能够综合反映上市公司内控水平和风险管控能力，该指数越大，表示内部控制质量越高。

3. 中介变量

（1）技术创新。目前主流的观点是采用专利申请数量和企业研发投入两类指标来衡量企业创新绩效（黄嘉琪，2020），由于我国专利申请与保护制度尚未完善，所以没有使用专利申请数而是将研发投入作为衡量企业创新绩效的指标，借鉴杨林等（2018）的方法采用研发投入与总资产之比（RD）进行衡量。

（2）管理创新。常用的管理创新的度量方法包括两种：一种是基于量表对企业管理创新水平进行定性测评（冯南平，2021）；另一种则是直接采用定量指标对管理创新进行量化，即从企业的管理效率、运营效率和营销效率三个维度评价企业的管理创新能力。第一种方法多依赖于专家打分，成本较高，且主观性强。本节采用第二种方法度量管理创新，并依据杨春和于婷婷（2019）构建的中国制造业企业管理创新能力评价指标体系，选取主营业务收入与管理费用的比值、总资产周转率、主营业务收入与销售费用的比值分别衡量企业的管理效率、运营效率和营销效率，作为国企管理创新的测度依据。为获得国企管理创新的综合评分，本节借鉴徐浩鸣（2003）的做法，运用相关系数矩阵法获得指标权重，最终计算出三个指标的权重分别为 0.254、0.325、0.421。

4. 控制变量

借鉴以往学者的相关研究（李万福等，2021；方红星和金玉娜，2013；许瑜和冯均科等，2017），我们选择企业规模、财务杠杆、总资产净利润率、托宾 Q 值、上市年限、管理层占股比例、董事会规模和现金流比率作为控制变量，各变量定义方法如表 5－1 所示。

表 5－1　　　　变量定义表

类别	变量名称	符号	变量定义与说明
被解释变量	国企全要素生产率	*TFP－op*	采用 Olley 和 Pakes（1996）提出的 OP 法计算的全要素生产率
解释变量	内部控制质量	*ICQ*	迪博指数除以 100
中介变量	技术创新	*RD*	采用公司年度研发支出占总资产的比例作为衡量企业技术创新的指标
	管理创新	*MI*	对管理创新进行量化，从企业的管理效率、运营效率和营销效率三个维度评价企业的管理创新能力，并运用相关系数矩阵法获得指标权重
控制变量	企业规模	*Size*	年末总资产的自然对数
	财务杠杆	*Lev*	年末总负债/年末总资产
	总资产净利润率	*ROA*	净利润/总资产平均余额

续表

类别	变量名称	符号	变量定义与说明
控制变量	托宾Q值	*TobinQ*	（流通股市值+非流通股股份数×每股净资产+负债账面值）/总资产
	上市年限	*ListAge*	ln（当年年份-上市年份+1）
	产权性质	*SOE*	国有企业为1，否则为0
	管理层占股比例	*Mshare*	董监高持股数量/总股本数量
	董事会规模	*Board*	董事会人数取自然对数
	现金流比率	*Cashflow*	经营活动产生的现金流量净额/总资产

三、创新效率的实证结果与分析

（一）描述性分析

表5-2是国企主要变量的描述性统计结果。从表中可以看出，全要素生产率（TFP_op）均值为6.8698，标准差为0.9348，说明在样本公司中全要素生产率的差别较大。另外，内部控制质量指数（ICQ）最小为0，最大为8.726，标准差为1.359，均值为6.5195，可以看出样本公司内控质量平均较好，但是差异性较大。在控制变量中，管理层持股比例（Mshare）均值为0.701，说明高管持股比例偏低，标准差为3.1857，说明高管持股比例在样本公司中波动性较大。本节在回归前通过方差膨胀因子对各解释变量进行了多重共线性检验，其VIF值均小于2，远小于10，故解释变量之间不存在严重的多重共线性。参考以往研究文献可以发现，其余变量统计值分布均在合理范围内。

表5-2　各核心变量的描述性统计

变量	样本量	均值	标准差	最小值	最大值
TFP_op	11947	6.8698	0.9348	4.8268	8.9894
ICQ	11947	6.5195	1.359	0	8.726
RD	11947	0.0116	0.0164	0	0.098
MI	10058	2.6667	1.5609	0.0391	6.4141
Size	11947	22.6911	1.3962	19.8874	26.2296

续表

变量	样本量	均值	标准差	最小值	最大值
ROA	11947	0.033	0.056	-0.2258	0.2219
ListAge	11947	2.5564	0.5819	0.6931	3.2958
Lev	11947	0.5078	0.198	0.0564	0.889
Board	11946	2.2027	0.1949	1.6094	2.7081
Mshare	11208	0.701	3.1857	0	57.5839
TobinQ	11790	1.8102	1.1484	0.8651	8.4643
Cashflow	11947	0.0483	0.0694	-0.1548	0.2463

（二）相关性分析

通过 pearson 系数和 spearman 系数的检验来验证各变量间的多元共线性。结果（考虑篇幅，相关系数表省略）显示，在所有样本中，内部控制质量与国企全要素生产率 TFP_op 呈正相关性且在 1% 的水平上显著，这说明内部控制质量与国企全要素生产率显著正相关，符合本节假设 1 的预期。在控制变量中，企业规模、财务杠杆、总资产净利润率、上市年限、现金流量比率、董事会规模都与国企全要素生产率显著正相关，而管理层持股比例和托宾 Q 值与国企全要素生产率显著负相关。

（三）基准回归分析

为了验证研究假设，利用 Stata16.0 对样本数据进行回归分析。表 5 -3 报告了内部控制质量（ICQ）影响国企全要素生产率（TFP_op）的基准回归结果。列（1）报告了在控制时间和行业固定效应前提下，未增加相关控制变量时，内部控制质量对国企全要素生产率的影响，回归系数在 1% 的水平显著为正，与预期一致，意味着内部控制质量提高了国企全要素生产率；为提高回归结果精度，列（2）在前者的基础上加入了相关控制变量，核心变量系数的方向和显著性不变（估计系数为 0.0150，$p < 0.01$）。从经济意义上看，内部控制质量水平每提升 1 个单位，国企全要素生产率提升 1.5%。由此可见，无论从统计意义和经济意义上看，内部控制质量的提高均有助于国企 TFP 的提升。进一步验证了第三章的基本假设。

表5-3　　基准回归结果

变量	(1) *TFP_op*	(2) *TFP_op*
ICQ	0.0557 ***	0.0124 ***
	(11.5870)	(3.2462)
Size		0.3500 ***
		(16.8061)
ROA		2.4367 ***
		(15.5246)
ListAge		0.0653
		(1.6318)
Lev		0.2796 ***
		(3.3504)
Board		0.0779
		(1.2445)
Mshare		-0.0017
		(-0.4069)
TobinQ		0.0063
		(0.8462)
Cashflow		0.5134 ***
		(6.5157)
Constant	6.3458 ***	-1.8695 ***
	(32.4609)	(-3.8684)
Observations	11947	11056
R-squared	0.3137	0.4758
Ind fe	Yes	Yes
Year fe	Yes	Yes

注：表中括号内的数值为t统计量的值；回归系数上，*** 为1%显著，** 为5%显著，* 为10%显著。

除此之外，关于控制变量，由表5-3列（2）我们可以看出，企业规模、资产负债率、总资产净利润率、现金流比率与国企全要素生产率的回归系数为正，并在1%的水平上显著，这说明企业规模越大、资产负债率、总资产净利润率与现金流比率水平越高的企业，越能够促进全要素生产率水平；虽然上市时间、董事会规模、高管持股比例和托宾Q与国企全要素生产率有一定的关系，但是这种关系并不明显。

（四）创新机制分析

1. 技术创新机制

前文验证了内部控制质量（ICQ）发展对国企全要素生产率（TFP_op）会产生显著的促进作用。本节将研发投入占比作为体现企业技术创新水平的一个替代变量，构建模型检验内部控制质量是否通过提升企业的技术创新水平，从而对国企全要素生产率水平产生影响。参考国内中介效应的研究方法，采用逐步回归检验法，构建中介效应模型如下（其中 TI 表示企业的技术创新水平），参见式（5－2）至式（5－4）。

$$TFP\_op_{it} = \alpha_0 + \alpha_1 ICQ_{it} + \alpha_2 Controls + \sum Year + \sum Industry + \varepsilon_{it}$$

式（5－2）

$$TI_{it} = \beta_0 + \beta_1 ICQ_{it} + \beta_2 Controls + \sum Year + \sum Industry + \varepsilon_{it}$$ 式（5－3）

$$TFP_{it} = \gamma_0 + \gamma_1 ICQ_{it} + \gamma_2 TI_{it} + \gamma_3 Controls + \sum Year + \sum Industry + \varepsilon_{it}$$

式（5－4）

表5－4列示了企业技术创新作为中介变量的回归结果。列（1）显示的是内部控制质量对国企全要素生产率水平的回归结果，ICQ 的系数为 0.0112，且在1%的水平上显著，表明内部控制质量能够显著提升企业的全要素生产率水平；列（2）中显示的是技术创新对内部控制质量的回归结果，ICQ 的系数为正，且在5%的水平上显著，表明内部控制质量能够显著提升企业的技术创新水平；同时，在将中介变量 TI 加入主回归模型后列（3）的回归结果显示 ICQ 和 TI 系数均显著，说明企业技术创新在内部控制对国企全要素生产率的影响过程中发挥了中介作用，证实了技术创新是内部控制驱动国企全要素生产率提升的重要渠道机制，鉴于此，得出路径：内部控制质量—技术创新—国企 TFP。其中，技术创新（RD）在解释变量（ICQ）中的中介效应比例为5.1%。本节在 Sgmediation 命令检验过程中提供了三种显著性检验，即 Sobel 检验、Aroian 检验、Goodman 检验，均呈显著性，结论支持假设1。

表5－4　　技术创新中介效应的回归结果

变量	(1) *TFP_op*	(2) *RD*	(3) *TFP_op*
RD			2.937***
			(4.321)

续表

变量	(1)	(2)	(3)
	TFP_op	RD	TFP_op
ICQ	0.0112***	0.0002**	0.0106***
	(3.246)	(2.130)	(3.160)
Constant	-1.869***	0.015	-1.913***
	(-3.868)	(1.175)	(-3.958)
Observations	11056	11056	11056
R-squared	0.476	0.211	0.478
Controls	Yes	Yes	Yes
Year	Yes	Yes	Yes
IND	Yes	Yes	Yes
Adj. R^2	0.478	0.478	0.478
N	11056	11056	11056
Sobel 检验		0.002*** (Z=4.771)	
Aroian 检验		0.002*** (Z=4.748)	
Goodman 检验		0.002*** (Z=4.771)	
中介效应系数		0.002*** (Z=4.771)	
直接效应系数		0.040*** (Z=8.845)	
总效应系数		0.042*** (Z=9.308)	
中介效应比例		0.051	

注：表中括号内的数值为 t 统计量的值；回归系数上，*** 为 1% 显著，** 为 5% 显著，* 为 10% 显著。

2. 管理创新机制

由于管理创新通过提升管理效率、优化组织结构、促进技术创新和提升决策质量等方面影响国有企业的全要素生产率，为国有企业的创新和发展提供了有力的支持和保障。基于此，本节管理创新能力从管理效率、运营效率和营销效率三个维度进行综合考量，从而检验内部控制质量提升国企全要素生产率的作用路径。本节构建的中介效应分布回归模型参见式（5-5）至式（5-7）（其中 MI 表示企业管理创新水平）。

$$TFP\_op_{it} = \alpha_0 + \alpha_1 ICQ_{it} + \alpha_2 Controls + \sum Year + \sum Industry + \varepsilon_{it}$$

式（5-5）

$$MI_{it} = \beta_0 + \beta_1 ICQ_{it} + \beta_2 Controls + \sum Year + \sum Industry + \varepsilon_{it}$$

式（5-6）

$$TFP\_op_{it} = \gamma_0 + \gamma_1 ICQ_{it} + \gamma_2 MI_{it} + \gamma_3 Controls + \sum Year + \sum Industry + \varepsilon_{it}$$

式（5-7）

表5-5列示了管理创新作为中介变量的回归结果。列（1）显示的是内部控制质量对国企全要素生产率水平的回归结果，ICQ的系数为0.0112，且在1%的水平上显著，表明内部控制质量能够显著提升企业的全要素生产率水平；列（2）中显示的是管理创新对国企TFP的回归结果，ICQ的系数为0.031，且在5%的水平上显著，表明内部控制质量能够显著提升企业的管理创新水平。

表5-5　　管理创新中介效应的回归结果

变量	(1) *TFP_op*	(2) *MI*	(3) *TFP_op*
MI			0.029***
			(4.449)
ICQ	0.0112***	0.031**	0.019***
	(3.246)	(2.272)	(4.028)
Constant	-1.869***	1.838	-1.856***
	(-3.868)	(1.167)	(-3.467)
Observations	11056	9306	9306
R-squared	0.476	0.118	0.491
Controls	Yes	Yes	Yes
Year	Yes	Yes	Yes
IND	Yes	Yes	Yes
Adj. R^2	0.491	0.491	0.491
N	9306	9306	9306
Sobel检验		0.003***（Z=3.858）	
Aroian检验		0.003***（Z=3.850）	
Goodman检验		0.003***（Z=3.866）	
中介效应系数		0.003***（Z=3.858）	
直接效应系数		0.047***（Z=9.148）	
总效应系数		0.050***（Z=9.670）	
中介效应比例		0.065	

注：表中括号内的数值为t统计量的值；回归系数上，***为1%显著，**为5%显著，*为10%显著。

同时，在将中介变量MI加入主回归模型后列（3）的回归结果显示ICQ和MI系数均在1%的水平上显著，且ICQ的系数由主回归系数的0.0112上升到0.019，该结论表明，管理创新在内部控制和国企TFP之间存在部分中介效应，验证了“内部控制—管理创新—国企TFP”的作用机理，支持假设2的观点。其中，管理创新（MI）在解释变量（ICQ）中的中介效应比例为6.5%。与表5－4类似，Sobel、Aroian、Goodman三种显著性检验均符合要求。研究假设2通过了检验。

（五）创新机制进一步分析：基于市场化程度

根据前文的分析发现，内部控制质量能有效促进国企的全要素生产率，但之前的分析很少基于技术创新和管理创新作为中介变量对样本企业的类型进行区分，从而有可能掩盖样本企业之间的异质性及技术创新和管理创新的中介效应。由于企业市场化程度的不同，内部控制对国企全要素生产率的影响会存在差异。因此，在本节进一步从市场化视角，并以技术创新和管理创新为中介，验证内部控制质量对国企TFP的影响。

疆域辽阔和历史悠久是我国的特点之一，在改革开放的引领和产业升级的推动下，我国各个地区在人口密度、资源储备和经济水平等方面存在不同，进而导致地区之间的市场化程度具有差异性，企业的发展依赖于市场环境，发展质量的高低也与市场化进程息息相关。因此以企业所在地区市场化程度的均值为界，本节按照中位数将全部样本分为市场化程度较低和较高两组分别进行回归（王丽萍等，2021）。

（1）技术创新。市场化程度分组回归如表5－6所示，在市场化程度较高的分组中，列（1）至列（3）中的内部控制质量对国企TFP的回归系数显著为正。而市场化程度较低的分组列（4）至列（6）中，内部控制质量对国企TFP的回归系数依旧为正，但与市场化程度较高的分组相比，其技术创新（RD）的中介效应并不成立，说明市场化水平较低的企业可能进行内部控制的意愿度不强，没能更有效提高国企全要素生产率，但在市场化水平较高的分组中，仍支持本节假设。其原因可能在于市场化程度高意味着金融市场比较完善，法律制度健全，市场竞争公平有序等。相对于较低的市场化水平，发达的金融市场能够为企业提供更多的资源支持，公平的外部环境和法律制度让公司更积极地参与市场竞争，管理者的违规成本较高，内部控制的风险管控功能和代理成本更容易发挥，以市场为导向的企业研发投入可以更好地促进生产率的提高，反映出企业更要注重平稳提升市场化水平以促使国企对内部控制水平的重视，从而改善国企高质量发展水平。

表 5 -6 技术创新机制按市场化水平分组

变量	市场化水平高			市场化水平低		
	(1)	(2)	(3)	(4)	(5)	(6)
	TFP_op	*RD*	*TFP_op*	*TFP_op*	*RD*	*TFP_op*
RD			6.312 ***			1.945 **
			(5.633)			(2.364)
ICQ	0.0198 ***	0.002 *	0.0187 ***	0.0056	0.002 **	0.0052
	(3.075)	(1.659)	(2.918)	(1.005)	(2.099)	(0.943)
Constant	-1.756 **	0.029	-1.938 **	-0.580	0.027	-0.633
	(-2.200)	(1.589)	(-2.494)	(-0.971)	(1.552)	(-1.053)
Observations	5163	5163	5163	5226	5226	5226
R - squared	0.462	0.187	0.473	0.523	0.216	0.524
Controls	Yes	Yes	Yes	Yes	Yes	Yes
Year	Yes	Yes	Yes	Yes	Yes	Yes
IND	Yes	Yes	Yes	Yes	Yes	Yes
Adj. R^2	0.524	0.524	0.524	0.524	0.524	0.524
Sobel 检验	0.001 ** (Z = 2.437)			0.002 *** (Z = 3.687)		
Aroian 检验	0.001 ** (Z = 2.388)			0.002 *** (Z = 3.662)		
Goodman 检验	0.001 ** (Z = 2.490)			0.002 *** (Z = 3.712)		
中介效应系数	0.001 ** (Z = 2.437)			0.005 *** (Z = 3.687)		
直接效应系数	0.048 *** (Z = 6.714)			0.044 *** (Z = 5.221)		
总效应系数	0.049 *** (Z = 6.881)			0.049 *** (Z = 5.642)		
中介效应比例	0.024			0.078		

注：表中括号内的数值为 t 统计量的值；回归系数上，*** 为 1% 显著，** 为 5% 显著，* 为 10% 显著。

（2）管理创新。如表 5 -7 所示，中介变量管理创新（MI）正好相反，在市场化程度较低的分组中显著正相关，而在市场化程度较高的分组中，中介效应并不成立，其原因可能在于这些企业的管理创新水平已经相对较高，内部控制体系相对完善，因此管理创新对内部控制的影响相对有限。这也表明，这些企业需要寻求其他方式和途径来进一步提高内控质量发展水平，可能需要更多关注技术创新、战略调整或其他方面的创新来推动企业的发展。

表 5-7　　管理创新机制按市场化水平分组

变量	市场化水平高			市场化水平低		
	(1)	(2)	(3)	(4)	(5)	(6)
	TFP_op	*MI*	*TFP_op*	*TFP_op*	*MI*	*TFP_op*
MI			0.021**			0.035***
			(2.110)			(3.657)
ICQ	0.0056	0.0288*	0.0121*	0.0198***	0.0395*	0.0197***
	(1.005)	(1.715)	(1.948)	(3.075)	(1.650)	(2.983)
Constant	-0.580	2.443	-0.928	-1.756**	4.616*	-1.796**
	(-0.971)	(1.089)	(-1.376)	(-2.200)	(1.716)	(-2.119)
Observations	5，226	4，525	4，525	5，163	4，262	4，262
R-squared	0.523	0.160	0.531	0.462	0.113	0.477
Controls	Yes	Yes	Yes	Yes	Yes	Yes
Year	Yes	Yes	Yes	Yes	Yes	Yes
IND	Yes	Yes	Yes	Yes	Yes	Yes
Adj. R^2	0.477	0.477	0.477	0.477	0.477	0.477
Sobel 检验	0.005*** (Z=3.307)			0.003*** (Z=2.606)		
Aroian 检验	0.005*** (Z=3.294)			0.003*** (Z=2.595)		
Goodman 检验	0.005*** (Z=3.322)			0.003*** (Z=2.617)		
中介效应系数	0.005*** (Z=3.307)			0.003*** (Z=2.606)		
直接效应系数	0.044*** (Z=5.465)			0.043*** (Z=6.775)		
总效应系数	0.049*** (Z=5.955)			0.045*** (Z=7.115)		
中介效应比例	0.092			0.058		

注：表中括号内的数值为 t 统计量的值；回归系数上，*** 为 1% 显著，** 为 5% 显著，* 为 10% 显著。

（六）稳健性检验

由于本节样本数据量并不算大，在进行中介效应的分组回归时，样本量被进一步压缩，故为解决样本量可能不够充分而对结果产生的影响，本节借鉴张国兴等（2021）的方法，采用 Bootstrap 法再次进行检验，即将样本看作一个总体，进行“有放回”抽样以获得自助样本，再利用这些自助样本对总体进行统计推断，得到更加渐进有效的估计量，检验结果如表 5 - 8 所示。内部控制质量通过技术创新对国企 TFP 产生影响的间接效应为 0. 002，且偏差矫正 95% 的置信区间不包括零，表明间接效应显著，并且其间接效应（0. 002）符号与直接效应（0. 040）符号相同，说明技术创新（RD）在内部控制质量与国企 TFP 之间起到了中介效应。而内部控制质量通过管理创新（MI）对企业高质量发展产生影响的间接效应为 0. 003，且偏差矫正 95% 的置信区间不包括零，表明间接效应显著，另外，其间接效应（0. 003）符号与直接效应（0. 047）符号相同，说明管理创新在国企背景下内部控制水平对全要素生产率产生影响中存在中介效应，并且中介效应是显著的，均支持了前文的假设。

表 5 - 8　　Bootstrap 中介效应检验

效应	变量	系数	95% 的置信区间		偏差矫正 95% 的置信区间	
			上限	下限	上限	下限
间接效应	技术创新（RD）	0. 002	0. 003	0. 001	0. 0032	0. 001
直接效应	技术创新（RD）	0. 040	0. 050	0. 030	0. 050	0. 030
间接效应	管理创新（MI）	0. 003	0. 005	0. 0014	0. 005	0. 001
直接效应	管理创新（MI）	0. 047	0. 057	0. 036	0. 057	0. 036

四、创新效率的研究结论

内部控制作为企业重要的内部治理机制，在促进企业高质量发展中发挥了重要作用。本节选取 2008—2021 年中国沪深 A 股上市公司为研究样本，实证检验了内部控制对国企 TFP 的影响，以及技术创新和管理创新在其中的作用路径。研究发现：第一，内部控制能够显著正向促进国有企业的全要素生产率；第二，技术创新和管理创新在内部控制促进国企全要素生产率过程中均发挥着中介作用；第三，从市场化程度和是否高科技企业视角进行分组，以技术创新和管理创新为中介变量，进一步论证并检验了内部控制通过提升创新效率进而促进国企 TFP 的提升路径。

第二节 内部控制、资本配置效率与国企TFP

一、资本配置效率的理论分析与研究假设

（一）内部控制与国企全要素生产率

根据信息不对称理论，在信息交流过程中，当一方比另一方拥有更多的或者更准确的信息时，会导致交流双方的权利、利益或者行为存在不对称的情况。这种不对称可能导致信息的不完全传递、误导甚至欺骗，进一步地，对信息掌握情况的差异会影响到交流双方的选择和决策。对于企业而言，这种信息不对称将会带来委托代理问题和道德风险问题，进一步地将会制约企业的发展，不利于企业生产率的提升。在对企业生产率的衡量上，传统的指标通常只考虑单一的生产要素，如劳动力或者资本的投入产出比，忽略了其他生产要素的贡献，而企业全要素生产率是指各种要素投入水平在既定的条件下所达到的额外生产效率，是资本、劳动力等生产要素无法解释的部分，能更加全面准确地对企业的生产效率进行衡量。企业全要素生产率主要来源于技术进步率、组织管理效率和资源配置效率，而资源错配是抑制其增长的重要因素（郭檬楠等，2019）。而完善的内部控制制度能够有效地提升公司治理水平、缓解信息不对称，从而减少委托代理问题和道德风险问题（胡海波等，2023），减少资源错配，促进企业全要素生产率的提升。

国有企业作为国家经济体系的重要组成部分，在国家战略性产业、基础设施建设、国民经济命脉等领域发挥着重要作用，其经营目标通常不仅仅是盈利，还包括为国家和社会提供公共产品和服务，实现国家经济发展和社会稳定的战略目标。国有企业所属性质使其要站在国家层面和社会层面作出经营决策，其使命和担当让国企在内部治理方面更加谨慎，会更加重视内部控制体系的构建，从而有利于国企全要素生产率的提升。

具体而言，有效的内部控制可以通过内部环境、风险评估、控制活动、信息与沟通、内部监督五个基本要素的运作对国企的生产经营、内部治理进行合理管控，缓解资源错配、提高组织运行效率，从而提升国企的全要素生

产率：内部环境控制可以在国企内部形成科学有效的职责分工，使部门权责分明、相互制约，降低企业的代理成本，为国企 TFP 的提升打下良好的基础；完善的风险评估程序能够帮助国企预测、识别并防范战略执行中的潜在风险（王永海等，2016）。通过规避风险、发掘机遇，有效地提升国企的资源配置效率，提升 TFP；控制活动与国企的日常经营密切相关，通过对资金活动、采购生产流程、销售活动等全过程的控制，能有效提升运营透明度和资本运营效率，从而提升 TFP；有效的信息沟通机制可以提升国企各部门之间、管理者与股东之间的沟通质量和效率，缓解信息不对称的问题，提高企业运行效率，从而提升 TFP；内部监督机制可以增加对管理层的监管和控制，减少管理层的机会主义行为和营私舞弊行为，优化内部管理效率，提高决策的准确性，促进 TFP 的提升。

（二）内部控制、资本配置效率与国企全要素生产率

考虑到企业的资本配置包括融资和投资两个重要环节，本节从融资效率和投资效率两个角度考量企业的资本配置效率①，分别从两个路径研究内部控制对国企全要素生产率的影响。

1. 内部控制、融资效率与国企全要素生产率

融资效率体现着企业在获取资金的过程中能否以最低的成本获得最大的资金量，一个融资效率高的企业通常具有较低的融资成本，同时也能以较快的速度获取到资金以满足企业的生产经营需求。融资效率是对企业资金取得和使用诸环节综合效率水平的反映，提高融资效率对改善企业经营绩效、提升市场竞争能力和促进可持续发展具有重要影响（郭金录等，2023）。

有效的内部控制制度可以对国企的融资活动产生积极的影响，改善国企的融资效率，从而促进 TFP 的提升。一方面，内部控制制度的监管是全方位地覆盖到国企所有的经营活动中的。在国企的融资过程中，内部控制可以有效地监管资金的取得和使用的全过程，监督防范该过程中的不正当行为，有

① 资本配置效率通常指的是资本在不同投资机会之间的有效分配，以确保资源得到最优化的利用，从而最大化投资回报。但在广义上，资本配置效率不仅局限于投资方向的选择，还包括融资的效率。因为涉及企业如何有效地获取和使用资金，这在很大程度上影响了企业的整体资本配置行为和效率。本书通过将融资效率纳入资本配置效率的讨论，主要是试图强调整个资本管理过程对企业绩效的综合影响，而不仅仅关注资本在不同投资方向上的分配，并且也有相关学术研究的支持（李青原，2009）。

效地减少管理层的资金侵占等不良行为，提高各环节的运作有效性和科学性，确保全过程的合法合规，从而增强国企的融资效率（张海君等，2017）。另一方面，国企的资金提供者在投资过程中会对国企的风险进行评估，有效的内部控制制度可以缓解该过程中的信息不对称问题，提高国企的会计信息质量，确保企业财务报告的准确性和可靠性。通过向企业的投资者和债权人传递出准确高质量的信息以及经营良好的信号，可以降低投资者的交易风险，减少投资者对于企业财务状况的担忧，从而降低投资者对风险的补偿要求，使企业的融资成本下降。良好的内部控制状况也能提升企业的声誉和信誉，使投资者和融资机构更愿意将资金投入到企业中，从而提升融资效率。基于上述分析，提出以下研究假设。

假设 1：内部控制通过提升企业融资效率来促进国企全要素生产率的提升。

2. 内部控制、投资效率与国企全要素生产率

投资作为国企配置资源的重要方式，在国企的经营发展中发挥着重要作用，投资效率是指企业在进行投资决策时，所获得的投资回报与所付出的投资成本之比。投资效率高的企业可以以较少的成本获得更高的收益，增加企业的盈利，提升行业竞争力。通过优化投资决策，提升投资效率，可以有效地发挥出国企资源配置的潜力，提升国企的产出能力，从而推动国企 TFP 的增长。但由于委托代理问题及信息不对称等诸多因素的影响，在现实情况中，企业的投资决策通常难以达到较为理想的状态，往往会出现投资不足或投资过度等情况，对企业的高质量发展带来阻碍。

而内部控制制度作为国企内部管理的重要方式，可以有效地缓解信息不对称及委托代理问题。一方面，内部控制制度为国企提供了良好的信息环境，可以有效地减少经理人出于自利目的而选择性披露信息的行为（胡海波等，2023），保证国企信息传递的质量，使各部门对投资项目的了解更加全面，促进项目的高效执行，提高国企的投资效率。另一方面，内部控制制度起到了严格的监管作用，可以有效地监督代理人的行为，促进代理人行为与股东利益的有效统一，减少代理人的不合理投资行为，减少非效率投资（许志勇等，2023）。此外，高质量的内部控制还能帮助国企及时发现并改善投资过程中出现的问题，提高投资效率。

基于上述分析，提出以下研究假设。

假设 2：内部控制通过提升国企投资效率来促进国企全要素生产率的提升。

二、资本配置效率的研究设计

（一）样本选择及数据来源

本节选取 2008—2021 年 A 股国企上市公司为研究样本，数据主要来源于 CSMAR 数据库，本节对数据做了如下处理：（1）剔除金融企业。（2）剔除 ST、*ST 企业。（3）删除数据缺失的样本。（4）为排除极端值的干扰，对所有的连续变量按照 1% 和 99% 的水平进行缩尾处理。通过以上步骤，最终收集了 1239 家国企的数据，观测值共 11980 个。本节数据处理使用 Stata 17.0 计量分析软件进行。

（二）主要变量定义

1. 被解释变量

本节的被解释变量是国企全要素生产率（TFP_op），当前测量全要素生产率的方法主要有三种：参数法、非参数法和半参数法。半参数方法能较好地解决 TFP 估计过程中的联立性偏误和选择性偏误，且采用 OP 法的估计结果优于 LP 法（郭檬楠等，2020）。因此，本节以 Olley 和 Pakes（1996）提出的 OP 方法构建模型，计算国企全要素生产率。为了提高结论的可靠，在稳健性检验中，则使用 LP 法重新计算该值。

2. 核心解释变量

内部控制质量（ICQ）是本节的解释变量。本节将迪博内控指数除以 100 后的结果作为国企内部控制质量的测量指标。迪博内控指数是在以往研究前提下结合企业内部控制建设现状测得的，深圳迪博公司从 2008 年开始基于上市公司数据进行测量，数据涵盖公司年报中“公司治理”“重要事项”及“内部控制自我评估报告”等。它包括内部环境、风险评估、控制活动、信息与沟通和内部监督，指标细化为五个一级指标和 50 多个（后期扩充至 63 个）二级指标。该指数具有普遍的认可度，因此本节采用迪博内控指数来衡量企业内部控制程度。

3. 中介变量

（1）融资效率（FE）。企业的融资效率反映能够创造企业价值的融资能力，很难用一个具体的财务指标来衡量。参照郭金录等（2023）的研究，已有的企业融资效率常用测度方法有以下三种：一是模糊评价法和熵值法：选取配置效率、交易效率、治理效率相关的评价指标，运用熵值法对不同的上市企业融资效率进行测算。二是数据包络分析（DEA）方法：通过构建有关企业的融资投入指标与融资产出指标，运用DEA等方法对企业的融资效率进行测算。三是构造公式法：常用“投资报酬率和资本成本率的比值”来计算，还有基于融资成本、融资风险和融资收益构造企业融资效率测度公式。借鉴张海君（2017）的研究，本节采用构造公式法，选用“投资回报率与资本成本率的比值”来度量融资效率。

（2）投资效率（absinv）。对于投资效率的衡量，大多借助非效率投资水平作为其对应的负指标。在衡量非效率投资水平的方法上，目前研究以计算模型拟合残差为主，目前较为主流的有Richardson模型、Biddle模型、Chen模型。模型回归所得的残差项反映的是偏差值，借助残差项的大小和方向即可判断非效率投资水平的高低，如果残差为负，则说明企业存在投资不足，如果残差为正，说明企业存在投资过度，残差项的绝对值越大，则投资效率越低。本节参照陈运森和黄健峤（2019）的研究，构建Biddle模型计算非效率投资程度，根据该模型估计的残差的绝对值作为投资效率的衡量指标，残差绝对值越大，说明非效率投资程度越高，投资效率越低。

4. 控制变量

本节参考孟茂源（2021）、刘圻等（2022）的研究，分别从企业特征层面、财务指标层面、企业治理特征层面选取了多个控制变量。其中，企业特征层面包括企业规模（Size）和企业年龄（ListAge）。财务指标层面包含现金持有量（Cashflow）、固定资产占比（FIXED）和股票回报率（Ret）。企业治理特征层面涉及独立董事占比（Indep）、前十大股东持股比例（Top10）。另外，本节还选取了宏观层面的市场化指数（Market）作为控制变量。

各主要变量的定义方法如表5－9所示。

表5－9 主要变量定义及说明

变量类型	名称	符号	定义
被解释变量	全要素生产率	*TFP_op*	按照OP法计算的全要素生产率
解释变量	内部控制质量	*ICQ*	迪博内部控制指数除以100
中介变量	融资效率	*FE*	投资回报率除以资本成本率
	投资效率	*absinv*	参照Biddle模型计算的残差绝对值

续表

变量类型	名称	符号	定义
控制变量	企业规模	*Size*	年末总资产的自然对数
	企业年龄	*ListAge*	ln（当年年份 - 上市年份 +1）
	现金持有量	*Cashflow*	经营活动产生的现金流量净额除以总资产
	固定资产占比	*FIXED*	固定资产净额除以总资产
	股票回报率	*Ret*	考虑现金红利再投资的年个股回报率
	独立董事占比	*Indep*	独立董事人数除以董事人数
	前十大股东持股比例	*Top10*	前十大股东持股数量除以总股数
	市场化水平	*Market*	樊纲的《中国分省份市场化指数报告》

（三）研究模型：资本配置效率的中介效应模型

中介效应检验中，最常见的是逐步检验回归系数的方法。为了检验假设1与假设2中提出的内部控制对国企全要素生产率的具体作用路径，本节参考温忠麟等（2015）学者的研究方法，采用逐步回归法对中介效应进行检验，构建了模型，参见式（5-8）至式（5-10）。

$$TFP\_op_{i,t} = \alpha + \beta_1 ICQ_{i,t} + \beta_2 controls + \sum Ind + \sum Year + \varepsilon_{i,t}$$

式（5-8）

$$Mediator_{i,t} = \alpha + \beta_1 ICQ_{i,t} + \beta_2 controls + \sum Ind + \sum Year + \varepsilon_{i,t}$$

式(5-9)

$$TFP\_op_{i,t} = \alpha + \beta_1 ICQ_{i,t} + \beta_2 Mediator_{i,t} + \beta_3 controls + \sum Ind + \sum Year + \varepsilon_{i,t}$$

式（5-10）

其中，被解释变量为国企的全要素生产率水平（TFP_op），核心解释变量为国企的内部控制水平（ICQ）。此外，在模型中引入了年份虚拟变量（Year）和行业虚拟变量（Ind），以控制年份与行业对国企全要素生产率的影响。

逐步检验回归系数的过程包括三步：第一步通过模型（5-8）检验内部控制（ICQ）对国企全要素生产率（TFP_op）的影响，即观察该模型中ICQ的系数是否显著；第二步通过模型（5-9）验证内部控制（ICQ）对中介变量（Mediator）的影响，即观测该模型中ICQ的系数是否显著；第三步通过模型（5-10）将内部控制（ICQ）与中介变量（Mediator）同时放入方程，在检验中介变量对被解释变量影响的基础上，进一步检验内部控制（ICQ）通过中介变量对国企全要素生产率（TFP_op）的影响，即关注该模型中内部控制变量和中介变量的系数是否均是显著的。

三、资本配置效率的实证结果与分析

（一）描述性统计与相关性分析

表5-10列示了主要研究变量的描述性统计情况。从表中可以看到，内部控制（ICQ）的均值为6.5179，标准差为1.3599，最小值为0，最大值为8.719，说明国企间的内部控制水平有较大差距，此外，内部控制指标的均值（6.5179）和中位数（6.752）都靠近最大值（8.719），说明大部分国企的内部控制水平还是较高的，与前文的假设一致。表中的国企全要素生产率（TFP_op）的均值为6.8676，标准差为0.9368，说明不同企业间的全要素生产率水平具有一定的差异。此外，本节在回归前通过方差膨胀因子对各解释变量进行了多重共线性检验，其VIF值均小于2，远小于10，故不存在多重共线性的问题。

表5-10　　主要变量的描述性统计

VarName	Obs	Mean	SD	Median	P25	P75	Min	Max
TFP_op	11980	6.8676	0.9368	6.786	6.183	7.505	4.778	8.994
ICQ	11980	6.5179	1.3599	6.752	6.251	7.107	0	8.719
Size	11980	22.6844	1.3895	22.529	21.694	23.569	18.933	26.071
ListAge	11980	2.5578	0.5819	2.708	2.303	2.996	0.693	3.332
FIXED	11980	0.2568	0.1885	0.219	0.1	0.387	0.002	0.704
Cashflow	11980	0.0479	0.0708	0.047	0.009	0.089	-0.198	0.26
Top10	11980	0.575	0.1557	0.575	0.464	0.687	0.222	0.903
Indep	11980	0.3707	0.0549	0.333	0.333	0.385	0.308	0.571
Market	11980	8.8231	1.784	9.06	7.661	10.104	4.076	12.39
Ret	11980	0.131	0.5665	0.008	-0.233	0.336	-0.704	2.537

本节通过Pearson相关系数和Spearman相关系数来验证各变量间的相关性，结果（考虑篇幅，相关系数表省略）显示，内部控制水平（ICQ）与国

企全要素生产率（TFP_op）呈正相关且在1%的水平上显著，符合本节假设1的预期。在控制变量中，企业规模、企业年龄、现金持有量、独立董事比例、前十大股东持股比例、市场化水平都与国企全要素生产率显著正相关，固定资产占比、股票回报率与国企全要素生产率显著负相关，且从表中所显示的数据可以看出，不存在两个自变量之间相关系数较大且接近1的情况，说明各主要变量间不存在过强的相关性，不存在多重共线性问题。

（二）内部控制与国企 TFP：基准回归分析

为检验假设1，进行了多元回归分析，表5－11报告了内部控制水平（ICQ）影响国企全要素生产率（TFP_op）的基准回归结果。列（1）和列（2）报告了未增加相关控制变量时，内部控制对国企全要素生产率的影响，如表中所示，ICQ的回归系数均在1%的水平显著为正，与预期一致，意味着内部控制促进了国企全要素生产率的提升；列（3）是加入了相关控制变量后的回归结果，如表中所示，回归系数仍在1%的水平显著为正；列（4）在列（3）的基础上进一步控制了年份和行业固定效应，回归系数仍在1%的水平显著为正。以上结果说明内部控制水平对国企全要素生产率呈现出显著的正向影响，即内部控制水平的提升会促进国企全要素生产率的提升，检验结果验证了假设1。

表5－11　　内部控制对国企 TFP 的基准回归

VARIABLES	(1)	(2)	(3)	(4)
	TFP_op	*TFP_op*	*TFP_op*	*TFP_op*
ICQ	0.1581***	0.0561***	0.0577***	0.0351***
	(25.8252)	(11.6569)	(13.0541)	(8.0835)
Size			0.4417***	0.3559***
			(91.5313)	(17.9112)
ListAge			0.0753***	0.0738*
			(6.8979)	(1.9350)
FIXED			−1.1421***	−0.6749***
			(−34.5568)	(−6.9183)
Cashflow			0.7219***	0.9920***
			(8.1769)	(12.0212)

续表

VARIABLES	(1) *TFP_op*	(2) *TFP_op*	(3) *TFP_op*	(4) *TFP_op*
Top10			-0.0564	0.0732
			(-1.2948)	(0.7791)
Indep			0.1556	-0.0612
			(1.4555)	(-0.4272)
Market			0.0376***	-0.0103
			(11.0739)	(-0.8473)
Ret			-0.0050	0.0250***
			(-0.4859)	(2.9015)
Constant	5.8372***	6.3445***	-3.8208***	-1.3794***
	(143.1901)	(32.4944)	(-37.6045)	(-2.9191)
Observations	11980	11980	11980	11980
R - squared	0.0527	0.3133	0.5476	0.4447
Ind fe	No	Yes	No	Yes
Year fe	No	Yes	No	Yes
Number of STKCD		1238		1238

注：表中括号内的数值为 t 统计量的值。

（三）内部控制与国企 TFP：中介机制检验

1. 融资效率的中介效应分析

根据前文的理论分析，内部控制将会促进国企融资效率的提高，从而提升国企全要素生产率。本节采用逐步回归法检验了融资效率的中介效应，剔除融资效率（FE）的数据缺失值后，共得到了7316个观测值。

表5-12列示了融资效率作为中介变量时的中介效应检验结果，模型（5-8）的回归结果如列（1）所示，内部控制（ICQ）对国企全要素生产率（TFP_op）的系数在1%的水平上显著为正。模型（5-9）的回归结果如列（2）所示，内部控制（ICQ）对融资效率（FE）的回归系数在1%的水平上显著为正，说明内部控制促进了国企融资效率的提高。模型（5-10）的结果如列（3）所示，内部控制（ICQ）和融资效率（FE）对国企全要素生产率（TFP_op）的回归系数均在1%水平上显著为正，且第三列中内部控制的回归系数相比第一列有所降低，与本节的理论预期一致。以上结果表明，融资效

率在内部控制对国企全要素生产率的影响中起到了部分中介效应，内部控制将会促进国企融资效率的提高，从而提升国企全要素生产率，假设1成立。

表5-12　　融资效率中介效应的回归结果

VARIABLES	(1) *TFP_op*	(2) *FE*	(3) *TFP_op*
FE			0.099***
			(10.500)
ICQ	0.035***	0.079***	0.027***
	(8.097)	(6.161)	(4.719)
Constant	-1.343***	0.059	-0.384
	(-2.860)	(0.075)	(-0.735)
Observations	11980	8061	7316
R-squared	0.445	0.234	0.519
Number of STKCD	1238	1151	1050
Controlvars	Yes	Yes	Yes
Year	Yes	Yes	Yes
Ind	Yes	Yes	Yes
Adj. R^2	0.519	0.519	0.519
N	7316	7316	7316

注：表中括号内的数值为t统计量的值。

2. 投资效应的中介效应分析

根据前文的理论分析，内部控制将会促进国企投资效率的提高，从而提升国企全要素生产率。本节运用逐步回归法检验了投资效率的中介效应，剔除投资效率（absinv）的数据缺失值后，共得到了11419个观测值。

表5-13列示了投资效率作为中介变量时的中介效应检验结果，模型（5-8）的回归结果如列（1）所示，内部控制（ICQ）对国企全要素生产率（TFP_op）的系数在1%的水平上显著为正。模型（5-9）的回归结果如列（2）所示，内部控制（ICQ）对投资效率（absinv）的回归系数在10%的水平上显著为负，表明内部控制减少了国企的非效率投资水平。模型（5-10）的结果如列（3）所示，内部控制（ICQ）对国企全要素生产率（TFP_op）的回归系数在1%水平上显著为正，投资效率（absinv）对国企全要素生产率

（TFP_op）的回归系数在5%水平上显著为负，与本节的理论预期一致。以上结果表明，投资效率在内部控制对国企全要素生产率的影响过程中起到了中介作用，内部控制将会降低国企的非效率投资，促进国企投资效率的提高，从而提升国企全要素生产率，假设2成立。

表5-13　投资效率中介效应的回归结果

VARIABLES	(1) *TFP_op*	(2) *absinv*	(3) *TFP_op*
absinv			-0.294 **
			(-2.469)
ICQ	0.035 ***	-0.001 *	0.036 ***
	(8.097)	(-1.690)	(8.122)
Constant	-1.343 ***	0.119 ***	-1.416 ***
	(-2.860)	(3.462)	(-2.936)
Observations	11980	12867	11419
R-squared	0.445	0.051	0.455
Number of STKCD	1238	1264	1177
Controlvars	Yes	Yes	Yes
Year	Yes	Yes	Yes
Ind	Yes	Yes	Yes
Adj. R^2	0.455	0.455	0.455
N	11419	11419	11419

注：表中括号内的数值为t统计量的值。

3. 中介机制再检验

为验证中介机制的稳健性，本节采用Bootstrap检验法对中介路径进行检验，该方法根据标准误的理论概念，将样本容量很大的样本当作总体，进行有放回抽样，从而得到更为准确的标准误。与其他中介效应检验方法相比，Bootstrap具有较高的统计效力，Bootstrap法是公认的可以取代Sobel方法而直接检验系数乘积的方法（温忠麟等，2014）。参照其他学者的研究，本节将随机抽样次数定为1000次，得到的检验结果如表5-14所示，内部控制通过融资效率对国企全要素生产率产生影响的间接效应为0.0093，且偏差矫正95%的置信区间不包括零，表明间接效应显著，并且其间接效应（0.0093）符号与直接效应（0.0580）符号相同，说明融资效率在内部控制与国企全要素生产率之间起到了中介效应。同样地，内部控制通过投资效率对国企全要素生产率产生影响的间接效应为0.0004，且偏差矫正95%的置信区间不包括零，表明间接效应显著，并且其间接效应（0.0004）符号与直接效应（0.0540）符号相同，说明投资效率在内部控制与国企全要素生产率之间起到了中介效应，验证了前文结论的稳健性。

表5-14　　　中介机制再检验：Bootstrap检验

效应	变量	系数	95%的置信区间		偏差矫正95%的置信区间	
			上限	下限	上限	下限
间接效应	融资效率	0.0093	0.0065	0.0128	0.0068	0.0131
直接效应	融资效率	0.0580	0.0435	0.0702	0.0458	0.0715
间接效应	投资效率	0.0004	0.0001	0.0009	0.0001	0.0010
直接效应	投资效率	0.0540	0.0447	0.0634	0.0458	0.0637

（四）进一步分析

1. 地区差异分析

考虑到不同地区的发展状况存在差距，本节进一步考察地区差异对内部控制与国企TFP关系的影响。参照沈小波等（2021）的研究，将地区划分为东部地区和西部地区，对不同地区的国企进行分组回归，表5-15列示的是以融资效率为中介的分组后逐步回归结果。从表中各地区回归结果的第一列可以看到，内部控制水平的系数均在1%水平上显著为正，东部地区的系数较大，说明内部控制对国企TFP的促进作用在不同地区均是显著的，相较之下，这种促进作用在发展状况更好的东部地区会更加明显。对比各组第二列中ICQ的系数以及第三列中FE的系数，可以看到东部地区的系数更大且显著性更强，说明内部控制对融资效率的促进作用以及融资效率对国企TFP的促进作用均是在东部地区较为明显，与主回归一致。究其原因在于，东部地区的发展状况更好、市场化程度也更高，相应的法律体系和制度环境也更加健全，因此不管是政策文件还是监管部门对企业的内部管理都提出了更加明确的要求，促使企业在内部控制方面有所提升，进而促进企业的高质量发展。

表 5-15　　进一步分析：按地区分组回归

VARIABLES	东部地区			西部地区		
	(1)	(2)	(3)	(4)	(5)	(6)
	TFP_op	*FE*	*TFP_op*	*TFP_op*	*FE*	*TFP_op*
FE			0.094***			0.089***
			(7.653)			(5.173)
ICQ	0.041***	0.087***	0.030***	0.032***	0.040*	0.030***
	(6.819)	(4.535)	(4.049)	(3.611)	(1.806)	(2.802)
Constant	-1.596**	-0.391	0.045	-1.595*	1.520	-1.986*
	(-2.278)	(-0.363)	(0.059)	(-1.908)	(1.018)	(-1.896)
Observations	6913	4839	4312	2684	1767	1608
R-squared	0.414	0.234	0.486	0.525	0.326	0.619
Number of STKCD	745	691	614	267	258	239
Controlvars	Yes	Yes	Yes	Yes	Yes	Yes
Adj. R^2	0.619	0.619	0.619	0.619	0.619	0.619
N	1396	1396	1396	1396	1396	1396

注：表中括号内的数值为 t 统计量的值。

2. 国企类型差异分析

为了进一步理解内部控制对国企 TFP 的影响，本节将国企再次细分为中央国企和其他国企，对不同类型的国企进行分组回归，表 5-16 列示的是以融资效率为中介的分组后逐步回归结果。从表中各组逐步回归的第一步结果可以看到，内部控制水平的系数均在 1% 水平上显著为正，说明内部控制对不同类型国企的全要素生产率均有促进作用。其中，中央国企所在组的回归系数略大于其他国企组，说明这种促进作用在中央国企中会更加明显。进一步将各组第三步回归及第一步主回归中内部控制水平的系数进行对比，可以看到加入融资效率这一中介变量后，其他国企组的系数变化并不明显，而中央国企组的内部控制水平的回归系数（0.020）相较基准回归（0.039）有明显的下降，说明融资效率在内部控制对中央国企 TFP 的促进过程中发挥了较好的中介作用。以上分析说明，内部控制对国企 TFP 的促进作用以及融资效率在此过程中发挥的中介作用均在中央国企更显著。究其原因，一方面是中央国企相较其他国企会更加重视企业的内部治理，其内部治理水平相较其他国企也会更好；另一方面中央国企的规模也更大，内部控制带来的内部环境优化、内部权力牵制等促进作用更加明显，能够更好地促进企业全要素生产率的提升。

表 5-16　　进一步分析：按国企类型分组回归

	中央国企			其他国企		
VARIABLES	(1)	(2)	(3)	(4)	(5)	(6)
	TFP_op	*FE*	*TFP_op*	*TFP_op*	*FE*	*TFP_op*
FE			0.095***			0.106***
			(7.196)			(7.916)
ICQ	0.039***	0.096***	0.020**	0.031***	0.091***	0.031***
	(5.701)	(3.719)	(2.582)	(5.432)	(5.452)	(3.773)
Constant	-1.068	-0.542	-0.293	-1.672***	-0.113	-0.929
	(-1.554)	(-0.515)	(-0.436)	(-2.621)	(-0.094)	(-1.215)
Observations	4014	2757	2757	7221	4200	4200
R-squared	0.561	0.246	0.596	0.413	0.269	0.494
Number of STKCD	369	347	347	729	612	612
Controlvars	Yes	Yes	Yes	Yes	Yes	Yes
Adj. R^2	0.494	0.494	0.494	0.494	0.494	0.494
N	4200	4200	4200	4200	4200	4200

注：表中括号内的数值为 t 统计量的值；回归系数上，*** 为 1% 显著，** 为 5% 显著，* 为 10% 显著。

四、资本配置效率的研究结论

本节以 2008—2021 年的 A 股国企上市公司为研究样本，研究了内部控制对国企全要素生产率的影响及作用路径。研究发现：（1）内部控制可以促进国企全要素生产率的提升，在对解释变量做滞后处理、替换被解释变量以及增加部分控制变量后，结果依旧是稳健的。（2）中介效应回归分析表明，内部控制可以通过提升国企的融资效率和投资效率来促进国企全要素生产率的提升，经过 Bootstrap 检验法对中介路径再次检验后，结果依旧是稳健的。（3）进一步分析表明，内部控制对国企全要素生产率的促进作用以及融资效率在此过程中发挥的中介作用在东部地区国企、中央国企中更加显著。

第三节 内部控制、劳动力配置效率与国企 TFP

一、劳动力配置效率的理论分析与研究假设

内部控制究竟是如何影响国企 TFP 的？影响路径是什么？相应影响在不同类型企业之间是否存在显著差异？从理论上分析，内部控制对国企 TFP 有着“激励”影响。国有企业效率一直是学术界和实务界较为关注的问题，一方面国有企业在垄断优势、政府保护机制下普遍运营效率较低，另一方面近些年国有资产有保值增值的现实需求。国家也积极通过混合所有制改革、推进国有企业并购重组等措施提升国有企业经营效率。然而，相对于外部因素，内部因素才是打破国有企业向来组织效率低下、投资效率不高的核心（叶舜，2023）。

内部控制是企业确保其行为符合相关法律法规、保障财务报告可靠性并最终提高经营效率和成效的重要制度安排。从制度设计的视角来看，内部控制的完善和健全是提升企业信息披露质量和实施有效公司治理的基本保障，助力管理层作出科学且合理的决策。研究表明，内部控制可以通过降低信息不对称、缓解代理问题，从而提升企业的资本投资效率（李万福等，2011）和并购整合能力（杨道广，2014）。良好的内部控制反映了企业的日常运营状态和良好的内部环境，显示了企业具有良好的发展潜力，能够增强潜在投资者对企业的信任；同时，有效的内部控制实施能够提升企业的经营成果和财务绩效，降低企业风险，向外界传达企业发展良好的信息，以最大限度降低融资成本，缓解融资难题。那么，提升国有企业内部控制水平是否能优化人力资本结构，提升劳动力配置效率，从而提高国企的全要素生产率呢？

人力资本理论在经济学和管理学中扮演着关键角色，它强调通过教育、培训、健康投资以及工作经验的积累，可以显著提升个人的工作效率和生产能力。这一理论认为，个人的技能、知识和健康状况是其生产力的重要组成部分，因此对这些方面的投资被视为促进劳动力生产率和经济增长的关键。随着市场和技术的不断变化，理论也强调了技能的适应性和终身学习的重要性，以确保劳动力能够应对新的挑战和工作要求。首先，企业应重视员工的教育和培训，通

过提供学习和发展机会，帮助员工提升技能和专业知识，从而提高整体的工作效率和创新能力。其次，企业的健康和福利政策也对员工的生产力有显著影响。通过确保员工的健康和幸福，企业不仅能提高员工的工作满意度和忠诚度，还能减少因健康问题导致的缺勤，进一步提高生产效率。此外，鼓励员工分享工作经验和持续学习，能够使企业更好地适应市场变化，促进组织内部的知识转移和协同作用，从而在更广泛的层面上提升企业的全要素生产率。本节将从企业员工、高管团队、研发团队三个群体分别进行路径分析。

基于员工组织匹配理论，高质量内部控制的企业需要匹配高素质的员工，这也将促进企业存量人力资本的提升。内部控制的完善和健全是提高企业信息披露质量和实现有效公司治理的基础性保障，有助于管理层作出科学合理的决策。首先，健全的内部控制使企业在招聘环节更倾向于选择具有高学历、高技能水平的员工，进而实现企业人力资本结构的优化升级（肖土盛等，2022）。人力资本结构的高级化有助于降低代理成本、提升经营绩效和投资效率（侯粲然等，2022）。相应地，内控环境的优化有助于吸引更多高端人才加入企业，提升人力资本质量。其次，赫兹伯格的双因素理论认为，员工的激励因素可以分为保健因素和激励因素，前者关注企业工作环境、法规制度等外部因素，确保员工的工作情绪；后者则侧重于激励，关注职业晋升、薪资报酬、福利奖金等因素，着重提升员工工作积极性与主动性。高质量内部控制企业拥有更严格的员工培训或绩效考核机制，更加关注改善员工工作及安全生产环境、完善员工管理条例等，强化员工权益保护，这些都有助于激励员工提高工作积极性（谢玉华等，2012），从而对企业劳动生产率产生积极作用。因此，我们认为内部控制水平的提升将对企业员工劳动生产率产生积极影响，进而促进国企全要素生产率的提升。

企业的高级管理人员在企业的经营管理中扮演着重要角色，对公司绩效起着关键作用。在国有企业所有者缺位的情况下，作为掌握着企业重要投资经营决策的高管，对企业发展和经营效率起着至关重要的作用。高管团队成员的能力与认知直接决定了企业治理结构和投资战略方向，而高管的个体特征决定了高管的认知和能力，因此，国有企业高管背景特征很有可能是影响国有企业经营效率的关键因素。Hambrick 和 Mason（1984）提出的高阶理论认为，管理团队成员是企业重要的人力资本，其成员个人特质影响管理团队对决策环境的分析倾向，导致不同企业管理团队的前瞻性和创新性不同，以及对采取何种研发战略具有不同的态度，进而影响企业经营绩效。因此，我们认为内部控制水平的提升将对高管团队人力资本水平产生积极影响，进而促进国企全要素生产率的提升。

本节还认为内部控制对国企 TFP 的“激励”路径，也有可能是通过提高企业研发团队这一群体的劳动力配置效率而实现的。现有研究表明，内部控制能有效缓解融资约束、促进研发投入，对技术创新和企业价值创造有着正向调节作用（程小可等，2013；陈作华和方红星，2018；张亚洲，2020）。研发人员是企业重要的战略资源，作为提升企业核心竞争力的关键因素，研发人员不仅能够通过研发活动来加快企业价值增长，还能为企业带来经济效益的提高。Chang C F 等（2016）以人力资本形式存在的知识溢出通常被视为持续增长和发展的引擎，使用每个城市中受过高等教育（大学及以上）员工的比例作为工厂的外部人力资本指数（不包括参考工厂本身），研究发现，在给定城市内，受过高等教育员工比例的 1% 增长将使该城市工厂的 TFP 提高 0.93%~1.15%。此外，高科技工厂以及位于科学园区的工厂的 TFP 提升更为显著。张勤（2019）的研究表明，创新能力与企业经营效率之间存在显著正相关关系。夏清华和何丹（2020）认为随着创新能力的不断增强，企业能够根据当前市场需求开展创新研发，从降低成本和拓展新市场两个方面增强企业盈利能力，实现企业经营效率的不断提升。高新技术企业快速发展的根本原因在于持续的创新能力，而创新的源泉来自知识型员工的人力资本（任红艳，2023）。知识经济时代，高学历员工作为知识的承载者，往往会接收更多的前沿信息，能够更好支撑企业持续发展，更加受到企业青睐。Wang M 等（2021）认为总体人力资本可以提高 TFP，但这些研究忽视了人力资本结构的异质性影响，将人力资本分为接受学术教育的人力资本和仅接受非学术教育的人力资本，实证结果显示，不同水平的人力资本对 TFP 有不同的影响，某些类型的人力资本（如高等教育人力资本）促进了当地 TFP 提升，而其他类型的人力资本（如初等教育人力资本）则抑制了它。Chowdhury S 等（2014）认为公司的人力资本，体现在员工的经验和教育上，是一种关键资源，能够提高公司的 TFP。在核心员工教育水平较高的公司中，特定任务经验与 TFP 之间的关系比在核心员工教育水平较低的公司中更为强烈。研发团队的创新能力和绩效取决于团队成员智力整合与知识共享程度；团队人力资本的受教育程度越好，经验越丰富，成员从错误中学习时，就越有能力反省团队任务目标、过程和战略计划（姜秀珍等，2011）。高水平内控企业往往能够吸纳更多更高水平的研发人员。那么，内部控制对国企 TFP 的积极作用，是否关键在于内部控制显著提高了企业研发人员人力资本水平？基于上述分析，本节提出以下研究假设。

假设 1：内部控制通过提高企业员工人力资本水平，从而促进国企 TFP 提升。

假设 2：内部控制通过提高企业高管人力资本水平，从而促进国企 TFP 提升。

假设 3：内部控制通过提高企业研发团队人力资本水平，从而促进国企 TFP 提升。

二、劳动力配置效率的研究设计

（一）样本选取与数据来源

本节以 2008 年至 2021 年 A 股上市公司为研究样本。企业财务层面的数据均来自国泰安数据库；内部控制水平，本节采用“迪博·中国上市公司内部控制指数”来衡量。本节按照如下流程对初始样本进行筛选：（1）剔除在样本期间被 ST 和 *ST 处理的样本；（2）剔除金融类公司样本；（3）剔除关键数据缺失的样本。此外，为了消除极端值的干扰，本节对所有连续变量在前后两端进行 1% 的缩尾处理，在回归分析中采用企业个体层面的聚类方法对稳健标准误进行了修正。最终得到 6864 个公司—年度观测值。数据处理和分析采用 Stata17 计量分析软件。

（二）研究模型

为研究内部控制影响国企全要素生产率的渠道路径，本节借鉴温忠麟和叶宝娟等（2004）提出的中介效应检验方法，选取“员工人力资本”“高管人力资本”和“研发团队人力资本”三类渠道进行识别检验，并构建了模型，参见式（5－11）至式（5－13）。

$$TFP\_LP_{i,t} = \alpha + \beta_1 IC_{i,t} + \beta_2 controls + \sum Ind + \sum Year + \varepsilon_{i,t} \quad \text{式（5－11）}$$

$$Mediator_{i,t} = \alpha + \beta_1 IC_{i,t} + \beta_2 controls + \sum Ind + \sum Year + \varepsilon_{i,t} \quad \text{式（5－12）}$$

$$TFP\_LP_{i,t} = \alpha + \beta_1 IC_{i,t} + \beta_2 Mediator_{i,t} + \beta_3 controls + \sum Ind + \sum Year + \varepsilon_{i,t} \quad \text{式（5－13）}$$

其中，下标 i 为公司，t 为年份，被解释变量为企业全要素生产率（TFP_LP），核心解释变量为企业的内部控制质量（IC），Mediator 为中介变量，本节用企业员工人力资本水平（EMHC）、高管人力资本水平（HMHC）和研发团队人力资本水平（RDHC）替代中介模型中的 Mediator。Controls 表示控制变量集，Ind 和 Year 分别表示行业和年度固定效应，$\varepsilon_{i,t}$为随机扰动项。

（三）主要变量定义

1. 被解释变量

企业全要素生产率（TFP_LP）。常见的企业全要素生产率的计算方法有最小二乘法、固定效应法、Levinsohn – Petrin 法（LP 法）以及 Olley – Pakes 法（OP 法）。结合现实情况，本节参考过往文献的做法，使用 LP 法计算企业的全要素生产率用于实证分析。在稳健性检验中，则使用 OP 法重新计算该值。

2. 核心解释变量

内部控制质量（IC）。借鉴逯东等（2014）、王加灿（2015）的研究，本节选用迪博上市公司内部控制与风险管理数据库发布的内部控制指数来衡量企业内部控制质量。迪博内控指数衡量方法精确，已经在内部控制的相关研究中得到广泛的应用，本节采用迪博指数的百分比形式对内部控制进行衡量。

具体来说，各变量定义方法如表 5 – 17 所示。

表 5 – 17　　变量定义及说明

变量类型	名称	符号	定义
被解释变量	全要素生产率	*TFP_LP*	采用 Levinsohn 和 Petrin（2003）提出的 LP 法计算的全要素生产率
解释变量	内部控制水平	*IC*	迪博的《中国上市企业内部控制指数》除以 100
中介变量	员工人力资本①	*EMHC*	企业员工人均薪酬②的自然对数
	高管人力资本	*HMHC*	前三名高管薪酬的自然对数
	研发团队人力资本	*RDHC*	人均研发投入的自然对数

① 员工人力资本用员工薪酬来计量，参考借鉴文献：李海峥，苏妍，熊咸芳，等．基于工资的人力资本度量：从微观个体到宏观总量［J］．计量经济学报，2021，1（03）：518 – 540；何珺子，杨伟国，董兴奎．终生收入法计量人力资本之研究评述［J］．劳动经济研究，2019，7（06）：80 – 94。

② 员工人均薪酬 =（期末应付职工薪酬 – 期初应付职工薪酬 + 支付给职工以及为职工支付的现金 – 管理层薪酬总额）/员工人数。

续表

变量类型	名称	符号	定义
控制变量	公司规模	*Size*	年末总资产的自然对数
	公司年龄	*ListAge*	ln（当年年份 - 上市年份 + 1）
	资产负债率	*Lev*	年末总负债除以年末总资产
	独立董事比例	*Indep*	独立董事除以董事人数
	营业收入增长率	*Growth*	（本年营业收入/上一年营业收入） - 1
	董事会规模	*Board*	董事会人数取自然对数
	现金持有量	*Cashflow*	经营活动产生的现金流量净额/总资产
	托宾 Q	*TobinQ*	（流通股市值 + 非流通股股份数 × 每股净资产 + 负债账面值）/总资产
	固定资产占比	*Fixed*	固定资产净额/总资产
	流动比率	*Liquid*	流动资产/流动负债
	两职合一	*Dual*	董事长与总经理是同一个人为1，否则为0

三、劳动力配置效率的实证结果与分析

（一）描述性统计

表5 - 18为本节主要变量的描述性统计结果，从表中可以看出，内部控制的平均数是6.5649，说明样本公司的内部控制指数评分均值达到了656.49，样本公司内部控制的平均得分较低。企业全要素生产率水平TFP_LP的最小值为6.913，最大值为12.235，均值为9.4998，而标准差为1.1805，可以看出，样本企业全要素生产率水平具有较大的差异性。此外，与企业全要素生产率水平相关的其他控制变量，样本数据都基本呈正态分布，符合数据进行下一步回归的基本要求。

表5 - 18　　各核心变量的描述性统计

VarName	Obs	Mean	SD	Median	Min	Max
TFP_LP	6864	9.4998	1.1805	9.397	6.913	12.235
IC	6864	6.5649	1.3618	6.767	0.000	9.954
Size	6864	22.8306	1.4829	22.638	20.087	27.203
Lev	6864	0.5165	0.1967	0.522	0.089	0.927

续表

VarName	Obs	Mean	SD	Median	Min	Max
Liquid	6864	1.6197	1.2540	1.288	0.218	8.272
Cashflow	6864	0.0474	0.0697	0.048	-0.155	0.240
Fixed	6864	0.2567	0.1935	0.215	0.002	0.762
Growth	6863	0.1384	0.3744	0.088	-0.542	2.376
Board	6864	2.2120	0.1985	2.197	1.609	2.708
Dual	6864	0.0861	0.2805	0.000	0.000	1.000
TobinQ	6780	1.7456	1.0157	1.399	0.824	6.571
ListAge	6864	2.8911	0.3315	2.944	1.792	3.526
Indep	6864	0.3701	0.0536	0.333	0.300	0.571

（二）相关性分析

通过 Pearson 相关系数的检验来验证各变量间的多元共线性。结果（考虑篇幅，相关系数表省略）显示，在所有样本中，内部控制与企业全要素生产率 TFP_LP 正相关且在 1% 的水平上显著，这说明内部控制与企业全要素生产率显著正相关，符合本节的预期。在控制变量中，企业规模、资产负债率、现金持有量、营业收入增长率、董事会规模、公司年龄、独立董事比例都与企业全要素生产率显著正相关，而流动比率、固定资产占比、两职合一、托宾 Q 与企业全要素生产率显著负相关，且从表中所显示的数据可以看出，绝大部分相关系数绝对值均小于0.4，且 VIF 检验值为1.27，表明主要变量之间并不存在多重共线性问题。

（三）内部控制与国企 TFP 的回归分析

为了验证研究假设，利用 Stata17.0 对样本数据进行回归分析。表 5-19 列示了内部控制对国企全要素生产率的回归结果。结果显示，在不加入任何控制变量的情况下，回归系数在 1% 水平上呈现显著为正的关系，且加入相关的控制变量后，这种显著为正的关系依然存在，有力验证了本节假设，内部控制能够发挥正向的积极作用，促进国企的全要素生产率水平。从回归结果来看，证实了内部控制更能发挥治理、监督与激励作用而非机会主义作用，完善内部监督治理机制、激发企业员工积极性、提升企业治理水平，促进企业全要素生产率提升。

表 5-19　　内部控制对国企 TFP 的回归分析

	(1)	(2)
	TFP_LP	*TFP_LP*
IC	0.2546***	0.0597***
	(28.5790)	(11.1423)
Size		0.6439***
		(96.0551)
Lev		0.3109***
		(5.9743)
Liquid		-0.0182**
		(-2.3586)
Cashflow		1.3465***
		(13.0037)
Fixed		-1.1823***
		(-24.4862)
Growth		0.2154***
		(12.1445)
Board		0.0209
		(0.5458)
Dual		0.0213
		(0.9090)
TobinQ		0.0146*
		(1.7688)
ListAge		0.1249***
		(4.6761)
Indep		0.3307**
		(2.4066)
_cons	6.5971***	-6.0124***
	(58.6963)	(-32.1800)
Ind	Yes	Yes
Year	Yes	Yes
N	6864	6779
R^2	0.3339	0.8031
Adj. R^2	0.3287	0.8012

注：表中括号内的数值为 t 统计量的值；回归系数上，*** 为 1% 显著，** 为 5% 显著，* 为 10% 显著。

除此之外，关于控制变量，由表5－19列（2）我们可以看出，企业规模、资产负债率、现金持有量、营业收入增长率、公司年龄、托宾Q、独立董事比例与企业全要素生产率的回归系数为正且显著，这说明企业规模越大、资产负债率、现金持有量、营业收入增长率、托宾Q、独立董事占比越高，越能够促进全要素生产率水平；流动比率、固定资产占比对企业全要素生产率水平的影响则相反，流动比率越高、固定资产占比越大，在一定程度上会阻碍国企全要素生产率水平的提高；虽然董事会规模、董事长与总经理两职合一与企业全要素生产率有一定的关系，但是这种关系并不明显。

（四）中介效应回归分析

1. 内部控制与员工人力资本水平

表5－20列示了员工人力资本水平作为中介变量的回归结果。列（1）列示的是内部控制对国企全要素生产率水平的回归结果，IC的系数为0.0597，且在1%的水平上显著，表明内部控制能够显著提升国有企业的全要素生产率水平；列（2）中列示的是内部控制对员工人力资本的回归结果，IC的系数为0.0099，且在5%的水平上显著，表明内部控制能够显著提升企业员工人力资本水平；同时，在将中介变量EMHC加入主回归模型后列（3）的回归结果显示EMHC系数显著为正，说明员工人力资本水平在内部控制对国企全要素生产率的影响过程中发挥了中介作用。

表5－20　员工人力资本水平的中介效应检验

	(1) *TFP_LP*	(2) *EMHC*	(3) *TFP_LP*
IC	0.0597***	0.0099**	0.0581***
	(11.1423)	(2.2199)	(10.9356)
EMHC			0.1656***
			(11.4425)
Controlvars	Yes	Yes	Yes
N	6779	6779	6779
R^2	0.8031	0.4762	0.8068
Adj. R^2	0.8012	0.4712	0.8050

注：表中括号内的数值为t统计量的值。

使用Sobel法进行回归，回归结果如表5－21所示。Sobel法通过检验相关系数的乘积是否显著以确定其是否存在中介效应。

表5－21　IC提升TFP市场效应的中介效应Sobel法检验

参数名	参数值
Sobel	0.002**
Aroian	0.002**
Goodman	0.002**
a_coefficient	0.010**
b_coefficient	0.166***
Indirect_effect_aXb	0.002**
Direct_effect_c'	0.058***
Total_effect_c	0.060***

注：***为1%显著，**为5%显著，*为10%显著。

在回归结果中，Goodman系数为0.002，并且在5%的水平上显著，说明其存在中介效应，此外，交乘项的间接效应、直接效应、总效应均在1%或5%的水平上正向显著，说明在Sobel法下，内部控制通过提升全要素生产率具有员工人力资本水平中介效应。研究假设1通过了检验。

2. 内部控制与高管人力资本水平

表5－22列示了高管人力资本水平作为中介变量的回归结果。列（1）列示的是内部控制对国企全要素生产率水平的回归结果，IC的系数为0.0597，且在1%的水平上显著，表明内部控制能够显著提升国有企业的全要素生产率水平；列（2）中列示的是内部控制对高管人力资本的回归结果，IC的系数为0.0450，且在1%的水平上显著，表明内部控制能够显著提升企业高管人力资本水平；同时，在将中介变量HMHC加入主回归模型后列（3）的回归结果显示IC和HMHC系数均显著，说明高管人力资本水平在内部控制对国企全要素生产率的影响过程中发挥了部分中介作用。

使用Sobel法进行回归，回归结果如表5－23所示。Sobel法通过检验相关系数的乘积是否显著以确定其是否存在中介效应。

表 5-22　　高管人力资本水平的中介效应检验

	(1)	(2)	(3)
	TFP_LP	*HMHC*	*TFP_LP*
IC	0.0597***	0.0450***	0.0506***
	(11.1423)	(8.5492)	(9.5860)
HMHC			0.2017***
			(16.5714)
Controlvars	Yes	Yes	Yes
N	6779	6779	6779
R^2	0.8031	0.4848	0.8108
Adj. R^2	0.8012	0.4799	0.8090

注：表中括号内的数值为 t 统计量的值。

表 5-23　　IC 提升 TFP 市场效应的中介效应 Sobel 法检验

参数名	参数值
Sobel	0.009***
Aroian	0.009***
Goodman	0.009***
a_coefficient	0.045***
b_coefficient	0.202***
Indirect_effect_aXb	0.009***
Direct_effect_c'	0.051***
Total_effect_c	0.060***

在回归结果中，Goodman 系数为 0.009，并且在 1% 的水平上显著，说明其存在中介效应，此外，交乘项的间接效应、直接效应、总效应均在 1% 的水平上正向显著，说明在 Sobel 法下，内部控制通过提升全要素生产率具有高管人力资本水平效应。研究假设 2 通过了检验。

3. 内部控制与研发团队人力资本水平

表 5-24 列示了研发团队人力资本水平作为中介变量的回归结果。列（1）列示的是内部控制对国企全要素生产率水平的回归结果，IC 的系数为 0.1353，且在 1% 的水平上显著，表明内部控制能够显著提升国有企业的全要素生产率水平；列（2）中列示的是内部控制对研发团队人力资本的回归结

果，IC 的系数为 0.0726，且在 1% 的水平上显著，表明内部控制能够显著提升企业研发团队人力资本水平；同时，在将中介变量 RDHC 加入主回归模型后列（3）的回归结果显示 IC 和 RDHC 系数均显著，说明研发团队人力资本水平在内部控制对国企全要素生产率的影响过程中发挥了部分中介作用。

表 5-24　　研发团队人力资本水平的中介效应检验

	(1)	(2)	(3)
	TFP_LP	*RDHC*	*TFP_LP*
IC	0.1353***	0.0726***	0.1292***
	(12.8284)	(4.2706)	(12.3329)
RDHC			0.0838***
			(8.3493)
Controlvars	Yes	Yes	Yes
N	3809	3809	3809
R^2	0.8347	0.2891	0.8378
Adj. R^2	0.8320	0.2773	0.8350

注：表中括号内的数值为 t 统计量的值。

使用 Sobel 法进行回归，回归结果如表 5-25 所示。Sobel 法通过检验相关系数的乘积是否显著以确定其是否存在中介效应。研究假设 2 通过了检验。

表 5-25　　IC 提升 TFP 市场效应的中介效应 Sobel 法检验

参数名	参数值
Sobel	0.006***
Aroian	0.006***
Goodman	0.006***
a_coefficient	0.073***
b_coefficient	0.084***
Indirect_effect_aXb	0.006***
Direct_effect_c'	0.129***
Total_effect_c	0.135***

在回归结果中，Goodman 系数为 0.006，并且在 1% 的水平上显著，说明其存在中介效应，此外，交乘项的间接效应、直接效应、总效应均在 1% 的水

平上正向显著，说明在 Sobel 法下，内部控制通过提升全要素生产率具有研发团队人力资本水平效应。

（五）进一步分析

1. 行业要素密集度

不同行业的生产技术不同，要素密集度不同，劳动生产率也存在巨大差异（钱震杰等，2013）。本节借鉴施新政等（2019）的研究，以证监会行业分类为标准，按照要素密集度将企业分为劳动密集型、资本密集型和技术密集型三种类型，然后进行分组回归以检验员工人力资本中介效应对要素密集度不同的行业的影响是否存在差异。

检验结果如表 5-26 所示，列（1）、列（2）、列（3）报告了员工人力资本中介效应在劳动密集型行业的回归结果，可以发现内部控制显著提升了劳动密集型企业的员工人力资本水平，进而促进了企业的全要素生产率，并且这种影响是在1%的水平上显著为正的；列（4）、列（5）、列（6）报告了员工人力资本中介效应在资本密集型行业的回归结果，其系数在1%的水平上显著为正；列（7）、列（8）、列（9）报告了员工人力资本中介效应在技术密集型行业的回归结果，列（8）系数在5%的水平上显著为正，表明在技术密集型企业中，员工人力资本中介效应仍得到验证，但是员工人力资本中介效应在劳动密集型企业和资本密集型企业中更为显著，而在技术密集型企业中的影响较小。

表 5-26　行业要素密集度分组回归

	(1)	(2)	(3)	(4)	(5)	(6)	(7)	(8)	(9)
	TFP_LP	*EMHC*	*TFP_LP*	*TFP_LP*	*EMHC*	*TFP_LP*	*TFP_LP*	*EMHC*	*TFP_LP*
IC	0.0376***	0.0568***	0.0198*	0.0579***	0.0753***	0.0258**	0.0470***	0.0283**	0.0357***
	(3.0511)	(3.1089)	(1.9412)	(2.9003)	(2.8421)	(2.1162)	(4.0370)	(2.2473)	(3.8799)
EMHC			0.3128***			0.4262***			0.3980***
			(8.3107)			(4.5691)			(7.2911)
Controlvars	Yes	Yes	Yes	Yes	Yes	Yes	Yes	Yes	Yes
N	2254	2254	2254	1346	1346	1346	1609	1609	1609
R^2	0.9604	0.8500	0.9711	0.9528	0.8392	0.9724	0.9675	0.8221	0.9788
Adj. R^2	0.9553	0.8307	0.9674	0.9459	0.8156	0.9683	0.9621	0.7924	0.9753

注：表中括号内的数值为 t 统计量的值。

2. 中央国企与地方国企

不同类型国企在内部治理和监管机制上存在较大差异，其内部控制制度的实施效果也大不相同。因此，本节按照国有企业实际控制人层级不同将其区分为中央国企和地方国企，然后进行分组回归以检验高管人力资本中介效应对不同类型国企的影响是否存在差异。

在我国，中央国资委无论是在调配各种资源的能力上还是权限上，均高于地方国资委。同时，政府主管部门以及政府所控制公司的高管层均有行政级别。出于升迁原因，这些政府主管部门以及政府所控制公司的高管层均有动力去建设良好的内部控制。就专业知识、监管水平、人才储备等方面而言，中央国资委、财政部等部门要强于地方国资委及主管部门，相应地，国资委、财政部、证监会等中央主管部门有专业能力去积极推动中央政府所控制企业的内部控制建设。而地方国资委等政府部门则由于专业知识、监管水平等方面的限制，很难自主地引导地方政府控制的公司进行内部控制的建设，更多地会跟随和模仿中央政府控制公司来推动内部控制的建设和完善。因此，在内部控制建设方面，地方政府控制的公司可能会比中央政府控制的公司“慢半拍”，造成地方政府控制公司的内部控制质量低于中央政府控制的公司（刘启亮等，2012）。

但是，相较于中央国企，地方国企可能趋于逐利化目标。中央政府向地方政府下放部分自主权后，地方政府在一定程度上是“自负盈亏”的，这就极大地刺激了地方政府追求利润的积极性。因此，地方国企可能更关注企业能为当地政府带来多少利益，从而更重视经营效益（张婷等，2022）。表 5－27 依据控制人产权性质的不同对高管人力资本中介效应进行分组回归，列（1）、列（2）、列（3）和列（4）、列（5）、列（6）分别报告了高管人力资本中介效应在中央国企和地方国企的回归结果，结果发现内部控制均显著提升了中央和地方国企的高管人力资本水平，进而促进了企业的全要素生产率提升。

表 5－27　　国企级别分组回归

	(1)	(2)	(3)	(4)	(5)	(6)
	TFP_LP	*HMHC*	*TFP_LP*	*TFP_LP*	*HMHC*	*TFP_LP*
IC	0.0382***	0.0332***	0.0352***	0.0669***	0.0506***	0.0568***
	(4.9927)	(4.3611)	(4.5892)	(9.8824)	(7.4625)	(8.5102)

续表

	(1)	(2)	(3)	(4)	(5)	(6)
	TFP_LP	*HMHC*	*TFP_LP*	*TFP_LP*	*HMHC*	*TFP_LP*
HMHC			0.0930 ***			0.1996 ***
			(4.4095)			(13.5054)
Controlvars	Yes	Yes	Yes	Yes	Yes	Yes
N	2320	2320	2320	4459	4459	4459
R^2	0.8740	0.5465	0.8751	0.7838	0.4957	0.7925
Adj. R^2	0.8707	0.5344	0.8717	0.7807	0.4883	0.7894

注：表中括号内的数值为 t 统计量的值。

3. 是否高科技行业

表 5－28 为基于是否高科技行业企业对研发团队人力资本中介效应的回归结果。列（1）、列（2）、列（3）为高科技企业样本回归的结果，可以发现内部控制对研发团队人力资本的回归系数为 0.0239，其系数不显著，表明在高科技企业中，研发人员人力资本在内部控制对企业全要素生产率的促进作用中并没有发挥中介效应。列（4）、列（5）、列（6）为非高科技企业样本回归的结果，内部控制显著提升了非高科技企业的研发团队人力资本水平，进而促进了企业的全要素生产率提升，中介效应得到验证。

表 5－28　是否高科技行业分组回归

	(1)	(2)	(3)	(4)	(5)	(6)
	TFP_LP	*RDHC*	*TFP_LP*	*TFP_LP*	*RDHC*	*TFP_LP*
IC	0.1095 ***	0.0239	0.1069 ***	0.0899 ***	0.0911 ***	0.0840 ***
	(10.2467)	(1.4636)	(10.1362)	(5.9830)	(3.5496)	(5.5994)
RDHC			0.1060 ***			0.0651 ***
			(7.6237)			(4.4361)
Controlvars	Yes	Yes	Yes	Yes	Yes	Yes
N	2189	2189	2189	1620	1620	1620
R^2	0.8645	0.3579	0.8681	0.8036	0.2191	0.8060
Adj. R^2	0.8622	0.3469	0.8657	0.7982	0.1978	0.8006

注：表中括号内的数值为 t 统计量的值。

（六）稳健性检验

为使结论更为稳健，本节采用 Olley 和 Pakes（1996）提出的 OP 方法，重新测算国企的全要素生产率水平，对中介效应进行检验。回归结果如表 5-29 所示，列（1）、列（2）、列（3），列（4）、列（5）、列（6）和列（7）、列（8）、列（9）分别报告了员工、高管、研发团队人力资本中介效应的回归结果，结果发现内部控制与采用 OP 法计算的国企全要素生产率回归系数分别为 0.0558、0.0558、0.0982，均显著为正；内部控制与三个中介变量的回归结果分别为 0.0099、0.0450、0.0368，均显著为正；三个中介变量与国企全要素生产率的回归系数分别为 0.5620、0.1870、0.1422，均在 1% 的水平上显著为正。说明本节基本结论并没有因为全要素生产率度量方法的调整而发生变化。

表 5-29　替换被解释变量

	(1)	(2)	(3)	(4)	(5)	(6)
	TFP_OP	*EMHC*	*TFP_OP*	*TFP_OP*	*HMHC*	*TFP_OP*
IC	0.0558***	0.0099**	0.0503***	0.0558***	0.0450***	0.0474***
	(10.1592)	(2.2199)	(10.2789)	(10.1592)	(8.5492)	(8.7211)
EMHC			0.5620***			
			(42.1726)			
HMHC						0.1870***
						(14.9251)
Controlvars	Yes	Yes	Yes	Yes	Yes	Yes
N	6779	6779	6779	6779	6779	6779
R^2	0.6684	0.4762	0.7379	0.6684	0.4848	0.6790
Adj. R^2	0.6652	0.4712	0.7353	0.6652	0.4799	0.6759

	(7)	(8)	(9)
	TFP_OP	*RDHC*	*TFP_OP*
IC	0.0982***	0.0368**	0.0930***
	(9.0435)	(2.0217)	(8.8056)
RDHC			0.1422***
			(11.4994)
Controlvars	Yes	Yes	Yes
N	2251	2251	2251
R^2	0.7317	0.3009	0.7470
Adj. R^2	0.7244	0.2818	0.7400

注：表中括号内的数值为 t 统计量的值；回归系数上，*** 为 1% 显著，** 为 5% 显著，* 为 10% 显著。

四、劳动力配置效率的研究结论

本节以 2008—2021 年中国 A 股上市公司为样本，对人力资本配置效率在内部控制促进国企全要素生产率提升路径方面进行了理论分析与实证检验。研究发现：（1）内部控制可以提升国企的全要素生产率水平，在替换被解释变量之后，结果依然稳健；（2）中介效应回归分析表明，内部控制是通过提高员工、高管、研发团队人力资本水平来提升国企全要素生产率；（3）进一步分析表明，内部控制在劳动密集型企业和资本密集型企业中，员工人力资本在内部控制对全要素生产率的影响过程中发挥了较强的中介作用。内部控制均显著提升了中央和地方国企的高管人力资本水平，进而提升了企业的全要素生产率。在非高科技企业中，内部控制通过提高企业研发团队人力资本水平，提升了企业全要素生产率，而在高科技企业中，研发人员人力资本并没有发挥中介效应。本节的研究结果表明，高质量的内部控制在企业治理中发挥的是正向的积极效应，对国有企业经营效率具有积极影响。

本章小结

本章从创新效率、资本配置效率和劳动力配置效率等三个方面分别构建内部控制对国企 TFP 的作用路径，并进行了细致的理论分析与实证检验。

首先，创新效率在内部控制提升国企 TFP 的路径中发挥着中介作用，创新效率包含技术创新和管理创新。第一，内部控制能够显著正向提升国有企业的全要素生产率；第二，技术创新和管理创新在内部控制促进国企全要素生产率过程中均发挥着中介作用；第三，从市场化程度和是否高科技企业视角进行分组，以技术创新和管理创新为中介变量，进一步论证并检验了内部控制通过提升创新效率进而促进国企 TFP 的提升路径。

其次，资本配置效率在内部控制提升国企 TFP 的路径中发挥着中介作用，内部控制可以通过提升国企的融资效率和投资效率来促进国企全要素生产率的提升。进一步分析表明，内部控制对国企全要素生产率的促进作用以及融资效率在此过程中发挥的中介作用在东部地区国企、中央国企中更加显著。

企业要加强对资本配置的重视，减少内部的信息不对称问题，缓解企业的资源错配。企业应充分借助资本配置效率的中介作用，通过提升内部控制水平，提高融资过程及投资过程的信息透明度及效率，进而促进企业全要素生产率的提升。

最后，劳动力配置效率也是内部控制提升国企 TFP 路径中的重要中介变量。劳动力配置效率可以从员工人力资本水平、高管人力资本水平和研发团队人力资本水平三个方面分别进行研究。中介效应回归分析表明，内部控制可以通过提高员工、高管、研发团队人力资本水平来提升国企全要素生产率；进一步分析表明，劳动密集型企业和资本密集型企业中，员工人力资本在内部控制对全要素生产率的影响过程中发挥了中介作用，而在技术密集型企业中，员工人力资本并没有发挥中介效应。在高科技企业中，内部控制显著通过提高企业研发团队人力资本水平，促进了企业全要素生产率提升，而在非高科技企业中，研发人员人力资本并没有发挥中介效应。

第六章

内部控制提升国企 TFP 的机制创新与路径保障

前面章节深入分析了内部控制提升国企 TFP 的机制与路径。为有效发挥机制作用与路径效果，本章将分别对内部控制提升国企 TFP 的机制创新与路径保障进行探讨。机制创新包括 TFP 预算系统、TFP 绩效评价系统以及 TFP 风控系统等三个系统，路径保障包括 TFP 组织保障、TFP 人才保障以及 TFP 资金保障等三个方面。

第一节 基于 TFP 的国企内部控制机制创新

一、基于 TFP 的国企预算系统设计

（一）基于 TFP 的国企预算系统设计的可行性

（1）目标一致。全面预算管理，作为一种指导企业资源配置并贯穿于所有经营活动的关键管理策略，对于提升全要素生产率及推动企业的健康且高质量的发展具有至关重要的作用（邓正炜，2019）。全面预算管理与全要素生产率的概念高度吻合。全要素生产率指的是在特定的投入组合下所能产生的最大产出，全要素生产率是给定单位要素投入组合能够获得的产出（蔡跃洲

和付一夫，2017）。而全面预算管理涵盖了企业运营所需的全部资源，包括人力、财务和物质资源。这些资源正是全要素生产率中定义的劳动力和资本要素，它们是生产过程中必需的投入。全面预算管理不仅覆盖企业的所有业务活动，还涉及资源投入、成本发生和产出收益的整体管理，从而加强了对企业生产经营全要素的综合管理。

（2）任务趋同。在全面预算管理的闭环体系中，关键在于最大化预算资源的价值。这包括两个核心任务：一是高效配置预算资源，确保其在企业内部合理流动，优化资源分配；二是提升预算资源的利用效率，最大化其潜在价值。与此相对应，提高全要素生产率的核心涉及优化要素配置和强化生产利用效率。因此，深化全面预算在资源配置和应用阶段的管理，对于增强全要素生产率具有显著作用。

（3）可以分解细化。从理论层面来看，全要素生产率是指在生产过程中，所有投入要素（如劳动力、资本、技术等）的综合效率。根据经济学理论，全要素生产率可以分解为技术进步、规模经济、资源配置效率等多个方面。这种分解为预算管理提供了理论基础，使企业能够针对不同的生产率构成要素制定相应的预算目标和措施。技术进步预算方面，企业可以通过研发投入、技术创新等项目预算，直接促进技术进步，提高全要素生产率；规模经济预算方面，通过预算控制，企业可以实现生产规模的优化，达到规模经济，从而提升全要素生产率。资源配置效率预算方面，预算管理可以帮助企业合理分配资源，提高资源使用效率，进而提升全要素生产率。

因此，基于企业全要素生产率的预算管理不仅理论上可行，而且在实践中也具有操作性。它能够帮助企业将抽象的战略目标转化为具体的预算行动，通过预算的制定、执行和控制，有效提升全要素生产率，从而实现企业竞争力的提升和可持续发展的目标。

（二）基于TFP的国企预算系统设计的理论依据

当基于全要素生产率的企业全面预算方法被引入，其理论依据主要在于经济学中的生产函数和资源配置理论，以及企业绩效管理的相关理念。

（1）生产函数理论。生产函数是经济学中的一个基本概念，它描述了投入资源与产出之间的关系。基于全要素生产率的预算方法借鉴了这一概念，通过综合考虑多种资源（如劳动、资本、技术）对产出的影响，旨在实现资源的最优配置。预算编制时，可以使用生产函数模型来模拟不同资源组合下的产出水平，从而指导预算的合理分配。

(2) 要素投入效率。全要素生产率的核心观点在于要素投入的综合效率。这涉及在资源有限的情况下，如何将各种要素（如人力、资本、技术）进行最佳配置，以实现最大化的产出。基于这个理念，企业全面预算需要考虑如何优化不同要素的使用，使其在整个生产过程中的效用最大化，从而提高全要素生产率。

(3) 绩效综合评价。基于全要素生产率的企业全面预算强调绩效的多维度评价。这源自现代绩效管理理论，提倡不仅关注财务指标，还要考虑非财务因素，如创新、品质、员工满意度等。在预算制定和执行过程中，需建立绩效评价体系，将不同指标纳入，以实现更全面的绩效管理。

(4) 风险与不确定性。基于全要素生产率的预算方法将风险管理与资源配置相结合。在制定预算时，必须考虑外部环境的不确定性和内部风险的存在。这需要采用风险分析技术，为不同预算方案分配风险概率，以便在资源配置中权衡风险与回报。

(5) 时间维度和可持续性。预算方法应考虑时间维度，关注长期可持续性。全要素生产率强调长期资源平衡，预算过程需要确保资源配置不仅满足当前的需求，还要考虑未来发展的可持续性。这涉及投资决策、技术更新和人力发展等方面的预算考虑。

总之，基于全要素生产率的企业全面预算方法在经济学中的生产函数理论、资源配置优化理念、绩效综合评价原则、风险管理以及可持续发展概念等多个方面寻求理论支持。通过将这些理论应用于预算编制和执行中，企业可以更加科学地进行资源规划，实现绩效改善，促进长期可持续发展。

(三) 基于TFP的国企预算系统主要内容

结合全面预算系统的各个环节（预算制定、预算执行、预算控制），企业在实施基于全要素生产率（TFP）的预算时，可以遵循以下步骤：

(1) 预算制定阶段。①目标设定：首先，明确战略导向。基于公司的长期战略和全要素生产率的目标，企业应将全要素生产率提升与公司发展战略紧密结合，确保预算目标与公司长远发展愿景相一致，可以设立具体的量化指标，如提高全要素生产率增长率、降低成本比率等。这些目标应该包括提高效率、促进技术创新和优化资源配置（邓正炜，2019）；其次，进行分解，将总体目标分解为各部门、各环节的具体目标，确保各层级、各部门目标的一致性和协同性另外，还需考虑外部因素，分析宏观经济、行业发展趋势、市场竞争等因素，确保预算目标具有前瞻性和适应性。②数据分析与预测：第一，除了收集劳动力、资本投入等传统数据，还需关注技术创新、知识产权、环境保护等非财务数据。第二，运用统计学、数据挖掘、机器学习以及人工智能大模型等技术，对历史数据进行深入分析，找出影响全要素生产率的关键因素。第三，收集和分析历史数据，包括劳动力、资本投入、技术效率等，以预测未来的全要素生产率。③资源分配：遵循效率优先、兼顾公平的原则，确保预算资源向高效率、高成长性的领域倾斜。采用零基预算、滚动预算等方法，提高预算编制的科学性和灵活性。在研发预算上加大对新技术、新产品研发的投入，鼓励创新，提升企业核心竞争力。在技术创新预算上关注技术改造、设备更新等项目，提高生产效率。在员工培训预算上加大员工培训力度，提升员工素质，促进人力资本积累。在流程优化预算上针对生产、管理、销售等环节，优化流程，降低成本。另外，在预算制定阶段，还要充分考虑可能面临的风险，如市场波动、政策调整等，制定相应的应对措施。

（2）预算执行阶段。首先，在实施计划阶段，企业应制订详细的实施计划，确保预算计划具有可操作性和可执行性，包括具体的行动步骤、责任分配、时间表和里程碑。同时，企业需要优化资源配置，确保人力、物力、财力等资源得到最有效的利用，并建立跨部门协作机制，促进信息共享和协同工作。其次，在监控与调整阶段，企业应设立全面的监控指标体系，利用信息技术手段实现预算执行的实时监控，并定期举行预算审查会议，评估预算执行的进度和质量。根据监控结果，企业需制定灵活的调整策略，包括预算额度的调整、项目优先级的重新排序等。此外，企业应采用动态预算管理方法，将预算执行与员工绩效挂钩，加强成本控制，实施严格的项目管理，并持续监控预算执行过程中的风险，确保预算目标的实现，推动企业全要素生产率的持续提升。

（3）预算控制阶段。首先，在性能评估方面，企业应设定具体和可量化的关键绩效指标（KPIs），进行多维度评估，并结合定期与不定期的评估，以全面准确评估预算实施对全要素生产率的影响。其次，在反馈与改进方面，建立有效的反馈机制，对收集的信息进行深入分析与诊断，制定并实施具体的改进措施。再次，在持续学习方面，企业需建立知识管理体系，通过持续培训和培养创新文化，将学习成果转化为实际操作的创新点。最后，在跨部门协作与沟通方面，建立高效的沟通平台，完善协作机制，并通过团队建设活动增强部门间的信任和协作精神。这些深化和丰富的措施将帮助企业更好地控制预算，确保全要素生产率的持续提升，从而在市场竞争中保持领先地位。

（4）预算方法。零基预算（Zero - Based Budgeting，ZBB）：ZBB 方法要求每个预算周期都从零开始制定预算，不考虑前期的支出基准。这要求企业重新审视每项支出，强调资源的实际需求和效益，以支持全要素生产率的提升。活动基预算（Activity - Based Budgeting，ABB）：ABB 方法根据企业的活动和业务流程制定预算，将资源分配到不同的活动中。这有助于更准确地确定资源需求，并优化资源配置，以提高全要素生产率。投资预算：投资预算方法着重考虑企业的投资计划，包括新技术、设备、研发等方面的投资。这可以帮助企业优化资本配置，从而提高全要素生产率。

通过以上步骤和方法，企业可以有效地将全要素生产率的概念和方法融入全面预算系统中，实现更高效和可持续的经济增长。

（四）基于 TFP 的国企预算系统的注意事项

然而，实际操作中会有挑战，如准确测量全要素生产率、确定各种生产要素的相对重要性，以及如何将这些理论应用到具体的预算管理决策中，可以采取以下措施来解决。

（1）提高数据质量和可用性。加强数据收集和分析工具的建设，确保所用数据的准确性和时效性。利用大数据和人工智能技术提高数据处理能力，特别是在收集和分析大规模复杂数据方面。

（2）精确测量全要素生产率（TFP）。开发和采用更精确的全要素生产率测量方法，包括考虑技术进步、劳动力质量和资本深化等因素。与学术机构和研究组织合作，利用最新的经济模型和分析方法来测量 TFP。

（3）跨学科合作和知识共享。鼓励经济学家、统计学家、管理专家和技术专家之间的合作，以共同解决全要素生产率测量和应用中的问题。通过研讨会、工作坊和学术交流促进知识共享和最佳实践的传播。

（4）灵活适应和政策调整。增强决策者的理解和能力，对决策者进行全要素生产率及其在预算管理中应用的培训，提高他们的理解和操作能力。在实际应用中，政策制定者需要灵活地调整策略，以适应不断变化的经济环境和新出现的挑战。定期评估政策效果，并根据反馈进行必要的调整。

通过这些措施，可以有效地解决实际操作中的挑战，更好地应用基于全要素生产率视角的全面预算管理。

二、基于 TFP 的国企绩效评价系统设计

（一）TFP 作为国企绩效评价核心指标的挑战

（1）全要素生产率的计算涉及多个因素。TFP 反映的并非只是技术水平，它刻画的是要素投入转化为产出的总体效率，还包含了生产中的知识水平、管理技能、公司治理策略、资源配置能力等诸多因素（鲁晓东和连玉君，2012），需要有可靠的数据来源和精准的计算方法，否则，可能导致评估结果的误差和不准确性。

（2）全要素生产率的计算需要考虑到时间因素，因为企业的生产效率随着时间的推移会发生变化。因此，需要在不同时间点进行全要素生产率的计算，并比较不同时间点的结果，以评估企业生产效率的变化趋势。

（3）全要素生产率只是评价企业绩效的一个方面，还需要综合考虑企业的盈利能力、市场占有率、品牌影响力等因素，以评估企业的整体表现。

（4）全要素生产率评价结果的准确性和可靠性还受到行业、市场和宏观经济环境等因素的影响。因此，需要对企业的全要素生产率评价结果进行全面分析和解释，以避免评价结果的片面性和误导性。

（二）基于 TFP 的国企绩效评价系统的优势

全要素生产率是衡量一个经济体或企业生产效率的重要指标，它考虑了除传统的劳动力和资本之外的所有生产要素，如技术进步、管理效率和规模经济，使用这种方法进行绩效评价具有以下几方面优势。

（1）全面性。全要素生产率考虑了所有生产要素，包括技术、管理、劳动力素质等，这使绩效评价更全面，能够更好地反映企业的实际运营和管理效率。

（2）促进技术创新和效率提升。基于 TFP 的绩效评价强调技术进步和管理创新的重要性。这可以鼓励国企更加注重技术研发和管理创新，从而提高整体生产效率。

（3）动态和长期视角。全要素生产率提供了一个动态的分析框架，有助

于理解企业长期的生产能力和潜在增长能力。这与传统以短期财务指标为主的评价方法形成对比，更加注重长期和可持续发展。

（4）提高资源配置效率。基于TFP的绩效评价有助于识别资源配置的不足和浪费，促使国企优化资源配置，提高资本和劳动的使用效率。

（三）基于TFP的国企绩效评价系统设计的主要内容

（1）评价目标。在全要素生产率（TFP）视角下，评价目标不仅包括传统的财务指标，如利润、收入和成本，更强调提高生产效率、促进技术创新、优化管理流程和提升劳动力质量等多维度指标。评价目标应与企业的长期战略紧密结合，确保绩效评价与企业的愿景、使命和战略目标保持一致，推动企业在追求经济效益的同时，也关注社会和环境效益，实现可持续发展。具体而言，评价目标应着重于提高生产效率，通过优化生产流程、减少浪费、提高产品质量等措施，实现更高的产出与更低的投入比。同时，应鼓励企业进行技术创新，设定与研发投入、新技术应用、产品创新等相关的绩效指标，以量化技术创新的成效。此外，评价目标还应包括管理效率的提升和劳动力质量的提升，通过优化组织结构、提高决策效率、加强内部控制、员工培训、技能提升等手段，确保企业拥有持续发展的动力。最终，评价目标应促进企业资源的合理配置，通过预算管理和成本控制，确保资源分配与企业的战略目标和生产率提升目标相匹配，从而实现企业竞争力的全面提升。

（2）评价对象。在TFP视角下，评价对象应当具备全面性与层次性。首先，企业经营者作为评价对象，其绩效评价不仅涉及对企业整体战略规划和决策的能力，还包括领导力、创新意识、风险管理水平以及对企业文化建设的贡献，重点在于评估他们如何通过提高全要素生产率来推动企业长期价值的增长。其次，评价对象应扩展至整个企业的生产效率，涵盖生产流程的效率、产品质量、成本控制和供应链管理等方面，以识别企业生产活动的优势和劣势。此外，各级经营管理者的绩效也是评价的关键，包括他们在技术创新、资源配置、员工培训等方面的具体贡献，这有助于激励管理者在日常工作中更加注重全要素生产率的提升。特别是应关注那些在技术创新和资源配置方面发挥关键作用的管理者和团队，评价他们的创新成果和资源配置决策对企业全要素生产率的影响。最后，员工培训与发展也是评价的重要内容，涉及对负责培训的管理者和人力资源部门的评价，考察他们如何通过提升员工技能和满意度来间接提高企业的全要素生产率。这样的评价体系能够全面、深入地评估企业经营者和管理者的绩效，确保评价结果的公正性和有效性，从而促进企业全要素生产率的持续提升和优秀管理人才的培养。

（3）评价指标。基于全要素生产率视角的国企绩效评价更加注重生产效率、技术创新和资源配置的优化，旨在促进企业的长期可持续发展。相应指标应该包括财务指标和非财务指标。财务指标如投资回报率，非财务指标则包括产品质量、客户满意度、创新能力等。在 TFP 视角下，非财务指标在评价体系中占据重要地位，因为它们直接关联到生产效率和长期竞争力。

（4）评价标准。在基于全要素生产率（TFP）的国企绩效评价系统设计中，评价指标的构建至关重要，它应当体现多元性与关联性，以科学有效地衡量企业绩效。财务指标依然是评价的基础，应包括投资回报率、净利润率、资产周转率、成本利润率等，以及经济增加值（EVA）和现金流量指标，这些指标共同反映了企业的盈利能力、资产使用效率和财务健康状况。非财务指标则更加注重企业的长期竞争力和可持续发展，包括产品质量指标，如产品合格率、故障率，客户满意度指标，如市场份额、客户忠诚度，创新能力指标，如研发投入强度、专利申请数量，以及资源配置效率指标，如资产利用率、人力资源效率。此外，生产效率指标，如劳动生产率、资本效率，以及能源和材料利用效率也是不可或缺的。同时，可持续发展指标应涵盖环境保护，如污染物排放量、社会责任，如员工福利和社区参与，这些指标共同构成了一个全面的评价体系，旨在准确评价企业的全要素生产率，推动企业实现长期可持续发展。

（5）评价报告。评价报告扮演着至关重要的角色，它应当详尽且具有指导性，全面反映企业在提升全要素生产率方面的表现。报告应深入分析生产效率、创新能力、资源利用等多个维度，详细列出各项指标的实际数值，并与预设目标、行业平均水平或历史数据进行对比。在分析生产效率时，应着重于劳动生产率、资本效率、能源和材料利用效率的变化及其原因。对于创新能力，报告应评估研发投入、专利申请、新产品开发等方面的表现，并分析其对全要素生产率提升的贡献。在资源利用方面，报告需具体说明财务资源、人力资源、物质资源的使用效率和效益。同时，报告应明确指出企业的优势与不足，并提出针对性的改进方向和建议，为管理层提供决策支持。此外，为了增强报告的可读性和直观性，应包含图表、图形等可视化工具，以便管理层和利益相关者能够快速把握关键信息。通过这样的评价报告，企业能够获得一个全面、直观的绩效概览，为未来的战略规划和资源配置提供明确的指导。

（四）基于TFP的国企绩效评价系统设计的注意事项

（1）准确测量全要素生产率（TFP）。采用更先进和综合的方法来测量TFP，考虑各种生产要素的贡献，包括技术进步和管理效率。加强对关键数据的收集和分析，如资本投入、劳动力质量、管理实践等，以提高TFP测量的准确性。

（2）考虑外部环境因素。在评价过程中考虑外部经济和市场环境的变化，评价体系应具有一定的灵活性，能够适应这些变化。跟踪分析相关政策变化和市场动态，以确保评价体系与当前经济状况保持一致。

（3）实现理论与实践的结合。根据国企的具体情况，定制化地设计和实施TFP评价框架，确保它符合企业的特点和业务需求。鼓励经济学、管理学、统计学等多学科专家合作，共同解决绩效评价中的复杂问题。对员工和管理层进行全面的培训，提高他们对TFP重要性的认识，并教授相关技能和知识。

（4）持续的评估和反馈机制。定期对绩效评价体系进行评估和审查，确保其有效性和相关性。建立一个有效的反馈和改进机制，以确保绩效评价体系能够不断适应和改进。鼓励在企业内部形成一种以提高生产效率和创新为中心的文化和意识。

企业全要素生产率可以作为国企绩效评价核心指标之一，但需要注意以上几点，并且需要将其与其他指标结合起来进行综合评估，以更全面地评价国有企业的综合绩效表现。

三、基于TFP的风险控制系统设计

一般来说，风险是指影响结果的不利事项。企业风险管理对其TFP也会产生重要影响。陈宇峰等（2023）对经济政策不确定性是否会影响以及如何影响企业的TFP进行了研究，研究认为：一方面，企业为对冲风险可能积极调整资源配置以提升TFP，来应对未来发展的不确定性；另一方面，企业也可能因误判未来发展形势盲目扩大生产规模、投入生产要素，导致TFP下降等问题。由此可见，企业对相关风险管控较好，可以提升企业TFP。下面借鉴COSO框架与Simons控制杠杆对企业TFP风险管理进行探讨。

(一) 基于COSO框架的国企TFP风险控制

(1) TFP风险管理环境的建立。TFP风险管理环境是确保系统有效运行的基础。首先，企业应通过内部沟通和培训，塑造一种强调全要素生产率(TFP)在企业发展中重要性的文化，同时培养员工对与之相关的风险的认识。其次，建立一个支持全要素生产率视角的风险管理结构，包括明确的责任分配和适当的决策层级。这包括成立风险管理委员会，负责制定和监督TFP风险管理政策和程序，确保风险管理活动与企业的战略目标和TFP提升目标一致。

(2) TFP目标设定。①TFP目标应具体明确，可量化，便于监控和评估，如设定提高全要素生产率的具体百分比或降低单位成本的具体金额。②目标应根据企业的长期战略和短期目标进行分层设定，确保从企业整体到各个部门、各个业务单元的目标一致性和协同性。③考虑到市场环境和技术发展的不确定性，TFP目标应具有一定的灵活性，能够根据实际情况进行调整。同时，目标设定应考虑员工的激励因素，确保目标能够激发员工的积极性和创造性。④目标设定应考虑企业的长期发展，确保目标的实现不会损害企业的可持续发展能力。

(3) 识别TFP风险。识别TFP风险是确保系统有效性的关键步骤，企业应从内部和外部两个维度出发，全面识别影响全要素生产率的风险因素。内部风险包括管理实践风险、技术风险和操作风险，而外部风险则涵盖市场风险、政策风险和技术发展风险。为了确保风险识别的全面性，企业应采用定性和定量方法相结合的方式，从财务、运营、战略、法律和合规等多个维度进行分析。同时，为了保持风险识别的动态性，企业应定期评估和更新风险识别过程，确保其反映最新的市场和内部条件，并建立实时监控和预警系统，及时发现和应对新出现的风险。

(4) TFP风险评估。TFP风险评估是确保系统有效性的重要环节。企业应对识别的风险进行量化和定性分析，以数据为基础评估风险的可能性和影响程度，并通过专家意见、情景分析等方法对风险进行定性评估，识别风险的潜在影响和可能的结果。同时，企业应根据风险的可能性和影响程度，使用风险矩阵对风险进行优先级划分，并将超过风险阈值的风险作为重点关注和优先处理的对象。此外，企业应考虑风险随时间的变化，定期对风险进行重新评估，以确保评估结果的时效性，并分析风险的演变趋势，预测未来可能出现的风险，以便提前做好准备。

（5）TFP 风险应对。针对不同的风险，制定相应的控制策略。这可以包括风险规避、风险转移、风险减轻、风险接受等。确保每种策略都能够与企业的战略和全要素生产率目标相一致。根据风险控制策略，制定具体的控制措施。这可能涉及改善流程、强化内部控制、建立风险监测系统、购买保险等。确保控制措施能够有效地减轻风险的影响。

（6）TFP 控制活动。在基于 COSO 框架的国企 TFP 风险管理系统中，TFP 控制活动是确保系统有效性的关键组成部分。企业应采取预防性、检测性和纠正性控制措施，以降低 TFP 风险的发生概率、发现和识别潜在的 TFP 风险，以及应对已识别的 TFP 风险。此外，企业应实施内部控制措施，如资源管理、流程优化和信息系统的应用，以支持 TFP 的提升。同时，应建立监督与检查机制，如内部审计和监督委员会，负责监督 TFP 控制活动的实施和效果。最后，企业应通过绩效反馈和持续培训机制，不断提高员工对 TFP 控制活动的理解和执行能力。

（7）TFP 信息与沟通。信息系统：建立一个全面的信息系统，收集和分析与全要素生产率相关的风险信息。有效沟通：确保风险信息在组织内部及时、有效地沟通。

（8）TFP 监督和改进。持续监督：持续监督风险管理过程的有效性，并进行必要的调整。学习与改进：从过去的经验中学习，不断改进风险管理框架。

（二）基于 Simons 控制杠杆的国企 TFP 风险控制

（1）信念系统（Belief Systems）。文化和价值观：建立强烈的企业文化和价值观可以吸引和留住与组织的使命和愿景相符的员工。当员工的价值观与组织的价值观一致时，他们更可能为了组织的成功而努力，从而提高生产效率。战略导向：信仰系统为员工提供了战略方向，使他们能够明确地了解组织的目标和愿景，从而使每个人都朝着相同的方向努力。驱动因素与方向性：明确的信念系统为员工提供了一个清晰的方向和目标，使他们知道组织希望达到的长远目标。这可以确保每个员工的努力都与组织的总体策略和目标保持一致。文化与创新：强烈的核心信仰和价值观可以培育一种鼓励探索和创新的文化，这可能会导致更高的生产率和更有效的资源利用。激励和士气：明确的信仰系统可以为员工提供更高的工作满意度和积极性。当员工对他们的工作有积极的情感联系时，他们可能会更努力、更具有创造力，从而提高生产效率。

（2）边界系统（Boundary Systems）。明确的角色与责任：设定清晰的规则和边界有助于员工了解他们的角色和责任。这确保了各个部门和团队能够专注于他们的核心职责，从而提高整体效率。避免资源浪费：清晰的边界和指导原则确保了组织的资源不会被浪费在不符合公司策略或可能带来风险的项目上。标准化和流程优化：通过制定标准操作程序或行为指南，组织可以确保最佳实践的一致性和可复制性，进而提高生产效率。优化决策制定：设定清晰的边界可以帮助决策者更迅速地作出决策，减少不确定性和决策的迟滞。风险管理：明确的边界有助于识别和管理潜在的风险，可以帮助组织避免不必要的风险，如过度的投资、违规行为或低效的实践。边界系统还有助于识别和减少潜在的企业风险，确保公司资源不被浪费在可能导致损失的冒险项目上，从而保护组织的关键资源和投资，确保了资本和劳动资源的最佳使用。

（3）诊断控制系统（Diagnostic Control Systems）。绩效评估与持续监控改进：定期的绩效监控和评估特别是对 KPIs（关键绩效指标）的定期监控，组织可以迅速识别生产中的瓶颈或低效区域，可帮助组织决定哪些项目或部门需要更多的资源，哪些可能需要削减或调整，从而采取相应的措施进行改进。资源优化分配：基于绩效数据，通过对哪些部门或项目正在超出或未达到预期的了解，管理层可以更明智地分配资源，确保高回报的领域得到足够的投入，以及最有价值的项目或部门得到足够的支持。

（4）互动控制系统（Interactive Control Systems）。鼓励员工之间以及员工与管理层之间的互动和沟通，可以促进知识共享和最佳实践的传播。这种开放的沟通文化可以帮助组织快速识别和应对新的机会或挑战，从而增强创新能力和适应性，进一步提高 TFP。跨部门沟通与合作：互动控制系统鼓励组织内部的沟通和互动，这有助于共享最佳实践、解决问题并促进跨部门协作，鼓励部门间的沟通和合作可以打破信息孤岛，确保知识和资源在组织内部得到最大化的利用，从而提高整体生产效率。适应性与灵活性：鼓励开放的沟通和反馈意味着组织可以更快地适应变化和新的市场情况，从而维持或提高生产效率。持续学习与创新：这种互动性鼓励员工提出新的想法和建议，当员工感到他们在决策过程中有发言权时，他们更可能采取主动，寻找方法提高自己的工作效率，有助于企业发现创新的解决方案或工作方法，进一步提高生产效率。创新文化：开放的沟通和反馈环境可以激发新的思考和解决方案，从而帮助组织更快地适应变化或发现新的机会，进一步提高其生产效率和 TFP。

通过深入了解和应用西蒙斯的控制杠杆，组织可以找到提高其全要素生产率的策略和机会。这些杠杆提供了一种方法来确保资源的有效利用，鼓励创新，优化决策制定。通过整合和有效地利用西蒙斯的控制杠杆，企业可以在内部建立一个结构化的管理系统，旨在优化资源使用，鼓励创新和协作，从而提高企业全要素生产率。

总之，设计企业全要素生产率的风险控制系统需要根据企业的特点、行业环境和风险特点进行定制。这需要综合考虑不同风险的相互影响，以及风险控制对全要素生产率的影响。在设计过程中，要灵活应对变化，并始终保持对全要素生产率稳定和可持续性的关注。

第二节 内部控制提升国企 TFP 的路径保障

TFP 是衡量创新绩效的综合指标，受到很多因素影响。企业层面 TFP 的变化可以分解为技术进步率、组织管理效率、规模效率和资源配置效率的变化，企业采用新技术、新工艺进行管理、组织与技术创新等可以提高全要素生产率（Del Gatto et al.，2011；鲁晓东和连玉君，2012）。TFP 的非投入要素影响越来越重要（Del Gatto et al.，2011）。对于国企改革来说，其核心就是提高 TFP，提升国企 TFP 需要一方面提高要素质量，另一方面提升要素组合效率（罗建钢，2016）。因此，本节从组织保障、人才保障以及资金保障等三个方面来探讨内部控制提升国企 TFP 的路径保障。

一、内部控制提升国企 TFP 的组织保障

（1）组织机构保障。清晰的组织架构：确保公司有一个清晰定义的组织结构，明确各部门及其职能，以及它们如何协同工作以提升全要素生产率。专门的风险管理和内控部门：建立专门的部门来监督和管理内部控制系统，确保这些措施得到有效执行。跨部门协调机制：设立跨部门协调机制，以促进不同部门间在提升全要素生产率方面的合作和信息共享。

（2）制度建设保障。内部控制相关的政策和程序：制定和实施一系列内

部控制政策和程序，以支持全要素生产率的提升。持续的审计和评估：定期对内部控制系统进行审计和评估，确保它们与组织目标相一致并有效运行。透明度和合规性：强化内部控制的透明度，确保所有操作都符合法律法规和公司政策。

（3）国企治理机制与内控机制的有效性。有效的治理结构：确保国企拥有一个高效的治理结构，包括明智的领导层决策、独立的监事会等。股东和利益相关者参与：在提升全要素生产率的过程中，保障股东和其他利益相关者的参与和反馈。透明的信息披露：确保企业对外部利益相关者，如股东、政府和公众，提供关于其运营和内部控制状况的透明和及时的信息。内部控制机制：包括财务内控与非财务内控，要能够及时识别风险、科学评价、有效进行风险应对，确保内控要素的有效性、内控目标实现的有效性等，必须构建有利于创新的、人本权变的内部控制，增加内部控制系统柔性与有效性。

（4）创新文化和价值观。在企业文化方面，培养一种以提高全要素生产率为核心的企业文化，强调效率、创新和持续改进。在价值观共享方面，确保全体员工理解并共享公司的核心价值观，特别是与提高效率和创新相关的价值观。

二、内部控制提升国企 TFP 的人才保障

从人才保障的角度来看，提升企业全要素生产率涉及不同层级员工，包括一般员工、研发人员和公司高管。

（1）一般员工。培训与发展：提供定期的培训和职业发展机会，以提高员工的技能和工作效率。这些培训应涵盖业务知识、技能提升以及内部控制和风险管理意识。绩效管理：实施有效的绩效管理系统，确保员工目标与组织全要素生产率提升的目标一致，并提供适当的反馈和激励。员工参与：鼓励员工参与决策过程，特别是那些影响他们工作的决策，以提高员工的参与感和对组织目标的承诺。

（2）研发人员。创新文化：培养一种鼓励创新和实验的文化，为研发人员提供一个自由探索新想法和技术的环境。资源投入：确保研发部门有足够的资源，包括资金、时间和设备，以支持创新项目和研究活动。知识共享与协作：鼓励研发人员之间以及与其他部门之间的知识共享和协作，以促进创新的交叉滋养和应用。

（3）公司高管。领导力发展：对高层管理人员进行领导力和战略思维的培训，确保他们能够有效地引领组织朝着提升全要素生产率的目标前进。战略规划能力：强化高管在制定和执行长期战略规划方面的能力，特别是那些与提高生产率和竞争力相关的规划。风险意识与决策制定：增强高管对于风险管理的认识，提高他们在复杂环境下作出坚实和可持续决策的能力。

（4）实施全生命周期的人力资源管理控制。包括招聘、培训与发展、绩效管理、员工激励、职业发展和离职管理等各个环节，每个环节都与企业的生产率和效率密切相关。招聘是人力资源管理的起点，它决定了企业未来的人才结构和潜力。在这一阶段，通过科学的招聘流程和方法，国企能够吸引并筛选出最适合的人才。员工的培训和发展是提升企业 TFP 的关键，这包括对新技术的培训、管理技能的提升和领导力的发展。绩效管理是衡量和提升员工工作效率的重要工具，通过设定明确的绩效目标、实施有效的监控和评估，以及提供及时的反馈和指导，国企可以有效地提高员工的工作效率和质量。员工的激励和满意度直接影响着其工作表现和生产率。国企需要构建一个包括薪酬、晋升、奖励和员工福利在内的综合激励体系。除了物质激励之外，非物质激励，如职业发展机会、工作场所的文化和氛围、以及对员工贡献的认可，也同样重要。离职管理常被忽视，但它是获取关键反馈和信息的重要途径。通过有效的离职面谈和分析，国企可以从中学习并改进人力资源管理策略，从而减少未来的员工流失，提高员工满意度和留任率。

三、内部控制提升国企 TFP 的资金保障

从资金保障的角度出发，对于提升企业全要素生产率而言，合理的资金分配和管理是关键。这包括在投资、融资、研发投入及激励报酬等方面的策略。

（1）投资方面。高效率投资：优先考虑那些能够直接提升全要素生产率的投资项目，如引入高效率的生产设备和技术。战略性资本支出：对重大资本支出进行严格的成本效益分析，确保投资与企业长期战略目标一致。投资多元化：多元化投资组合，减少风险并确保资金的稳定回报。

（2）融资方面。维持资本结构平衡：平衡企业的债务和股权融资，以保持健康的资本结构，支持可持续增长。灵活的融资策略：根据市场条件和企业需求，灵活采取不同的融资方式，如银行贷款、发行债券或股票等。成本有效的融资：努力获得最低成本的融资，减少财务费用，提高资金使用效率。

（3）研发投入。持续的研发支出：保证对研发活动的持续投入，促进技术创新和产品改进，这是提升全要素生产率的关键。研发投资的成效评估：定期评估研发投资的效果，确保研发活动与企业战略目标相一致，并调整研发方向或资源分配。政府补贴和税收优惠：积极利用政府提供的研发补贴和税收优惠政策，减轻研发成本负担。

（4）激励报酬。绩效相关的报酬体系：建立一个与员工绩效密切相关的报酬体系，特别是对于那些直接影响全要素生产率的关键岗位。长期激励机制：设计长期激励计划，如股权激励或利润分享计划，以吸引和保留关键人才，并鼓励他们为企业长期目标作出贡献。非财务激励：除了金钱奖励，还应考虑非财务激励，如职业发展机会、工作环境改善等，以提高员工满意度和忠诚度。

通过这样的资金保障策略，企业可以确保有足够的资源投入到关键领域，如技术创新、设备升级、人才培养等，从而有效地提升全要素生产率，推动企业的持续发展和市场竞争力的提升。

本章小结

本章主要探讨了内部控制在提升国企全要素生产率（TFP）方面的机制创新和路径保障，主要包括两个部分。

一方面，国企内部控制提升 TFP 的机制创新。包括基于 TFP 的国企预算系统设计、绩效评价系统设计和风险控制系统设计。着重于如何结合 TFP 的概念，设计有效的预算、绩效评价和风险控制机制，提升国企 TFP，最终促进国企的高质量发展。

另一方面，内部控制提升国企 TFP 的路径保障。主要包括组织保障、人才保障和资金保障。讨论了确保内部控制有效实施所需的组织结构、人才培养和资金配置等方面的措施。

本章内容强调了内部控制在提升国企 TFP 方面的重要性，并提供了具体的策略和建议，旨在通过系统的内部控制机制改革和创新来推动国企的可持续发展。

第七章

结论、建议与展望

本书围绕内部控制提升国企全要素生产率的机制与路径这条主线，进行了理论分析与实证检验。本章是研究总结，包括研究结论、政策建议与研究展望等三部分内容。

第一节　研究结论

一、内部控制提升国企 TFP 的效应

通过内部控制提升国企 TFP 效应的理论分析与检验，得出以下结论。

第一，从总体上来讲，企业内部控制对国企公司全要素生产率具有显著的促进作用。

第二，企业分项内部控制质量对国企公司全要素生产率的作用不完全一致。战略内部控制质量、经营内部控制质量、财务报告内部控制质量以及合规内部控制质量与公司全要素生产率显著正相关，对国企公司全要素生产率具有正向促进作用，但资产安全内部控制质量与全要素生产率的关系不显著，资产安全内部控制质量对国企公司全要素生产率不具有促进作用。

第三，将国企公司按级别进行分类，进一步分析发现国企级别越高，内

部控制对全要素生产率的促进作用越小；国企级别越低，内部控制对全要素生产率的促进作用反而越大。

第四，国企内部控制质量和全要素生产率都具有股票市场效应，另外，内部控制提升国企全要素生产率也具有市场效应，内部控制提升国企全要素生产率进而促进股票收益率的提高。

二、内部控制提升国企 TFP 的机制

与一般的公司相比较，国企经营者或者管理层也是委托代理关系下的代理人，其行为同样需要激励与约束，因此，选取激励机制与约束机制来深入分析企业内部控制促进国企全要素生产率的提升作用。另外，董责险作为一种风险管控的保险机制，越来越受到上市公司青睐。保险机制既是企业内部控制中的一项控制活动，也是一种风险转移的策略。内部控制与董责险是促进关系还是替代关系？董责险能否促进企业全要素生产率的提升？因此，在分析企业内部控制促进国企全要素生产率的提升作用机制时还引入了保险机制，重点分析内部控制、董责险与企业 TFP 的三者关系。通过理论分析与实证检验，得出以下结论。

第一，高管激励对国有企业全要素生产率能够起到有效的提升作用。将高管激励划分为薪酬激励与股权激励。薪酬激励可以促进企业改善或者提升内部控制质量，进而促进公司全要素生产率的提高。而对股权激励的分组回归表明，存在股权激励的国有企业比没有存在股权激励的国有企业的内部控制更显著地提高国有企业的全要素生产率。具体而言，企业的国有产权性质强化了高管股权激励与全要素生产率之间的正相关关系。

第二，约束机制研究表明，内部控制可以通过缓解预算软约束来促进企业全要素生产率的提升，内部控制也可以通过缓解产能过剩提高产能利用率进而促进企业全要素生产率的提升，内部控制还可以减少企业违规从而提升企业全要素生产率。另外，预算约束机制和产能约束机制受到企业所在地区和产权性质等因素的影响，对企业全要素生产率的作用各不相同。

第三，保险机制研究表明，企业购买董责险可以促进企业的全要素生产率水平。对于提升企业全要素生产率来说，内部控制与董责险理论上存在促进效应和替代效应，实证结果支持了替代效应，在提升公司全要素生产率中，内部控制质量差的公司更多购买董责险，而内控质量较高的公司更少购买董

责险。另外，董责险在非国有企业中对企业全要素生产率水平的影响更加显著。因此，在非国企和内部控制质量较差的企业中，更应重视董责险的积极作用，加大董责险的投保率，进而推动企业的长期稳健发展，提升企业全要素生产率水平。

三、内部控制提升国企 TFP 的路径

内部控制质量对国企 TFP 的提升路径是什么？根据 TFP 原理，本书从人力资本、创新效率以及资源配置效率等三个方面分别构建内部控制质量对国企 TFP 的作用路径，并进行细致的理论分析与实证检验，得出以下结论。

（1）创新效率在内部控制提升国企 TFP 的路径中发挥着中介作用，创新效率包含技术创新和管理创新。第一，内部控制能够显著正向提升国有企业的全要素生产率；第二，技术创新和管理创新在内部控制促进国企全要素生产率过程中均发挥着中介作用；第三，从市场化程度和是否高科技企业视角进行分组，以技术创新和管理创新为中介变量，进一步论证并检验了内部控制通过提升创新效率进而促进国企 TFP 的提升路径。

（2）资本配置效率在内部控制提升国企 TFP 的路径中发挥着中介作用，内部控制可以通过提升国企的融资效率和投资效率来促进国企全要素生产率的提升。进一步分析表明，内部控制对国企全要素生产率的促进作用以及融资效率在此过程中发挥的中介作用在东部地区国企、中央国企中更加显著。企业要加强对资本配置的重视，减少内部的信息不对称问题，缓解企业的资源错配。企业应充分借助资本配置效率的中介作用，通过提升内部控制水平，提高融资过程及投资过程的信息透明度及效率，进而促进企业全要素生产率的提升。

（3）劳动力配置效率也是内部控制提升国企 TFP 路径中的重要中介变量。劳动力配置效率可以从员工人力资本水平、高管人力资本水平和研发团队人力资本水平三个方面分别进行研究。中介效应回归分析表明，内部控制可以通过提高员工、高管、研发团队人力资本水平来提升国企全要素生产率；进一步分析表明，劳动密集型企业和资本密集型企业中，员工人力资本在内部控制对全要素生产率的影响过程中发挥了中介作用，而在技术密集型企业中，员工人力资本并没有发挥中介效应。在高科技企业中，内部控制显著通过提高企业研发团队人力资本水平，提升了企业全要素生产率，而在非高科技企

业中，研发人员人力资本并没有发挥中介效应。

另外，为有效发挥机制作用与路径效果，分别对内部控制提升国企 TFP 的机制创新与路径保障进行了探讨，一方面，国企内部控制提升 TFP 的机制应该创新，包括基于 TFP 的国企预算系统设计、绩效评价系统设计和风险控制系统设计。应该着重于如何结合 TFP 的概念，设计有效的预算、绩效评价和风险控制机制，提升国企 TFP，最终促进国企的高质量发展。另一方面，内部控制提升国企 TFP 的路径需要保障，包括组织保障、人才保障和资金保障。还需确保内部控制有效实施所需的组织结构、人才培养和资金配置等方面的措施。

第二节　政策建议

基于内部控制提升国企全要素生产率的效应分析、机制分析以及路径研究，本书有针对性地提出以下相关政策建议。

一、提升企业全要素生产率可以作为国企内部控制重要目标

全要素生产率是衡量企业经济效益和市场竞争力的关键指标。在我国国有企业（以下简称国企）改革与发展过程中，提升全要素生产率具有重要意义。内部控制作为企业管理的重要组成部分，对于提高全要素生产率具有重要作用。基于内部控制提升全要素生产率的结构效应与市场效应的研究，从内部控制的目标设定、要素分析、有效性评价与审计等方面，提出具体政策建议，以期为国企全要素生产率的提升提供参考。

（一）明确内部控制目标，聚焦全要素生产率提升

（1）将提升全要素生产率纳入内部控制目标体系。国企应在现有内部控制目标基础上，明确将提升全要素生产率作为重要的战略目标，确保内部控制工作有的放矢。（2）制定全要素生产率提升的具体指标。根据企业发展战略和行业特点，设定具有针对性的全要素生产率提升指标，如劳动生产率、资本回报率等。

（二）优化内部控制要素，促进全要素生产率提升

（1）完善内部控制环境。加强企业文化建设，树立以提升全要素生产率

为核心的管理理念；优化组织结构，明确各部门在全要素生产率提升中的职责。（2）加强风险评估。定期开展全要素生产率风险评估，识别影响全要素生产率提升的关键因素，制定应对措施。（3）提高控制活动有效性。针对全要素生产率提升的关键环节，设计有效的控制措施，如优化生产流程、加强成本控制等。（4）加强信息沟通与反馈。建立健全全要素生产率相关信息传递与反馈机制，确保各部门及时掌握相关数据，为决策提供支持。（5）强化内部监督。设立专门的内部监督机构，对全要素生产率提升情况进行定期检查，确保内部控制措施得到有效执行。

（三）完善内部控制有效性评价与审计体系，推动全要素生产率提升

（1）构建全要素生产率导向的内部控制评价指标体系。结合企业实际，设计一套涵盖全要素生产率各环节的内部控制评价指标，为评价内部控制有效性提供依据。（2）开展内部控制有效性评价。定期对内部控制有效性进行评价，分析全要素生产率提升的瓶颈，提出改进措施。（3）完善内部控制审计制度。制定全要素生产率导向的内部控制审计规范，明确审计目标、内容和方法。（4）加大内部控制审计力度。对全要素生产率提升情况进行审计，揭示内部控制存在的问题，督促企业整改。（5）强化审计结果运用。将审计结果作为企业绩效考核、内部控制体系建设的重要依据，推动全要素生产率持续提升。

提升国企全要素生产率是深化国企改革、实现高质量发展的关键。通过优化内部控制目标、要素、有效性评价与审计等方面，有助于构建全要素生产率导向的内部控制体系，为国企持续健康发展提供有力保障。各级政府和企业应充分认识内部控制在全要素生产率提升中的作用，积极采取措施，推动国企内部控制体系建设。

二、基于提升企业全要素生产率的国企内部控制系统优化重点

基于提升企业全要素生产率的国企内部控制系统优化重点主要在于激励机制的完善、约束机制的执行与保险机制的灵活使用。

（一）内部控制提升国企全要素生产率的激励机制方面

第一，在薪酬激励层面，国有企业可以通过薪酬激励，提高高管的积极性和工作效率。建立科学合理的薪酬制度，根据国有企业的绩效表现和高管个人或集体贡献，给予相应的薪酬激励。国有企业可以建立超额利润分享机

制，进一步将超额利润分享明确作为国有企业开展中长期激励的重要方式之一，在具备条件的企业积极推行。加强高管人员管理，建立健全考核和评价机制，激励管理层的工作积极性和创造性。第二，股权激励层面，通过股权激励，使管理层利益与股东利益实现趋同，进而促进企业创新并提高企业的经营效率和竞争力。建立股权激励制度，通过股权激励，激励企业管理层的工作积极性和创造性。加强股权管理，建立健全股权管理机制，保护股东的权益，吸引管理层对股权的向往，提高企业的内部利益一致性和团结力。

（二）内部控制提升国企全要素生产率的约束机制方面

第一，企业在实践中可以更好地利用内部控制来缓解预算软约束，从而促进全要素生产率的提升。预算软约束会损害企业全要素生产率，因此要尽可能降低预算软约束，提升预算硬约束。进一步健全企业内部控制系统，建立健全企业全面预算体系，制定相关预算制度，使“预算管事”真正得到执行。提升员工对预算约束的认识，使其更加理解内部控制对预算执行的重要性。企业应该建立完善的内部控制体系，确保预算的执行能够得到有效监控和调整。第二，实施内部控制措施，以确保生产计划更加精准和灵活。加强对市场需求的监测，及时调整生产计划，防止产能过剩。引入先进的库存管理技术，通过内部控制确保库存水平处于合理范围，避免因产能过剩而导致积压。内部控制系统应关注市场多元化，降低对特定市场的依赖。通过产品创新和开发新的市场，减缓对某一市场产能过剩的风险。企业可以更好地利用内部控制来缓解产能过剩，提高产能利用率，最终促进全要素生产率的提升，实现更加稳健和可持续的发展。第三，通过建立全面的内部审计、强化内部控制文化和教育培训，以及制定明确的违规惩戒措施，企业可以更好地保持规范经营，提高生产效率，进而实现全要素生产率的可持续提升。

（三）内部控制提升国企全要素生产率的保险机制方面

（1）加大董责险的投保率。企业应提高代理效率，通过建立清晰的责任体系和管理机制、加强对投资决策的监督和评估、注重管理层的专业素质和专业背景等方式缓解代理冲突，完善企业的内部治理机制，推动企业的全要素生产率水平。（2）董责险在非国企和内控质量较差的企业中发挥着替代传统监督机制的作用。因此，在非国企和内部控制质量较差的企业中，更应重视董责险的积极作用，加大董责险的投保率，进而推动企业的长期稳健发展，提升企业全要素生产率水平。（3）随着国有企业混改的深入，国企将更多地引入市场机制，董责险在国企中也会发挥越来越重要的作用。因此，国企也应不断加大董责险的投保率。（4）保险机制既是企业内部控制与风险管控中的重要机制，也是企业重要的风险转移机制。企业在内部控制建设中可以科学合理应用这一机制。

三、基于提升企业全要素生产率的国企内部控制应用重点

（一）通过内部控制促进企业创新进而提升全要素生产率

第一，内部控制与技术创新融合策略。要构建以技术创新为导向的内部控制环境，国有企业应将技术创新纳入企业文化和价值观，明确内部控制对技术创新的促进作用。设立专门的技术创新管理部门，负责制定技术创新战略、目标和计划，并将其融入内部控制体系。加强技术创新风险评估与控制，建立技术创新风险评估机制，定期识别和评估技术创新过程中的风险点，制定相应的风险应对措施。在内部控制活动中，加强对研发投入、成果转化等关键环节的监控，确保技术创新活动的顺利进行。优化技术创新资源配置，通过内部控制手段，合理配置研发资金、人才、设备等资源，提高资源利用效率。建立跨部门协同机制，促进各部门在技术创新中的合作与交流。第二，内部控制与管理创新协同策略。推动管理流程创新，以内控体系建设为契机，优化企业管理流程，简化决策程序，提高管理效率。通过信息化手段，实现管理流程的标准化、自动化，降低管理成本。强化人力资源管理创新，完善人力资源管理内部控制，建立以绩效为导向的激励机制，鼓励员工积极参与技术创新与管理创新。加强对员工创新能力和管理能力的培训，提升整体素质。提升信息管理与利用能力，加强企业信息化建设，提高信息收集、处理、分析和利用能力。通过内部控制，确保信息质量，为管理决策提供有力支持。第三，建立内部控制与创新评价体系。构建创新评价指标体系，结合企业实际，设计一套涵盖技术创新与管理创新的多维度评价指标体系，为内部控制的创新评价提供依据。实施创新导向的内部控制评价，定期对内部控制进行创新评价，分析内部控制对技术创新与管理创新的促进作用，针对存在的问题提出改进措施。加强内部审计与监督，制定针对技术创新与管理创新的内部审计规范，明确审计目标、内容和方法。对技术创新与管理创新活动进行审计，揭示内部控制存在的问题，督促企业整改。

（二）通过内部控制促进资本配置效率进而提升全要素生产率

首先，对于国企自身而言，应当认识到内部控制对企业发展的重要性。第一，企业应增强自身的治理意识，加大内部控制相关方面的投入，积极搭建自身的内部控制体系，进而提升企业的内部控制水平，促进企业全要素生产率的提升。第二，企业要加强对资本配置的重视，减少内部的信息不对称问题，缓解企业的资源错配问题。企业应充分借助资本配置效率的中介作用，通过提升内部控制水平，提高融资过程及投资过程的信息透明度及效率，进而促进企业全要素生产率的提升。第三，企业应结合内部控制作用的异质性，根据现状制定加强内部控制制度建设。对于经济发达的东部地区，其金融市场相对健全，应强化内部控制的信息披露和风险监测功能，积极聚集外部资金用于企业发展，及时监测融资风险和投资风险，充分发挥内部控制对企业生产率的促进作用。对于中央国企而言，在充分利用自身优势的同时也应认识到自身在社会中的使命与责任，在内部治理方面保持谨慎，重视对管理者独断专权、信息不对称等问题的防范，加强内部控制力度。其次，相关部门也应加强对内部控制制度相关法律法规的建设，不断完善相关法律，加大对企业的内部控制不正当行为的处罚力度。同时，对于企业的融资行为和投资行为也应加强管控、严格规范，促使企业内部控制信息披露的规范性和透明度不断提升，不正当的融资行为和投资行为逐渐减少。最后，社会各方应当齐心协力共同参与，一同发挥监督作用。监管部门要根据各个企业不同的实际状况去修订其评估方案，以提高评估结果的有效性及可参考性。相关的舆论媒体也应当增加对企业的内部控制状况、融资行为和投资行为的关注，注意企业内部控制制度的实施情况及信息披露情况，关注企业的异常融资或投资行为，有效地发挥社会监督作用。

（三）通过内部控制促进劳动力资源配置进而提升全要素生产率

第一，内控环境优化可以产生积极的人力资本效应，企业在人才引进战略实施过程中以完善内控制度建设为抓手，可以为集聚人才并更大程度发挥人才作用提供保障。另外，优化内控环境和推行人才政策是相辅相成的，企业应该营造良好的内控环境，改善人才发展环境，健全人才体系，增强人才吸引力，提高员工权益保护程度以及员工信任度，进而从劳动力要素角度提高其生产效率。尤其对于劳动密集型企业来说，更应最大程度地发挥员工人力资本的优势，在提升自身实力和竞争力的同时，对经济发展作出贡献。第二，国有企业应该积极调整高管团队结构。要为国有企业引进学历高、任期经验丰富、有丰富工作学习经验背景的高管，以改善高管团队治理能力。由于特殊的组织关系，总体来看我国国有企业高管存在学历低、更换频繁的结构特征，高管团队治理能力有限，思想思维上比较固化，很难对企业治理方式进行有效的改革，为此国家应加强国有企业高管团队建设，积极引进“新鲜血液”，提升高管决策能力，摆脱体制束缚，提高国有企业经营效率。第三，为提升我国自主研发实力积累高等人力资本，改善长期以来人力资本错配的现状，引导大量的高水平的科技人才沉淀于创新研发部门，我国必须构建更加完善的高质量人力资本良性激励体系与循环机制，最大程度上释放人力资本红利。各企业则要重点关注研发人力资本水平的提高，重视知识型和技术型人力资本的重要价值，配置足够数量和质量的人力资源并积极规划研发和创新活动，使高水平人力资本“人尽其才”，最大程度地发挥研发团队人力资本在内部控制与全要素生产率关系中的促进效应。对于高科技行业企业来说，更应该建立和完善相适应的人才引进、教育及激励机制，尽可能拓展引才渠道、增强研发人员的技术素质、调动研发人员的积极性，使研发团队人力资本投入更有效地推动企业绩效的提升及区域经济的发展。

另外，国企要构建 TFP 风险控制系统，持续及时地识别 TFP 风险，对识别的风险进行量化和定性分析，评估它们对全要素生产率的潜在影响。科学地进行 TFP 风险应对。针对不同的风险，制定相应的控制策略。这可以包括风险规避、风险转移、风险减轻、风险接受等。确保每种策略都能够与企业的战略和全要素生产率目标相一致。根据风险控制策略，制定具体的控制措施。这可能涉及改善流程、强化内部控制、建立风险监测系统、购买保险等。确保控制措施能够有效地减轻风险的影响。

第三节 研究展望

由于个人知识的局限性以及企业与经济环境的快速发展与变化，本研究还存在一定的不足，相关问题在未来还需进一步深入研究。

第一，目前企业全要素生产率的研究考虑的投入要素主要是资本与劳动力，但随着数字经济的飞速发展，数字资源也越来越受到企业与政府的重视，数字资源越来越成为企业经营管理的重要资产。因此，未来全要素生产率的研究中可以重点考虑数字资源要素内部控制问题及其对企业 TFP 的影响。

第二，内部控制提升企业 TFP 的机制创新中虽然提出了基于 TFP 的国企预算系统设计、基于 TFP 的国企绩效评价系统设计、基于 TFP 的国企风险控制系统设计等创新机制，但总体上还是属于理论框架，未来可以深入细致研究，将这些新机制进一步的深化具体化，增强新机制的可应用性。

第三，针对内部控制提升国企 TFP 的机制与路径研究，研究方法上大多采取的是大样本实证研究，也得出了一些结论并提出了相应建议，但针对具体企业来说经验可借鉴性还不是很强，未来可以重点针对几家典型国企，开展田野调查与案例研究，进一步增强研究的实践价值与应用价值。

第四，内部控制提升企业 TFP 有多种机制与多条路径，虽然我们在影响机制方面提出了激励机制、约束机制与保险机制，在作用路径方面提出了创新效率、资本配置效率与劳动力配置效率，但是可能还有新的影响机制与新的作用路径有待发现与进一步研究。

参考文献

Ashbaugh - Skaife H, Collins D W, Kinney W R, Lafond R. The effect of SOX internal control deficiencies and their remediation on accrual quality [J]. The Accounting Review, 2008, 83 (1): 217 - 250.

Chang C F, Wang P, Liu J T. Knowledge spillovers, human capital and productivity [J]. Journal of Macroeconomics, 2016 (47): 214 - 232.

Boubakri N, Cosset J C, Saffar W. Political connections of newly privatized firms [J]. Journal of Corporate Finance, 2008, 14 (5): 654 - 673.

Boyer M M, Stern L H. D&O insurance and IPO performance: What can we learn from insurers? [J]. Journal of Financial Intermediation, 2014, 23 (4): 504 - 540.

Brown B P. An empirical evaluation of accounting income numbers [J]. Journal of Accounting Research, 1968, 6 (2): 159 - 178.

Caskey J, Hughes J, Liu J. Leverage, excess leverage, and future returns [J]. Review of Accounting Studies, 2012 (17): 443 - 471.

Castañeda - Castro M, Recines - Padilla A A, Baldeón - De La Cruz P B, et al. Internal control and its impact on labor productivity in public educational institutions: Systematic review [J]. International Journal of Mechanical Engineering, 2022 (7): 1 - 10.

Chen M, Guariglia A. Internal financial constraints and firm productivity in China: Do liquidity and export behavior make a difference [J]. Journal of Comparative Economics, 2013, 41 (4): 1123 - 1140.

Cheng Q, Goh B W, Kim J B. Internal control and operational efficiency [J]. Contemporary Accounting Research, 2018, 35 (2): 1102 - 1139.

Chowdhury S, Schulz E, Milner M, et al. Core employee based human capital and revenue productivity in small firms: An empirical investigation [J]. Journal of Business Research, 2014, 67 (11): 2473 - 2479.

Chung H H, Wynn J P. Managerial legal liability coverage and earnings conservatism [J]. Journal of Accounting and Economics, 2008, 46 (1): 135 - 153.

Core J E. The directors' and officers' insurance premium: An outside assessment of the quality of corporate governance [J]. Journal of Law, Economics & Organization, 2000, 16 (2): 449 - 477.

Cuñat V, Gine M, Guadalupe M. The vote is cast: The effect of corporate governance on shareholder value [J]. The Journal of Finance, 2012, 67 (5): 1943 - 1977.

Curtis C C. Economic reforms and the evolution of China's total factor productivity [J]. Review of Economic Dynamics, 2016 (21): 225 - 245.

Custódio C, Ferreira M A, Matos P. Generalists versus specialists: Lifetime work experience and chief executive officer pay [J]. Journal of Financial Economics, 2013, 108 (2): 471 - 492.

Deng J, Zhang N, Ahmad F, et al. Local government competition, environmental regulation intensity and regional innovation performance: An empirical investigationof chinese provinces [J]. International Journal of Environmental Research and Public Health, 2019, 16 (12): 2130.

Donangelo A. Labor mobility: Implications for asset pricing [J]. The Journal of Finance, 2014, 69 (3): 1321 - 1346.

Doyle J T, Ge W, Mcvay S. Accruals quality and internal control over financial reporting [J]. The Accounting Review, 2007, 82 (5): 1141 - 1170.

Dyck A, Zingales L. Private benefits of control: An international comparison [J]. Journal of Finance, 2004, 59 (2): 537 - 600.

Fang B, Zhang Y, Song Z, et al. Effects of enterprises' internal controls on the Total Factors Productivity (TFP): A moderating effect of economic policies' uncertainty [J]. Journal of Data, Informqtion and Management, 2022, 4 (2): 185 - 195.

Franco F, Urcan O, Vasvari F P. Corporate diversification and the cost of debt: The role of segment disclosures [J]. The Accounting Review, 2016, 91 (4): 1139 - 1165.

Galindo - Martín M A, Castaño - Martínez M S, Méndez - Picazo M T. Digital transformation, digital dividends and entrepreneurship: A quantitative analysis [J]. Journal of Business Research, 2019 (101): 522 - 527.

Giannetti M, Liao G, Yu X. The brain gain of corporate boards: Evidence from China [J]. Journal of Finance, 2015, 70 (4): 1629 - 1682.

Gong C, Ribiere V. Developing a unified definition of digital transformation [J]. Technovation, 2021 (102): 102217.

Hajli M, Sims J, Ibragimov V. Information technology (IT) productivity paradox in the 21st century [J]. International Journal of Productivity and Performance Management, 2015 (64): 457 - 478.

Hambrick D C, Mason P A. Upper echelons: The organization as a reflection of its top managers [J]. Academy of Management Review, 1984, 9 (2): 193 - 206.

Healy P M, Palepu K G. Information asymmetry, corporate disclosure, and the capital markets: A review of the empirical disclosure literature [J]. Journal of Accounting and Economics, 2001, 31 (1 - 3): 405 - 440.

Hill C W, Smells A. Effects of ownership structure and control on corporate productivity [J]. Academy of Management Journal, 1989, 32 (1): 25 - 46.

Hsieh C T, Klenow P J. Misallocation and manufacturing TFP in China and India [J]. The Quarterly Journal of Economics, 2009, 124 (4): 1403 - 1448.

Huang K, Lao B, McPhee G. Internal information quality and patent - related innovation [J]. Journal of Business Finance & Accounting, 2020, 47 (3 - 4): 489 - 518.

Iliev P . The effect of SOX section 404: Costs, earnings quality, and stock prices [J]. The Journal of Finance, 2010, 65 (3): 1163 - 1196.

Imdieke A J, Li C, Zhou S. Does the presence of an internal control audit affect firm operational efficiency? [J]. Contemporary Accounting Research, 2023, 40 (2): 952 - 980.

Ishii J. Useful excess capacity? An empirical study of U. S. oil & gas drilling

[R]. Amherst College Working Paper, 2011.

Jensen M C. The modern industrial revolution, exit, and the failure of internal control systems [J]. The Journal of Finance, 1993, 48 (3): 831 - 880.

Karl S R, Wäger M. Building dynamic capabilities for digital transformation: An ongoing process of strategic renewal [J]. Long Range Planning, 2018, 52 (3): 326 - 349.

Khan M , Watts R L . Estimation and empirical properties of a firm - year measure of accounting conservatism [J]. Journal of Accounting and Economics, 2009, 48 (2): 132 - 150.

Kornai J. The soft budget constraint [J]. Kyklos, 1986, 39 (1): 3 - 30.

Krishnan J. Audit committee quality and internal control: An empirical analysis [J]. The Accounting Review, 2005, 80 (2): 649 - 675.

Lee C Y, Charles V. A robust capacity expansion integrating the perspectives of marginal productivity and capacity regret [J]. European Journal of Operational Research, 2022, 296 (2): 557 - 569.

Leonce L B, Kenneth M L, Chad J Z. Sarbanes - Oxley and corporate risk - taking [J]. Journal of Accounting and Economics, 2010, 49 (1): 34 - 52.

Levinsohn J, Petrin A. Estimating production functions using inputs to control for unobservables [J]. The Review of Economic Studies, 2003, 70 (2): 317 - 341.

Li P, Shu W, Tang Q, et al. Internal control and corporate innovation: Evidence from China [J]. Asia - Pacific Journal of Accounting & Economics, 2019, 26 (5): 622 - 642.

Li X, Zhao F, Zhao Z. Corporate digital transformation, internal control and total factor productivity [J]. Plos One, 2024, 19 (3): e0298633.

Lill P A, Wald A, Gleich R. Agility and the role of project—Internal control systems for innovation project performance [J]. International Journal of Innovation Management, 2020, 24 (7): 2050064.

Love I, Gatti R. Does access to credit improve productivity? Evidence from bulgarian firms [J]. World Bank Policy Research Working Paper, 2006 (3921).

Malkiel B G , Fama E F . American finance association efficient capital markets: A review of theory and empirical work [J]. Journal of Finance, 1970, 25 (2): 383 - 417.

Mettler T, Pinto R. Evolutionary paths and influencing factors towards digital maturity: An analysis of the status quo in Swiss hospitals [J]. Technological Forecasting and Social Change, 2018 (133): 104 - 117.

Murphy K J, Zabojnik J. Managerial capital and the market for CEOs [R]. Working Paper, 2007.

Palia D, Lichtenberg F. Managerial ownership and firm performance: A re - examination using productivity measurement [J]. Journal of Corporate Finance, 1999, 5 (4): 323 - 339.

Pinnuck M, Lillis A M. Profits versus losses: Does reporting an accounting loss act as a heuristic trigger to exercise the abandonment option and divest employees? [J]. The Accounting Review, 2007, 82 (4): 1031 - 1053.

Pramanik H J, Kirtania M, Pani A K. Essence of digital transformation—Manifestations at large financial institutions from North America [J]. Future Generation Computer Systems, 2019 (95): 323 - 343.

Rovigatti G, Mollisi V. Theory and practice of total - factor productivity estimation: The control function approach using Stata [J]. The Stata Journal, 2018, 18 (3): 618 - 662.

Sadeghi V J, Biancone P P. How Micro, Small and medium - sized enterprises are driven outward the superior international trade performance? A multidimensional study on Italian food sector [J]. Research in International Business and Finance, 2018, 45 (10): 597 - 606.

Satpathy, Lopamudra, Bani Chatterjee, Jitendra Mahakud. Financial constraints and total factor productivity evidence from indian manufacturing companies [J]. Journal of Management Research, 2017, 17 (3): 146 - 162.

Schoar A. Effects of corporate diversification on productivity [J]. The Journal of Finance, 2002, 57 (6): 2379 - 2403.

Schultz T W. Investment in human capital [J]. The American Economic Review, 1961, 51 (1): 1 - 17.

Shapiro B, Matson D. Strategies of resistance to internal control regulation

[J]. Accounting, Organizations and Society, 2008, 33 (2-3): 199-228.

Wang M, Xu M, Ma S. The effect of the spatial heterogeneity of human capital structure on regional green total factor productivity [J]. Structural Change and Economic Dynamics, 2021 (59): 427-441.

Xu B, Sendra-García J, Gao Y, et al. Driving total factor productivity: Capital and labor with tax allocation [J]. Technolocal Forecasting and Social Change, 2020 (150): 119782.

Xue-Xia Xu, Wan-Wan Sun, Xi-Yuan Yu, Dan-Li Mei. A study on the effectiveness of management incentive and internal control-based on the data analysis of shanghai and shenzhen stock [J]. Proceedings of the 3rd Annual International Conference on Management, Economics and Social Development (ICMESD 17), 2017.

Yuan R L, Sun J, Cao F. Directors' and officers' liability insurance and stock price crash risk [J]. Journal of Corporate Finance, 2016 (37): 173-192.

Zhao S, Kumbhakar S C. Financial constraints and firm productivity: Evidence from Chinese manufacturing [J]. European Journal of Operational Research, 2019, 275 (3): 1139-1156.

蔡昉. 中国经济增长如何转向全要素生产率驱动型 [J]. 中国社会科学, 2013 (01): 56-71+206.

蔡跃洲, 付一夫. 全要素生产率增长中的技术效应与结构效应 [J]. 经济研究, 2017 (01): 72-88.

曹沥伟, 周凯. "营改增"对文化产业全要素生产率的影响——基于薪酬激励视角的PSM-DID分析 [J]. 江淮论坛, 2022 (03): 82-89+193.

曹小秋, 赵振艳, 沈欣蓓. 股权激励、内部控制质量与资本配置效率 [J]. 会计之友, 2018 (18): 17-21.

曹越, 孙丽, 郭天枭, 等. "国企混改"与内部控制质量: 来自上市国企的经验证据 [J]. 会计研究, 2020 (08): 144-158.

曹越, 辛红霞, 孙丽. 国有企业实施员工持股计划能否提升内部控制质量? ——基于"国企混改"背景 [J]. 会计研究, 2022 (11): 118-138.

曾铖, 郭兵. 产权性质、组织形式与技术创新绩效——来自上海微观企业数据的经验研究 [J]. 科学学与科学技术管理, 2014, 35 (12): 128-139.

车德欣，戴美媛，吴非．企业数字化转型对融资成本的影响与机制研究［J］．金融监管研究，2021（12）：56－74.

车士义，郭琳．结构转变、制度变迁下的人口红利与经济增长［J］．人口研究，2011，35（02）：3－14.

陈关亭，黄小琳，章甜．基于企业风险管理框架的内部控制评价模型及应用［J］．审计研究，2013（06）：93－101.

陈汉文，周中胜．内部控制质量与企业债务融资成本［J］．南开管理评论，2014，17（03）：103－111.

陈红，纳超洪，雨田木子，韩翔飞．内部控制与研发补贴绩效研究［J］．管理世界，2018，34（12）：149－164.

陈华，唐琳，王晓全．董事责任保险与企业价值增长——基于中国A股上市企业的实证研究［J］．金融评论，2020，12（05）：51－69＋125.

陈险峰，陈志强，李佳宾，等．非执行董事对企业技术创新的影响研究［J］．管理学报，2019，16（8）：1188－1196.

陈修德，梁彤缨，雷鹏，等．高管薪酬激励对企业研发效率的影响效应研究［J］．科研管理，2015，36（09）：26－35.

陈修德，梁彤缨．中国高新技术产业研发效率及其影响因素——基于面板数据SFPF模型的实证研究［J］．科学学研究，2010，28（08）：1198－1205.

陈运森，黄健峤．股票市场开放与企业投资效率——基于“沪港通”的准自然实验［J］．金融研究，2019（08）：151－170.

陈智，陈学广，邓路．内部控制质量影响公司债券契约条款吗？［J］．会计研究，2023（06）：150－166.

陈作华，方红星．融资约束、内部控制与企业避税［J］．管理科学，2018，31（03）：125－139.

程小可，杨程程，姚立杰．内部控制、银企关联与融资约束——来自中国上市公司的经验证据［J］．审计研究，2013（05）：80－86.

戴魁早，刘友金．市场化进程对创新效率的影响及行业差异——基于中国高技术产业实证检验［J］．财经研究，2013，39（05）：4－16.

戴又有，蔡定洪，胡章灿，等．国有企业的“杠杆率背离”与结构性去杠杆——基于央企与地方国企负债机制的比较［J］．上海金融，2018（12）：70－76＋81.

单华军．内部控制、公司违规与监管绩效改进——来自2007—2008年深市上市公司的经验证据［J］．中国工业经济，2010（11）：140－148.

范琳珊，吕长江，陈皓雪．新媒体能缓解信息传染效应吗？——基于环境污染曝光的事件研究［J］．会计研究，2022（03）：28－46.

方军雄．所有制、制度环境与信贷资金配置［J］．经济研究，2007（12）：82－92.

方明月．先天优势还是后天努力——国企级别对全要素生产率影响的实证研究［J］．财贸经济，2014（11）：125－136.

冯娟．新发展格局构建下的高质量发展：社会再生产视角［J］．经济理论与经济管理，2022，42（01）：35－50.

冯南平，王之颖，魏芬芬．企业技术创新、管理创新与融资方式关系研究——来自中国制造业企业的证据［J］．华东经济管理，2021，35（09）：1－10.

冯伟．提高产能利用率能促进全要素生产率的提升吗？——来自中国工业行业的例证［J］．云南社会科学，2017（06）：45－52＋185.

冯宗宪，王青，侯晓辉．政府投入、市场化程度与中国工业企业的技术创新效率［J］．数量经济技术经济研究，2011，28（04）：3－17＋33.

顾奋玲，解角羊．内部控制缺陷、审计师意见与企业融资约束——基于中国A股主板上市公司的经验数据［J］．会计研究，2018（12）：77－84.

郭金录，金宁，张婕，等．科技金融与企业融资效率——来自长三角城市群高新技术企业的经验证据［J］．中央财经大学学报，2023（10）：68－80.

郭檬楠，李校红．内部控制、社会审计与企业全要素生产率：协同监督抑或互相替代［J］．统计与信息论坛，2020，35（11）：77－84.

郭于玮，马弘．混合所有制中的股权结构与企业全要素生产率［J］．经济学报，2016，3（02）：90－109.

韩雷，钟静芙．高质量发展的内涵解读、理论框架及实现路径［J］．湘潭大学学报（哲学社会科学版），2021，45（06）：39－45.

郝素利，张丽欣．政府审计、内部控制能有效提升组织韧性吗？［J］．审计与经济研究，2022，37（06）：10－20.

郝照辉，胡国柳．董事高管责任保险、私有收益与企业并购行为的研究［J］．保险研究，2014（12）：78－89.

何光辉，杨咸月．融资约束对企业生产率的影响——基于系统GMM方法的国企与民企差异检验［J］．数量经济技术经济研究，2012，29（05）：19－35.

何珺子，杨伟国，董兴奎．终生收入法计量人力资本之研究评述［J］．劳动经济研究，2019，7（06）：80－94.

何蕾．中国工业行业产能利用率测度研究——基于面板协整的方法［J］．产业经济研究，2015（02）：90－99.

何小钢，陈锦玲，罗奇，王自力．市场化机制能否缓解产能过剩——基于企业治理视角［J］．产业经济研究，2021（05）：26－39.

何玉润，林慧婷，王茂林．产品市场竞争、高管激励与企业创新——基于中国上市公司的经验证据［J］．财贸经济，2015（02）：125－135.

侯粲然，刘欢，王化成．人力资本结构高级化与企业投资效率［J］．会计与经济研究，2022，36（01）：46－67.

胡国柳，常启国．董事高管责任保险、党组织治理与企业内部控制缺陷［J］．中国软科学，2022（05）：98－111.

胡国柳，秦帅．抑制还是助长？董事高管责任保险与企业诉讼风险［J］．商业经济与管理，2016（11）：86－97.

胡国柳，章翔，曾春华．董事高管责任保险、中小投资者保护与企业技术创新［J］．软科学，2018，32（07）：89－92＋138.

胡海波，彭卉．内部控制对企业高质量发展的影响——基于社会责任和投资效率的中介效应分析［J］．会计之友，2023（19）：82－90.

胡元木，谭有超．非财务信息披露：文献综述以及未来展望［J］．会计研究，2013（03）：20－26＋95.

黄勃，李海彤，江萍，等．战略联盟、要素流动与企业全要素生产率提升［J］．管理世界，2022，38（10）：195－212.

黄漫宇，王孝行．数字经济、资源错配与企业全要素生产率［J］．宏观经济研究，2022（12）：43－53.

黄少卿，俞锦祥，许志伟．杠杆率与企业生产率：基于信贷误配的视角［J］．中国工业经济，2022（09）：159－177.

黄贤环，王瑶．国有企业限薪抑制了全要素生产率的提升吗？［J］．上海财经大学学报，2020，22（01）：34－50.

霍伟东，王明彬．中国出口企业“生产率悖论”的比较检验与修正［J］.

财经科学，2015（09）：120-131.

江飞涛，耿强，吕大国，李晓萍．地区竞争、体制扭曲与产能过剩的形成机理［J］．中国工业经济，2012（06）：44-56.

姜付秀，黄继承．市场化进程与资本结构动态调整［J］．管理世界，2011（03）：124-134+167.

姜秀珍，顾琴轩，王莉红，等．错误中学习与研发团队创新：基于人力资本与社会资本视角［J］．管理世界，2011（12）：178-179+181.

蒋薇薇，王喜．市场地位、内部控制与上市公司投资效率［J］．科学决策，2023（09）：52-63.

焦勇，杨蕙馨．政府干预、产业结构扭曲与全要素生产率提升［J］．财贸研究，2019，30（10）：1-16.

杰弗里·M. 伍德里奇．计量经济学导论：现代观点（第五版）［M］．中国人民大学出版社，2015.

解维敏，唐清泉，陆姗姗．政府 R&D 资助，企业 R&D 支出与自主创新——来自中国上市公司的经验证据［J］．金融研究，2009（06）：86-99.

孔存玉，丁志帆．制造业数字化转型的内在机理与实现路径［J］．经济体制改革，2021（06）：98-105.

赖黎，唐芸茜，夏晓兰，马永强．董事高管责任保险降低了企业风险吗？——基于短贷长投和信贷获取的视角［J］．管理世界，2019，35（10）：160-171.

李春涛，宋敏．中国制造业企业的创新活动：所有制和 CEO 激励的作用［J］．经济研究，2010，45（05）：55-67.

李从刚，许荣．保险治理与企业违规——董事高管责任保险的治理效应研究［J］．金融研究，2020（06）：188-206.

李海峥，苏妍，熊咸芳，等．基于工资的人力资本度量：从微观个体到宏观总量［J］．计量经济学报，2021，1（03）：518-540.

李后建，张剑．企业创新对产能过剩的影响机制研究［J］．产业经济研究，2017（02）：114-126.

李京京，夏志杰．互动式信息沟通降低了股价崩盘风险吗？——基于交易所网络平台的研究［J］．金融理论与实践，2021（10）：82-91.

李丽华，高杰．人力资本对高技术企业绩效影响研究——基于上市公司面板数据［J］. 科技进步与对策，2011，28（22）：151 –154.

李平，崔喜君，刘建. 中国自主创新中研发资本投入产出绩效分析——兼论人力资本和知识产权保护的影响［J］. 中国社会科学，2007（02）：32 –42 +204 –205.

李琦，刘力钢，邵剑兵. 数字化转型、供应链集成与企业绩效——企业家精神的调节效应［J］. 经济管理，2021，43（10）：5 –23.

李青原. 会计信息质量与公司资本配置效率——来自我国上市公司的经验证据［J］. 南开管理评论，2009，12（02）：115 –124.

李若山. 屡审屡犯还是屡审屡善？——看完善单位内部控制的重要性［J］. 审计与理财，2010（09）：7 –8.

李世辉，张屿麟，贺勇. 杠杆操纵与企业全要素生产率［J］. 金融理论与实践，2023（08）：1 –12.

李姝，金振，谢雁翔. 员工持股计划对企业全要素生产率的影响研究［J］. 管理学报，2022，19（05）：758 –767.

李双燕，苗进. 差异化股权制衡度、行业异质性与全要素生产率——基于混合所有制企业的证据［J］. 经济管理，2020，42（01）：5 –24.

李万福，林斌，宋璐. 内部控制在公司投资中的角色：效率促进还是抑制？［J］. 管理世界，2011（02）：81–99 +188.

李维安，戴文涛. 公司治理、内部控制、风险管理的关系框架——基于战略管理视角［J］. 审计与经济研究，2013，28（04）：3 –12.

李晓慧，王彩，孙龙渊. 中注协约谈监管对抑制公司违规的“补台”与“合奏”效应研究［J］. 会计研究，2022（03）：159 –173.

李晓庆，李萌菡. 国企混改、高管薪酬激励与全要素生产率［J］. 技术经济，2022，41（09）：36 –49.

李雄飞. 董事会多元化对国有上市企业高质量发展的影响研究［J］. 经济问题，2022（06）：85 –93.

李瑛玫，史琦. 内部控制能够促进企业创新绩效的提高吗？［J］. 科研管理，2019，40（06）：86 –99.

李政，陆寅宏. 国有企业真的缺乏创新能力吗？——基于上市公司所有权性质与创新绩效的实证分析与比较［J］. 经济理论与经济管理，2014（02）：27 –38.

李志斌，阮豆豆，章铁生．企业社会责任的价值创造机制：基于内部控制视角的研究［J］．会计研究，2020（11）：112－124.

林毅夫，刘明兴，章奇．政策性负担与企业的预算软约束：来自中国的实证研究［J］．管理世界，2004（08）：81－89＋127－156.

林毅夫，谭国富．自生能力、政策性负担、责任归属和预算软约束［J］．经济社会体制比较，2000（04）：54－58.

林毅夫，巫和懋，邢亦青．“潮涌现象”与产能过剩的形成机制［J］．经济研究，2010，45（10）：4－19.

林钟高，丁茂桓．内部控制缺陷及其修复对企业债务融资成本的影响——基于内部控制监管制度变迁视角的实证研究［J］．会计研究，2017（04）：73－80＋96.

林钟高，唐亮．论内部控制目标导向：基于审计与管理视角的研究［J］．会计之友（下旬刊），2008（04）：12－15.

凌士显，白锐锋．董事责任保险？董事会治理与企业创新［J］．科技进步与对策，2018，35（10）：100－106.

刘飞．数字化转型如何提升制造业生产率——基于数字化转型的三重影响机制［J］．财经科学，2020（10）：93－107.

刘锋，叶强，李一军．媒体关注与投资者关注对股票收益的交互作用：基于中国金融股的实证研究［J］．管理科学学报，2014，17（01）：72－85.

刘明辉，张宜霞．内部控制的经济学思考［J］．会计研究，2002（08）：54－56.

刘圻，赵沪晓．员工持股计划、内部控制质量与企业资本投资效率［J］．统计与决策，2022，38（21）：179－183.

刘启亮，罗乐，何威风，等．产权性质、制度环境与内部控制［J］．会计研究，2012（03）：52－61＋95.

刘廷华，寇奉娟，刘潇．市场竞争、商业信用与全要素生产率［J］．金融发展研究，2022（02）：42－50.

刘晔，张训常，蓝晓燕．国有企业混合所有制改革对全要素生产率的影响——基于 PSM－DID 方法的实证研究［J］．财政研究，2016（10）：63－75.

鲁晓东，连玉君．中国工业企业全要素生产率估计：1999—2007［J］．经济学（季刊），2012，11（02）：541－558.

陆正飞，何捷，窦欢．谁更过度负债：国有还是非国有企业？[J]．经济研究，2015，50（12）：54－67.

逯东，王运陈，付鹏．CEO 激励提高了内部控制有效性吗？——来自国有上市公司的经验证据［J］．会计研究，2014（06）：66－72＋97.

罗葛妹，赵舒萌．康美药业案后，董责险能否再迎投保热潮？［N］．国际金融报，2021－11－22（007）.

罗佳，张蛟蛟，李科．数字技术创新如何驱动制造业企业全要素生产率？——来自上市公司专利数据的证据［J］．财经研究，2023，49（02）：95－109＋124.

罗雨泽，罗来军，陈衍泰．高新技术产业 TFP 由何而定？——基于微观数据的实证分析［J］．管理世界，2016（02）：8－18.

吕长江，张海平．股权激励计划对公司投资行为的影响［J］．管理世界，2011（11）：118－126＋188.

马文聪，侯羽，朱桂龙．研发投入和人员激励对创新绩效的影响机制——基于新兴产业和传统产业的比较研究［J］．科学学与科学技术管理，2013，34（03）：58－68.

马永军，李逸飞，刘畅．税收优惠政策能否化解制造业企业产能过剩？——一个准自然实验分析［J］．财经问题研究，2021（06）：91－99.

马永强，路媛媛．企业异质性、内部控制与技术创新绩效［J］．科研管理，2019，40（05）：134－144.

毛聚，高瑜彬，胡文龙．总法律顾问制度对内部控制质量的影响研究［J］．审计研究，2024（01）：112－125.

孟茂源．外部环境、内部控制与企业全要素生产率［D］．辽宁大学，2021.

孟宪春，张屹山，张鹤，等．预算软约束、宏观杠杆率与全要素生产率［J］．管理世界，2020，36（08）：50－65.

倪彩云．董责险与企业全要素生产率［D］．南昌大学，2023.

倪克金，刘修岩．数字化转型与企业成长：理论逻辑与中国实践［J］．经济管理，2021，43（12）：79－97.

聂萍，潘再珍，肖红英．问询函监管能改善公司的内部控制质量吗？——来自沪深交易所年报问询的证据［J］．会计研究，2020（12）：153－

170.

潘红波，余明桂．目标公司会计信息质量、产权性质与并购绩效［J］．金融研究，2014（07）：140－153.

潘晓影，张长海．产权性质、董事高管责任险与多元化投资［J］．金融理论与实践，2016（03）：89－95.

钱震杰，朱晓冬．中国的劳动份额是否真的很低：基于制造业的国际比较研究［J］．世界经济，2013，36（10）：27－53.

任韬，张潇潭．产能利用率与全要素生产率提升——来自制造业上市企业的证据［J］．经济与管理研究，2023，44（05）：56－74.

任优生，邱晓东．政府补贴和企业 R&D 投入会促进战略性新兴产业生产率提升吗［J］．山西财经大学学报，2017，39（01）：55－69.

申君歌，彭书舟．技术创新、生产效率和出口多样化与中国制造业出口竞争力［J］．国际商务研究，2022，13（01）：59－71.

申明浩，谭伟杰，陈钊泳．数字经济发展对企业创新的影响——基于 A 股上市公司的经验证据［J］．南方金融，2022（02）：30－44.

申甜甜．混合所有制企业创新行为对全要素生产率的影响研究［D］．中国财政科学研究院，2022.

沈小波，陈语，林伯强．技术进步和产业结构扭曲对中国能源强度的影响［J］．经济研究，2021，56（02）：157－173.

盛来运，李拓，毛盛勇，等．中国全要素生产率测算与经济增长前景预测［J］．统计与信息论坛，2018（12）：3－11.

盛明泉，陈一玲，鲍群．国企混合所有制改革对全要素生产率的影响、作用机制与异质性研究［J］．经济纵横，2021（07）：47－56.

盛明泉，蒋世战．高管股权激励、技术创新与企业全要素生产率——基于制造业企业的实证分析［J］．贵州财经大学学报，2019（02）：70－76.

盛明泉，蒋世战．高管货币薪酬激励、内部控制质量与企业全要素生产率——基于制造业企业的实证分析［J］．会计之友，2019（09）：5－11.

盛明泉，吴少敏，张娅楠．探索式创新与企业全要素生产率［J］．产业经济研究，2020（01）：28－41.

盛明泉，张敏，马黎珺，等．国有产权、预算软约束与资本结构动态调整［J］．管理世界，2012（03）：151－157.

盛明泉，张娅楠，蒋世战．高管薪酬差距与国企全要素生产率［J］．河北经贸大学学报，2019，40（02）：81－89.

师博，姚峰，李辉．创新投入、市场竞争与制造业绿色全要素生产率［J］．人文杂志，2018，261（01）：26－36.

施新政，高文静，陆瑶，等．资本市场配置效率与劳动收入份额——来自股权分置改革的证据［J］．经济研究，2019，54（12）：21－37.

孙健，王百强，曹丰，刘向强．公司战略影响盈余管理吗？［J］．管理世界，2016（03）：160－169.

孙淑伟，肖土盛，杨玉龙，等．异地并购、家乡偏好与长期业绩表现［J］．会计研究，2022（04）：127－139.

孙艳霞．基于不同视角的企业价值创造研究综述［J］．南开经济研究，2012（01）：145－153.

孙毅，徐帅旗，吴嘉敏．机构投资者调研、内部控制对企业创新绩效的影响——互补抑或替代？［J］．中国会计评论，2022，20（02）：243－266.

孙玥璠，张琦，陈爽，等．高管团队结构特征对企业内部控制质量的影响：基于子群体视角［J］．南开管理评论，2022，25（06）：64－76.

汤云为．内部控制评价刍议［J］．新会计，2009（01）：3－6.

唐国平，王加灿．企业财务资源优化配置的目标与路径［J］．财务与会计（理财版），2010（02）：13－15.

陶燕．债务期限约束、高管薪酬与盈余管理［J］．财会月刊，2018（06）：18－25.

王德应，刘渐和．TMT 特征与企业技术创新关系研究［J］．科研管理，2011，32（07）：45－52＋75.

王浩．混合所有制、股权激励行权限制与全要素生产率［J］．经济经纬，2022，39（02）：120－130.

王洪波，陈明．进口贸易自由化能促进地区经济高质量发展吗？——基于中国地级市面板数据的实证研究［J］．经济问题探索，2022（03）：120－138.

王化成，佟岩．控股股东与盈余质量——基于盈余反应系数的考察［J］．会计研究，2006（02）：66－74＋97.

王加灿．上市公司内部控制审计与年报及时性——基于 OLS 与分位数回归的证据［J］．审计与经济研究，2015，30（03）：58－68.

王加灿，胡良章，徐新华．内部控制异质性与企业创新［J］．会计之友，2022（12）：77－82.

王加灿，王嫣婷，张琴琴．企业内部控制缺陷的资本市场传染效应研究［J］．金融经济学研究，2019，34（04）：45－57.

王加灿，武学炜，李芊芊．企业内部控制审计报告的供求分析及优化［J］．会计之友，2019（17）：68－71.

王加灿，徐新华．内部控制学原理与案例［M］．中国财政经济出版社，2019.

王加灿．企业内部控制质量研究［M］．中国财政经济出版社，2015.

王腊芳，袁甜，谢锐．环境违法违规行为与债务融资成本［J］．管理科学学报，2023，26（04）：193－208.

王立国，鞠蕾．地方政府干预、企业过度投资与产能过剩：26个行业样本［J］．改革，2012（12）：52－62.

王立彦．满足SOX404不是内部控制最根本的目标［J］．新理财，2007（06）：24－27.

王丽萍，姚子婷，李创．新环保法对上市工业企业绩效影响的准自然实验研究［J］．产业经济研究，2021（04）：115－128.

王鹏，张俊瑞，周龙．企业价值概念、影响因素及其计量：综述与展望［J］．财会月刊，2012（30）：87－90.

王守海，徐晓彤，刘烨炜．企业数字化转型会降低债务违约风险吗？［J］．证券市场导报，2022（04）：45－56.

王新奎．高质量的内部控制能促进国企去杠杆吗——兼论国家审计监督的调节效应［J］．会计之友，2019（24）：94－98.

王旭乔，张泓．“现金＋股票”组合激励对于阿里云公司的影响分析［J］．财务与会计，2022（24）：32－34.

王雪瑞，刘志宽，王藤润，等．中国服务业全要素生产率测度研究——基于DEA－Malmquist指数法［J］．财经理论研究，2023（05）：86－97.

王亚男，戴文涛．内部控制抑制还是促进企业创新？——中国的逻辑［J］．审计与经济研究，2019，34（06）：19－32.

王永海，石青梅．内部控制规范体系对公司风险承受是否具有抑制效应？——中国版“萨班斯”法案强制实施的风险后果分析［J］．审计研究，

2016 (03): 90 - 97.

王永进，匡霞，邵文波．信息化、企业柔性与产能利用率［J］．世界经济，2017，40 (01): 67 - 90.

王自锋，白玥明．产能过剩引致对外直接投资吗？——2005 ~ 2007 年中国的经验研究［J］．管理世界，2017 (08): 27 - 35 + 63.

韦谊成，刘小瑜，何帆．数字化转型与公司治理水平研究——来自 A 股主板上市公司的经验证据［J］．金融发展研究，2022 (03): 18 - 25.

魏天寿．国有资本经营预算能提高国企全要素生产率吗？［D］．厦门大学，2023.

温忠麟，侯杰泰，张雷．调节效应与中介效应的比较和应用［D］．心理学报，2005，37 (2): 268 - 274.

温忠麟，叶宝娟．中介效应分析：方法和模型发展［J］．心理科学进展，2014，22 (05): 731 - 745.

温忠麟，张雷，侯杰泰，刘红云．中介效应检验程序及其应用［J］．心理学报，2004 (05): 614 - 620.

吴传荣，夏冰，尹华意．内部控制、成本粘性与企业全要素生产率［J］．长沙理工大学学报（社会科学版），2023，38 (06): 56 - 65.

吴迪，赵奇锋．资本市场动态博弈、信息不对称与企业创新——基于分析师预测视角［J］．南开经济研究，2023 (02): 140 - 160.

吴非，胡慧芷，林慧妍，任晓怡．企业数字化转型与资本市场表现——来自股票流动性的经验证据［J］．管理世界，2021，37 (07): 130 - 144 + 10.

吴秋生，独正元．混合所有制改革程度、政府隐性担保与国企过度负债［J］．经济管理，2019，41 (08): 162 - 177.

夏清华，何丹．政府研发补贴促进企业创新了吗？——信号理论视角的解释［J］．科技进步与对策，2020，37 (01): 92 - 101.

夏琼，刘逸潇，魏方庆．如何提升 ESG 基金的绩效水平？——基于 DEA - Malmquist 生产率指数与 fsQCA 方法（英文）［J］．中国科学技术大学学报，2023，53 (08): 25 - 33 + 71.

夏晓华，史宇鹏，尹志锋．产能过剩与企业多维创新能力［J］．经济管理，2016，38 (10): 25 - 39.

肖土盛，孙瑞琦，袁淳，孙健．企业数字化转型、人力资本结构调整与劳动收入份额［J］．管理世界，2022，38（12）：220－237.

肖旭，戚聿东．产业数字化转型的价值维度与理论逻辑［J］．改革，2019（08）：61－70.

谢海洋，吕振伟，曹少鹏．非国有股东参与治理与全要素生产率——基于国企混合所有制改革的实证检验［J］．金融学季刊，2020，14（04）：155－184.

谢谦，唐国豪，罗倩琳．上市公司综合盈利水平与股票收益［J］．金融研究，2019（03）：189－206.

谢玉华，张群艳，王瑞．企业劳动关系和谐度与员工工作绩效的实证研究［J］．湖南大学学报（社会科学版），2012，26（01）：66－70.

邢斐，周泰云．董事高管责任保险与企业战略［J］．保险研究，2020（11）：32－46.

熊爱华，张质彬．国有企业混合所有制改革、金融化程度与全要素生产率［J］．南方经济，2020（09）：86－106.

修宗峰，黄健柏．市场化改革、过度投资与企业产能过剩——基于我国制造业上市公司的经验证据［J］．经济管理，2013，35（07）：1－12.

徐齐利．企业家才能与产能过剩［J］．北京社会科学，2018（09）：92－109.

徐斯旸，何强，李华民．企业杠杆的创新驱动效应：生命周期视角与异质性检验［J］．南方金融，2021（05）：8－19.

徐业坤，马光源．地方官员变更与企业产能过剩［J］．经济研究，2019，54（05）：129－145.

徐玉德，杨晓璇，刘剑民．管理层过度自信、区域制度环境与内部控制有效性［J］．审计研究，2021（02）：118－128.

许晓芳，陆正飞．我国企业杠杆操纵的动机、手段及潜在影响［J］．会计研究，2020（01）：92－99.

许瑜，冯均科，李若昕．CEO 激励、媒体关注与内部控制有效性的关系研究［J］．审计与经济研究，2017，32（02）：35－45.

许志勇，韩炳．资产结构错配与企业高质量发展——技术创新与融资约束的中介效应［J］．系统工程理论与实践，2023，43（10）：2881－2907.

许志勇，宋泽，朱继军，等．金融资产配置、内部控制与企业高质量发展［J］．中国软科学，2022（10）：154－165.

闫翠苹，郭泽光，李校红．非国有股东委派高管与国企全要素生产率——基于混合所有制改革背景［J］．会计之友，2023（04）：140－148.

严子淳，李欣，王伟楠．数字化转型研究：演化和未来展望［J］．科研管理，2021，42（04）：21－34.

颜鹏飞，王兵．技术效率、技术进步与生产率增长：基于 DEA 的实证分析［J］．经济研究，2004（12）：55－65.

颜晓畅，黄桂田．政府财政补贴、企业经济及创新绩效与产能过剩——基于战略性新兴产业的实证研究［J］．南开经济研究，2020（01）：176－198.

杨道广，王佳妮，陈丽蓉．“矫枉过正”抑或“合理管控”？——内部控制在企业创新中的作用［J］．经济管理，2019，41（08）：113－129.

杨道广，张传财，陈汉文．内部控制、并购整合能力与并购业绩——来自我国上市公司的经验证据［J］．审计研究，2014（03）：43－50.

杨利雄，张春丽．企业的全要素生产率被定价了吗？［J］．兰州财经大学学报，2016，32（02）：37－43.

杨林，段牡钰，刘娟，等．高管团队海外经验、研发投入强度与企业创新绩效［J］．科研管理，2018，39（06）：9－21.

杨亭亭，黎智滔，李仲飞．上市公司技术创新能力与股票收益——来自中国资本市场的证据［J］．当代财经，2017（08）：56－68.

杨雄胜．内部控制理论研究新视野［J］．会计研究，2005（07）：49－54＋97.

姚慧．董事高管责任保险对企业创新投入的影响研究［J］．技术与创新管理，2022，43（01）：30－39.

姚立杰，朱孟杰，邹婧鑫．内部控制总能促进企业创新吗？——来自高新技术企业的证据［J］．审计研究，2023（05）：147－160.

叶康涛，曹丰，王化成．内部控制信息披露能够降低股价崩盘风险吗？［J］．金融研究，2015（02）：192－206.

叶舜．国有企业高管背景特征对企业经营效率的影响［J］．财会通讯，2023（18）：58－62.

叶祥松，刘敬．政府支持与市场化程度对制造业科技进步的影响［J］．经济研究，2020，55（05）：83－98.

易露霞，吴非，徐斯旸．企业数字化转型的业绩驱动效应研究［J］．证券市场导报，2021（08）：15－25＋69.

殷群，田玉秀．数字化转型影响高技术产业创新效率的机制［J］．中国科技论坛，2021（03）：103－112.

余东华，吕逸楠．政府不当干预与战略性新兴产业产能过剩——以中国光伏产业为例［J］．中国工业经济，2015（10）：53－68.

余凡，许伟，王平田．人力资本质量、技能溢价与企业全要素生产率——基于中国企业—员工匹配调查（CEES）的实证分析［J］．中南财经政法大学学报，2016（04）：104－111.

余怒涛，池怡麟，王佳妮．国有资本参股会影响民营企业的内部控制质量吗？——基于“反向混改”的效用分析［J］．科学决策，2023（12）：19－36.

喻骅，葛军，陈良华．环境不确定性、ESG责任履行与企业全要素生产率［J］．科学决策，2023（10）：71－88.

袁蓉丽，李瑞敬，李百兴．董事高管责任保险与审计费用［J］．审计研究，2018（02）：55－63.

袁蓉丽，文雯，谢志华．董事高管责任保险和财务报表重述［J］．会计研究，2018（05）：21－27.

袁堂军，杨芥舟，寇静怡．价格收益率与全要素生产率及信用等级的关系研究［J］．广西财经学院学报，2017，30（06）：26－37.

张伯超，柏培文．制造业企业杠杆率、短债长用与要素分配格局［J］．中国经济问题，2023（03）：181－196.

张成思，贾翔夫，廖闻亭．金融化、杠杆率与系统性金融风险［J］．财贸经济，2022，43（06）：80－96.

张广胜，孟茂源．内部控制、媒体关注与制造业企业高质量发展［J］．现代经济探讨，2020（05）：81－87.

张国兴，冯祎琛，王爱玲．不同类型环境规制对工业企业技术创新的异质性作用研究［J］．管理评论，2021，33（01）：92－102.

张海君．内部控制、法制环境与企业融资效率——基于A股上市公司的经验证据［J］．山西财经大学学报，2017，39（07）：84－97.

张建华，戴露婷，夏思奇．融资策略、金融摩擦和企业全要素生产率——来自中国上市企业的经验证据［J］．工业技术经济，2018，37（04）：114－125.

张宁，杜克锐．效率与生产率分析教程——理论、应用与编程［M］．山东大学出版社，2022.

张勤．人力资本激励、创新能力与企业经营效率［J］．财会通讯，2019（36）：59－63.

张庆国，黄杏子．国有企业融资约束、全要素生产率与西部地区经济高质量发展［J］．南开经济研究，2021（06）：179－196.

张婷，段华友，杨兴柳．党组织参与治理对国有企业内部控制质量的影响［J］．财会月刊，2022（09）：49－58.

张晓红，朱明侠，王皓．内部控制、制度环境与企业创新［J］．中国流通经济，2017，31（05）：87－95.

张亚洲．内部控制有效性、融资约束与企业价值［J］．财经问题研究，2020（11）：109－117.

张勇，张春蕾．管理层短视对企业全要素生产率的影响研究［J］．管理学报，2023，20（10）：1555－1564.

赵昌文，许召元，袁东，廖博．当前我国产能过剩的特征、风险及对策研究——基于实地调研及微观数据的分析［J］．管理世界，2015（04）：1－10.

赵宸宇，王文春，李雪松．数字化转型如何影响企业全要素生产率［J］．财贸经济，2021，42（07）：114－129.

赵驰，周勤，汪建．信用倾向、融资约束与中小企业成长——基于长三角工业企业的实证［J］．中国工业经济，2012（09）：77－88.

赵海峰，李世媛．中央环保督察对制造业企业产能过剩的影响——基于多期倍差模型的实证研究［J］．北京理工大学学报（社会科学版），2021，23（04）：17－29.

赵庆国，郭唱．农业上市公司股权激励强度对内部控制质量影响的实证分析［J］．农业经济，2023（05）：135－136.

赵杨，John Hu. 董事及高管责任保险：激励还是自利？基于中国上市企业的实证检验［J］．中国软科学，2014（09）：147－164.

郑玲，周晓雯．现金薪酬、股权激励对管理层投资行为影响的实证检验［J］．统计与决策，2019，35（24）：153－157.

郑志刚，许荣，徐向江，赵锡军．公司章程条款的设立、法律对投资者权力保护和公司治理——基于我国 A 股上市公司的证据［J］．管理世界，2011（07）：141－153＋187－188.

周冬华，周花，方瑄．审计委员会 IT 专长能否提高内部控制质量？［J］．审计研究，2022（05）：106－117．

周易，王晓亮，吴金柯．供应链金融会提升企业全要素生产率吗？［J］．经济问题，2023（11）：57－64．

周咏梅，周雯雯，王晓琳．国企混改、内部控制与突破性创新［J］．会计之友，2023（21）：142－149．

周泽将，徐玉德．技术独董能否抑制企业产能过剩？［J］．财政研究，2017（11）：96－106．

后　　记

本书是我主持的国家社会科学基金项目“内部控制提升国有企业全要素生产率的机制与路径研究”的最终成果。六载光阴，如白驹过隙，项目从启动到完成，历程漫长而艰辛。在这期间，我们不仅经历了研究进程的缓慢，更在心灵深处与懈怠和躺平的诱惑中进行了无数次的较量。

正如王国维先生所言，做学问有三重境界：起初“独上高楼，望尽天涯路”的迷茫与探索；继而“衣带渐宽终不悔，为伊消得人憔悴”的执着与付出；最终“众里寻他千百度，蓦然回首，那人却在灯火阑珊处”的顿悟与成就。本项目的研究过程，无疑是对这三重境界的深刻体验。

在本书即将付梓之际，我的心情无比激动，感慨万千。在此，我谨代表项目组成员，向关心、支持本项目研究的各位领导、专家、同行及朋友们，尤其是南昌大学经济管理学院的领导与同仁表示最深切的感谢！

本项目自启动以来，得到了国家社会科学基金的大力支持。在项目实施过程中，我们坚持以问题为导向，紧密结合我国国有企业改革发展的实际，不懈探讨内部控制对国有企业全要素生产率的影响机制和路径，并最终形成专著。

首先，要感谢项目组的全体老师以及参与项目的研究生和本科生。在研究的道路上，我们并肩作战，共同克服了重重困难，每一位成员的辛勤付出都是本项目得以完成的基石。其次，要感谢项目评审专家与学者。你们的宝贵意见和建议，如同灯塔指引我们前行，对提升本研究的质量起到了不可替代的作用。最后，要感谢南昌大学社科处的工作人员特别是邓江峰老师。你们的支持和鼓励，如同春风化雨，帮助我度过了许多焦虑和困难的时刻。

此外，我还要感谢我的家人——妻子和女儿。在漫长且艰辛的科研道路上，是你们的关爱和支持，激励着我每一次的坚持与自我超越。

回首过去，不应忘记初心；展望未来，仍需砥砺前行。

完稿之际，天已微亮，窗外梅岭，山峦起伏，那人却在灯火阑珊处。

王加灿

2024 年 11 月于南昌湾里